农业技术推广
对农业经济增长的影响

孟祥玲　王希朋　马良才◎著

吉林科学技术出版社

图书在版编目（ＣＩＰ）数据

农业技术推广对农业经济增长的影响 / 孟祥玲，王希朋，马良才著. -- 长春 : 吉林科学技术出版社，2024.3

ISBN 978-7-5744-1112-8

Ⅰ. ①农… Ⅱ. ①孟… ②王… ③马… Ⅲ. ①农业科技推广－影响－农业经济发展－研究－中国 Ⅳ. ①S3-33②F323

中国国家版本馆 CIP 数据核字（2024）第 061591 号

农业技术推广对农业经济增长的影响

著　　孟祥玲　王希朋　马良才
出 版 人　宛　霞
责任编辑　郝沛龙
封面设计　南昌德昭文化传媒有限公司
制　　版　南昌德昭文化传媒有限公司
幅面尺寸　185mm×260mm
开　　本　16
字　　数　310 千字
印　　张　14.25
印　　数　1~1500 册
版　　次　2024年3月第1版
印　　次　2024年12月第1次印刷

出　　版　吉林科学技术出版社
发　　行　吉林科学技术出版社
地　　址　长春市福祉大路5788号出版大厦A座
邮　　编　130118
发行部电话/传真　0431-81629529 81629530 81629531
　　　　　　　　　 81629532 81629533 81629534
储运部电话　0431-86059116
编辑部电话　0431-81629510
印　　刷　三河市嵩川印刷有限公司

书　　号　ISBN 978-7-5744-1112-8
定　　价　84.00元

前　言

　　从世界各国农业推广发展的历史来看，农业推广的含义是随着时间、空间的变化而演变的。在不同的社会历史条件下，农业推广是为了不同目标，采取不同方式来组织进行的，因此，不同的历史时期其含义也不尽相同。随着社会经济由低级向高级发展，农业推广工作由单纯的生产技术型逐渐向教育型和现代型扩展。农业教育、农业研究、农业推广是构成农业发展的三种要素。没有发达的农业推广，便没有现代化的农业、繁荣的农村和富裕的农民。

　　在知识和信息日新月异、科学技术迅速发展的现代社会，研究和加强农业推广，满足农民的多种需要，主动为市场经济服务，显然是十分重要的。只有了解和研究农业推广理论、推广的方式方法、推广体制、推广计划和组织、推广教育、推广队伍和推广评价等方面的相关知识和问题，培养具有推广能力的农业技术人才，才能显著提高农业推广效率，促进农业科技成果从潜在的生产力迅速转化为现实的生产力，实现我国农业从传统农业向现代化农业的转变，使我国农业能够向高产、优质、高效、稳定、持续的方向发展。

　　本书主要研究农业技术推广对农业经济增长的影响，本书首先着重介绍了农业推广的基础知识，具体包括：农业推广方式、服务与心理方面的内容，随后详细介绍了农业技术推广的相关知识，最后将这些基础知识融合在农业当中，具体介绍了农业技术推广对农业经济增长的影响。本书条理清晰，内容精炼，重点突出，选材新颖，具有实用性、综合性，希望通过本书能够给从事相关行业的读者们带来一些有益的参考和借鉴。

　　由于本人水平与掌握资料有限，错误之处在所难免，敬请批评指正。

目　录

第一章 农业推广基础知识

第一节 农业推广方式与方法

一、农业推广的基本方法

（一）农业推广方法的类型与特点

农业推广方法是指农业推广人员与推广对象之间沟通的技术。农业推广的具体方法很多，其分类方式也很多。根据受众的多少及信息传播方式的不同，可将农业推广基本方法分为个别指导方法、集体指导方法和大众传播方法三大类型。

1. 个别指导方法

个别指导方法是指在特定时间和地点，推广人员和个别推广对象沟通，讨论共同关心的问题，并向其提供相关信息和建议的推广方法。个别指导法的主要特点是：针对性强。农业推广目标群体中各成员的需要具有明显的差异性，推广人员与农民进行直接面对面的沟通，帮助农民解决问题，具有很强的针对性。从这个意义上讲，个别指导法正好弥补了大众传播法和集体指导法的不足；沟通的双向性。推广人员与农民沟通是直接的和双向的。它既有利于推广人员直接得到反馈信息，了解真实情况，掌握第一手材料，又能促使农民主动地接触推广人员，愿意接受推广人员的建议，容易使两者培养相互信任的感情，建立和谐的农业推广关系，信息发送量的有限性。个别指导法是推广人员与农民面对面的沟通，特定时间内服务范围窄，单位时间内发送的信息量受到限制，成本高、工作效率较低。在农业推广实践中，个别指导方法主要采用农户访问、办公室访问、信函咨询、电话咨询、网络咨询等形式。

（1）农户访问

农户访问是指农业推广人员深入到特定农户家中或者田间地头，与农民进行沟通，了解其生产与生活现状及需要和问题，传递农业创新信息、分析和解决问题的过程。

农户访问的优点在于推广人员可以从农户那里获得直接的原始资料；与农民建立友谊，保持良好的公共关系；容易促使农户采纳新技术；有利于培育示范户及各种义务领导人员；有利于提高其他推广方法的效果。其缺点在于费时，投入经费多，若推广人员数量有限，则不能满足多数农户的需要；访问的时间有时与农民的休息时间有冲突。

农户访问是农业推广人员与农民沟通、建立良好关系的好机会。针对其成本较高的特点，为了提高效率，访问活动过程中，必须认真考虑，掌握其要领。

①访问对象的选择

农户访问是个别指导的重要方式，但是因为农户访问需要农业推广人员付出较多的精力和时间，因此不是对所有的农户都经常进行访问的。农户访问的主要对象有以下几种：A.示范户、专业户、农民专业合作组织领办人等骨干农户。B.主动邀请访问的农户。C.社区精英。D.有特殊需要的农户。

②访问时间的选择

现在几乎所有的农户都有电话或手机等通信工具，在入户访问前都要与农民约定时间。在约定时间时，要考虑农民的时间安排和推广技术的要求。与生产、经营推广有关的专题农户访问要安排在实施之前，或生产中的问题出现之前。如果是了解农户生产经营或生活中遇到的问题，为将来的推广做准备的，最好安排在农闲时节。另外，访问时间也要与农民的生活协调好，应在农民有空且不太累的时候进行访问。

③访问前的准备工作

访问前的准备工作主要包括：A.明确访问的目标和任务。B.了解被访问者基本情况。C.准备好访问提纲。D.准备好推广用的技术资料或产品，例如说明书、技术流程图、试用品等。

④访问过程中的技巧和要领

A.进门。推广人员要十分礼貌，友好地进入农户家里。进门坐下后，就要通俗易懂地说明自己的来意，使推广人员与农户之间此次的互动，从"面对面"的交谈，很快转化为共同面对某一问题的"肩并肩"的有目标的沟通。B.营造谈话气氛。在谈话的开始和整个过程中都要营造融洽的谈话气氛，这需要推广人员考虑周全：采用合适的谈话方式；运用合适的身体语言；注意倾听。C.启发和引导讨论。在谈话过程中，推广人员应适时地引入应该讨论的话题，通过引申、追问等方式，将要沟通的内容进行讨论。D.现场指导。和农民一起观察圈舍、田地或机械，向农民询问生产过程或长势、长相，及时和农民讨论生产过程中的问题。若能当时给出建议的就马上给出并写出建议，若需要再咨询的，也向农民说明。

⑤访问后的总结与回顾

每次访问农户时，不但要在访问中做好适当的记录，而且在农户访问结束后，还应就一些关键性的数据和结论进行当面核实，以消除误差，尤其是数据，更应这样。回到办公室后，应立即整理资料建库，以保证资料完整和便于系统保存。此外，做好每日回顾，写出访问工作小结也是必要的，记录和小结包括访问的时间、内容以及需要解决的问题，每日回顾应按一定的分类方式保存，成为今后工作的基础。

（2）办公室访问

办公室访问又称办公室咨询或定点咨询。它是指推广人员在办公室接受农民或其他推广对象的访问（咨询），解答其提出的问题，或向其提供有关信息和技术资料的推广方法。办公室访问的优点：一是来访者学习的主动性较强；二是推广人员节约了时间、资金，与来访者交谈，密切了双方的关系。办公室访问的缺点主要是来访者数量有限，不利于新技术迅速推广，而且来访者来访不定期、不定时，提出的问题千差万别，可能会给推广人员的工作带来一定的难度。

来访者来办公室访问（咨询）总是带着问题而来，他们期望推广人员能给自己一个满意的答复。因此，搞好办公室访问除对在办公室进行咨询的推广人员素质要求较高外，还应该注意其对要领的掌握。

①方便来访者咨询的办公室

什么样的办公室是适合给农民或其他特定来访者来咨询的呢？第一是来访者方便来的，例如在城镇的集市附近，交通便利的地方。第二是来访者来了方便进的，大楼不要太高，装修不要太豪华，保安不要太严厉。第三是进来找得到人的，若是找不到人也可以留言的或留话的。

②办公室咨询的准备

农业推广人员的办公室是推广人员与来访者交流的场所，要让来访者能进、能放松、能信任、能咨询。因此，办公室咨询前要做些必要的准备：A.办公室设施布置要适当。B.推广人员在与来访者约好的咨询时间、赶集日、来访者可能来的其他时间，要尽可能地在办公室等待。若是不得不离开，要委托同事帮忙接待或在门口留言。C.准备好必要的推广资料。

③办公室咨询过程中的注意事项

A.平等地与来访者交流。要关心来访者，尊重来访者，要营造良好的沟通氛围。要主动询问来访者有什么需要帮助的，要主动帮助来访者表达清楚他们的意愿。B.咨询过程尽可能可视化。要让来访者看得见讲解的东西。墙上的图片、资料页的信息、计算机上的信息等，都可以用来呈现推广人员和来访者沟通过程中的知识或技术要点。C.为来访者准备资料备份。在咨询过程中所发生的信息交流，尤其是技术流程、技术要点、关键信息等，要将来访者变成纸上的信息。可以在边讲解边讨论后，为来访者打印出一份资料，用彩笔在其上画出要点。也可以为来访者手写一份咨询信息的主要内容，帮助来访者回去还能够回忆起咨询的内容，从而帮助他们应用这些信息。在这个备份上，最好留下推广人员的联系电话，让来访者能够随时咨询你，也能让来访者感受到被尊重。D.尽可能给来访者满意的答复。来访者进入办公室咨询，往往都是带着问题来的，这对推广人员有更高的要求，推广人员的业务熟练程度、与人沟通的能力都影响办公室咨询的效果。一次办公室咨询应尽可能地给来访者满意的答复，找到解决问题的方法。但是，推广人员毕竟也有专业、知识面和经验的限制，也有不能当场解决的问题。这种情况下，推户人员应诚恳地向来访者解释目前不能解决的原因，承诺自己将要如何寻求解决方案，约定在什么时间、通过什么方式把答案回馈给来访者。E.做好咨询记录和小结。每天发生的咨询过程都要做好记录，记录的信息包括来访者的姓名、性别、社区，咨询的问题，解决方案等。这些基本信息的收集和积累，可以帮助推广工作者积累经验，积累来访者的信息，积累生产经营中发生问题的种类和频度，以提高推广工作的针对性和准确性。

（3）信函咨询

信函咨询是个别指导法的一种极其经典的形式，是以发送信函的形式传播信息，它不受时间、地点等的限制。信函咨询曾经是推广人员和农民沟通的重要渠道。这些信函，尤其是手写的信函对于农民来说，不仅是一份与技术有关的信息，也是与推广人员亲密关系的表征。农民对这些认真写的信函会有尊重的心理，因而也有较好的推广效果。

进行信函咨询时应注意：回答农民问题应尽可能选用准确、清楚、朴实的词语，避免使用复杂的专业术语，字迹要清晰；对农民的信函要及时回复。

信函咨询目前在我国应用较少。其原因主要有以下几点：农民文化程度低；农业推广人员回复信件要占用许多时间，效率低；函件邮寄时间长；信函咨询成本变得越来越高。随着农业生产的多样化和产业化，每个推广人员要面对的推广对象更多，手写信函几乎成为不可能，而印刷信函不太能够得到农民重视，印刷信函也不太有针对性。另外，随着电视、电话和网络的普及，乡村邮路变得越来越被边缘化。

（4）电话咨询

利用电话进行技术咨询，是一种及时、快速、高效的沟通方式，在通信事业发达的国家或地区应用较早而且广泛。但使用电话咨询也受到一些条件限制，一是电话费用高；二是受环境限制，主要只能通过声音来沟通，不能面对面地接触。随着通信技术和网络技术的发展，运用电话不但可以进行语音咨询，而且也可以通过手机短信和手机彩信咨询。

（5）网络咨询

网络咨询不仅可以促成个人与确定个人通过网络的联系（例如电子邮件，在线咨询），而且也可以进行个人和不确定个人的在线咨询，例如通过网络发布求助信息，可以获得别人的帮助。不同地区不同类型的农业生产经营者，在年龄、文化程度、接受新事物的能力上都有很大差异，接触和使用网络的情况也是相当不同的。然而总的发展趋势是网络将越来越成为农业推广的重要渠道。

2. 集体指导方法

集体指导方法又称群体指导法或团体指导法，它是指推广人员在同一时间、同一空间内，对具有相同或类似需要与问题的多个目标群体成员进行指导和传播信息的方法。运用这种方法的关键在于研究和组织适当的群体，即分组。一般而言，对成员间具有共同需要与利益的群体适合于进行集体指导。

集体指导法的主要特点是：指导对象较多，推广效率较高。集体指导法是一项小群体活动，一次活动涉及目标群体成员相对较多，推广者可以在较短时间内把信息传递给预定的目标群体，易于双向沟通，信息反馈及时。推广人员和目标群体成员可以面对面地沟通。这样在沟通过程中若存在什么问题，可得到及时的反馈，以便推广人员采取相应的方式。使农民真正学习和掌握所推广的农业创新，共同问题易于解决，特殊要求难以满足。集体指导法的指导内容一般是针对目标群体内大多数人共同关心的问题进行指导或讨论，对目标群体内某些或个别人的一些特殊要求则无法及时满足。

集体指导方法的形式很多，常见的有短期培训、小组讨论、方法示范、成果示范、实地参观和农民田间学校等。

（1）短期培训

短期培训是针对农业生产和农村发展的实际需要对推广对象进行的短时间脱产学习，一般包括实用技术培训、农业基础知识培训、就业培训、社区发展培训等。要提高农业推广短期培训的效果，关键是要做好培训前的准备工作以及在培训过程中选好、用好具体的培训方法。

①培训前的准备工作

在培训之前，需要设定培训目标、了解培训对象、确定培训内容、准备培训资料、安排培训地点、确定培训时间与具体计划。

②培训过程中培训方法的选择

选择培训方法的出发点是使培训有效而且有趣。培训的方法有很多，在农业推广培训过程中，经常使用的有讲授、小组讨论、提问、案例分析、角色扮演等。

（2）小组讨论

小组讨论可以作为短期培训的基本方法之一，也可以单独作为农业推广的方法使用。小组讨论是由小组成员就共同关心的问题进行讨论，以寻找解决问题方案的一种方法。小组讨论可以促进互相学习，加深小组成员对所面临的问题和解决方案的理解，促进组员合作，使组员产生归属感。这种方法的好处在于能让参加者积极主动参与讨论，同时可以倾听多方的意见，从而提高自己分析问题的能力。不足之处是费时、工作成本较高，效果往往在很大程度上取决于讨论的主题和主持人的水平。如果人数太多，效果也不一定理想。

①小组的形成

在开展农业推广的小组讨论时，小组的构成会影响到讨论的效果。在形成小组时，要考虑人群本身的特点和讨论问题的性质，考虑小组的人数、性别构成、年龄构成等。一般而言，小组的人数在 6～15 人较为合适。人数太少，难以形成足够的信息和观点，而且容易出现冷场。人数太多，难以保证每个人都能参与讨论。人数较多时，可以将参加的人群分为几个小组，避免出现语言霸权以及部分人被边缘化的情况。

②小组内的分工

为了提高小组讨论的效率，小组内部的成员需要分工。小组讨论可以在整个推广活动或者培训过程中多次进行，小组成员在培训期间轮换担任：A.小组召集人，负责组织这次小组讨论，鼓励人人参与，避免个别人的"话语霸权"。B.记录员，负责记录小组每一个人的发言。应准确地记录每个观点，不要因为自己的喜好多记录或少记录，以免造成信息丢失。C.汇报员，负责代表本组汇报讨论结果，汇报时注意精炼、概括，不要"照本宣科"。

③做到有效的讨论

为了做到有效的讨论，需要集中论题，互相启发，注意倾听与思考，同时要重视讨论后的汇报。

④小组讨论的场景设置

好的小组讨论不但需要一个适当的时间，而且也需要一个适当的空间。安全的、放松的、平等交流的环境，需要从空间布局、座位设置、讨论氛围等各个方面来形成。围着圆桌而坐的设置是小组讨论的最好布局。圆桌周围的人，没有上位与下位的区别，也没有人特别近或特别远，容易形成平等的感受。圆桌还有助于人们把自己的身体大部分隐藏在圆桌下面，避免因为暴露和不自信而带来紧张感。圆桌周围的人互相都能对视或交流目光，容易形成融洽的气氛。圆桌还能让部分爱写写画画的成员写下他们的想法，或者把某个讨论的主要问题写成较大的字放置在圆桌中间让大家都能看见。圆桌周围只能坐一圈层讨论者，如果人数较多时，可以把凳子或椅子稍向外拉，扩大直径，就多坐几个人。任何时候，只要坐到第二圈层，这个参与者就已经开始被边缘化了，如果没有圆桌，在农户的院子或者其他较大的房屋里，也可以设置椅子圈，这时还要给记录员一个可以写字的小桌子。

（3）方法示范

方法示范是推广人员把某项新方法通过亲自操作进行展示，并指导农民亲自实践、在干中学的过程。农业推广人员通过具体程序、操作范例，使农民直接感知所要学习的技术的结构、顺序和要领。适合用方法示范来推广的，往往是能够明显改进生产或生活效果、仅靠语言和文字不易传递的可操作性技术。例如果树嫁接技术、家政新方法等。方法示范容易引起农民的兴趣，调动农民学习的积极性。在使用方法示范时，需要注意如下事项：

①做好示范前的准备

在示范活动的准备阶段，要根据示范的任务、技术特点，学员情况来安排示范内容、次数、重点，同时要准备好必要的工具、材料及宣传资料等。

②保证操作过程正确、规范

如果示范不正确，可能导致模仿错误和理解偏差。因此，要求农业推广人员每次示范都要操作正确、熟练、规范，便于农民观察、思考和模仿。

③注意示范的位置和方向

在方法示范时，不同的观察者站的位置不同，他们所看到的示范者的侧面是不同的，他们获得的信息自然也有差别。因此，在进行方法示范时，要尽可能地让所有参与者都能看到示范者及其动作的全部，示范者可以改变自己身体的朝向，来重复同一个示范动作，这样所有的人都可以看到示范的完整面貌。

④示范要与讲解相结合，与学员的练习相结合

示范与讲解相结合，能使直观呈现的示范与学员自己的思维结合起来，收到更好的效果。尤其是在一些特别的难点和重要的环节，示范者可以用缓慢的语言，较大的声量重复描述要领，或者编一些打油诗、顺口溜来帮助学员记住和掌握要领，让学员动手练习，鼓励互相示范，可以增强学员学习的信心，同时也有助于他们发现将来可能在他们手中出现的问题。

⑤掌握示范人数

一次示范的人数，应该控制在 20 人以内。超过 20 人，就有可能站在圈层的第二层甚至更远，站在远处的学员，可能发生注意力的转移，甚至使示范流于形式。

（4）成果示范

成果示范是指农业推广人员指导农户把经当地试验取得成功的新品种、新技术等，按照技术规程要求加以应用，将其优越性和最终成果展示出来，以引起他人的兴趣并鼓励他们仿效的过程。适用于成果示范的通常是一些周期较长、效益显著的新品种、新设施和新技术以及社区建设的新模式等。成果示范可以起到激发农民的作用，避免"耳听为虚"，落实"眼见为实"，真正体现出新技术、新品种、新方法的优越性，引起农民的注意。

成果示范的基本方式通常有农业科技示范园区示范、特色农业科技园区示范基地示范、农业科技示范户示范等。成果示范的基本要求是：经过适应性试验，技术成熟可靠；示范成果的创新程度适宜，成本效益适当；有精干的技术人员指导和优秀的科技示范户参与；示范点要便于参观，布局要考虑辐射范围。

（二）农业推广方法的选择与应用

通过前面的阐述不难发现，每种农业推广法都有自己的特点，包括优点和缺点。农业推广是推广人员与推广对象沟通的过程，沟通的效果与沟通内容和方法的选用具有密切的相关关系。因此，在特定的农业推广场合，应该注意合理选择和综合运用多种农业推广方法。具体而言，在选择和运用农业推广方法时，至少需要考虑以下几个方面。

1. 考虑农业推广要实现的功能与目标

农业推广的基本功能，是增进推广对象的基本知识与信息，提高其生产与生活技能，改变其价值观念。态度和行为，增强其自我组织和决策能力。任何农业推广方法的选择和使用，都要有助于这些功能以及具体目标的实现。在农业推广实践中，每个特定的农业推广项目可能只涵盖一种或几种农业推广功能与目标，也就是说，每一次具体的农业推广工作要达到的目的会有所侧重，而每种农业推广法都有不同的效果，因此要使选择

的方法与推广的功能与目标相匹配。

2. 考虑所推广的创新本身的特点

在农业推广实践中，应当针对所传播的某项创新的特点，选用适当的推广方法。例如，对可试验性及可观察性强的创新，应用成果示范的方法就比较好，对于兼容性较差的技术创新项目，就应当先考虑能否综合运用小组讨论，培训，访问，大众传播等方法使人们增进知识、改变观念。在农业技术推广中尤其要考虑技术的复杂性。对于简单易学的技术，通过课堂讲授和方法示范，就能使推广对象能够完全理解和掌握。而对于复杂难懂的技术，则要综合使用多种方法，如农户访问、现场参观、放映录像、技能培训等，以刺激推广对象各种感官，达到学习、理解和掌握技术的目的。

3. 考虑创新在不同采用阶段的特点

推广对象在采用某项创新的不同阶段，会表现出不同的心理和行为特征，因此，在不同的采用阶段，应选择不同的农业推广方法。一般而言，在认识阶段，应用大众传播方法比较有效。最常用的方法是通过广播、电视、报纸等大众媒介，以及成果示范、报告会、现场参观等活动，使越来越多的人了解和认识创新。在兴趣阶段，除了运用大众传播方法和成果示范外，还要通过家庭访问、小组讨论和报告会等方式，帮助推广对象详细了解创新的情况，解除其思想疑虑，增加其兴趣和信心。到了评价阶段，应通过成果示范、经验介绍、小组讨论等方法，帮助推广对象了解采用的可行性及预期效果等，还要针对不同推广对象的具体条件进行分析指导，帮助其做出决策和规划。进入试验阶段，推广对象需要对试用创新的个别指导，应尽可能为其提供已有的试验技术，准备好试验田、组织参观并加强巡回指导，鼓励和帮助推广对象避免试验失误，以取得预期的试验结果。最后的采用阶段是推广对象大规模采用创新的过程，这时要继续进行技术指导并指导推广对象总结经验，提高技术水平，同时，还要尽量帮助推广对象获得生产物资及资金等经营条件以及可能产品销售信息，以便稳步地扩大采用规模。

4. 考虑推广对象的特点

农业推广对象个体间存在多种差别，如年龄、性别、文化程度、生产技能。价值观等。这决定了推广对象具有不同的素质和接受新知识、新技术、新信息的能力。因此，在开展农业推广活动时要考虑推广对象的特点，适当选择和应用推广方法。进一步讲，基于采用者的创新性，可把采用者分为创新先驱者、早期采用者、早期多数后期多数和落后者五种类型，相应的推广方法也应当有所不同。研究表明，对较早采用者而言，大众传播方法比人际沟通方法更重要；对较晚采用者而言，人际沟通方法比大众传播方法更重要。一般而言，创新先驱者采用创新时，在其社会系统里找不出具有此项创新经验的其他成员，对后来采用创新的人不必过多地依赖大众传播渠道，是因为到他们决定采用创新时，社会系统里已经积累了比较丰富的创新采用经验，他们可以通过人际沟通渠道从较早采用创新的人那里获得有关的信息。人际沟通对较早采用者相对而言不那么重要的另一种解释是：较早采用者尤其是创新先驱者一股富于冒险精神，因此大众媒介信息刺激足以驱使他们做出采用的决定。推广研究还表明：较早采用者比较晚采用者更多地利用来自其社会系统外部的信息。这主要是因为较早采用者比较晚采用者更具有世界主义的特征。创新通常是从系统外部引入的，较早采用者更倾向于依靠外部沟通渠道，他们同时为较晚采用者开辟了人际沟通渠道和内部沟通渠道。

5. 考虑推广机构自身的条件

推广机构自身的资源条件，包括推广人员的数量和素质，推广设备的先进与否，推广经费的多少等都直接影响推广机构开展工作的方式方法和效果。经济发达地区的推广机构一般有较充足的推广经费和较先进的推广设备，应用大众传播推广手段较多；而经济欠发达地区的推广机构则限于财力和物力等条件，主要应用个别指导方法和要求不高的集体指导方法。目前，在推广人员数量普遍不足的情况下，电信和网络等现代化的推广手段无疑是一种不错的选择，但是相应的服务能力和条件也要跟上才行。

二、农业推广方式

（一）教育式农业推广

教育式农业推广运用信息传播、人力资源开发，资源传递服务等方式，促使农民自愿改变其知识结构和行为技巧，帮助农民提高决策能力和经营能力，从而提高农业和乡村的公共效用和福利水平。教育式推广服务以人为导向，以人力资源开发为目标，注重培养农民在不同情况下应对和解决问题的能力。

目前，按照提供教育服务机构的不同，可以将教育分成以下三类：正式教育、非正式教育和自我教育。非正式教育又称成人教育或继续教育，农业推广一般属于非正式教育。教育式农业推广与一般推广工作具有一定差别。首先，从工作目标上来说，考虑到政府承担着对农村居民进行成人教育的责任，因此教育式农业推广的工作目标首先就是教育性的。其次，从教育形式和内容上说，教育式推广组织的推广计划是以成人教育的形式表现的，教育内容以知识性技术为主。最后，鉴于教育式农业推广工作与大学和科研机构的功能相似，都是要将专业研究成果与信息传播给社会大众以供其学习和使用。因而，教育式农业推广中的绝大部分知识是来自学校内的农业研究成果，而且教育式农业推广组织通常就是农业教育机构的一部分或是其附属单位。

1. 教育式农业推广的优点

教育式农业推广的本质在于通过组织农业推广活动达到开发农民人力资源的目的，其工作方法灵活多样。在农业推广过程中，人们可以将多种教育式方法与农业推广工作相结合，利用各类灵活的教育式手段，例如成人教育、大学推广、社区发展、乡农学校与乡村建设等，帮助农业推广工作顺利进行。教育式农业推广凭借长期以来的人力资源开发训练，能够使农民具备独立生存的技能，并将农民培养成拥有自主决策能力的经营主体，从而自发性地、根本地带动农业发展。也就是说，通过教育式农业推广开发农民人力资源的立意，是将农民视为一个独立完整的经营个体，培养农民的经营能力，创造其为自己谋利的最佳条件，从而能够长久而稳固地奠定农民生存和经营的基础。同时，在这个推广过程中，高校、科研机构与农村之间能够实现优势互补和成果共享，因此，教育式农业推广不仅使农民获益，而且对于推广过程中的各参与主体都有很大帮助。

2.教育式农业推广的局限性

尽管教育式农业推广内涵丰富，对于农民、农业的高效和可持续发展有重要意义，但也有一定的局限性。

首先，改变过程漫长而艰辛。相比行政式农业推广的强制性和权威性力量、服务式推广的内在激励机制，教育式农业推广在短期内不易有立竿见影之效，而农民的生计问题却是紧急而迫切的，因此，怎样平衡好短期与长期的关系对于教育式农业推广来说是一个重大挑战。

其次，推广人员的能力素质和资源配置水平有待提高。教育式农业推广方式的实施离不开高素质的推广人员，然而实践中，推广人员的教学能力和资源配备水平参差不齐，不同目标群体的教育需求也存在较大差异，这都使得教育式农业推广工作在实施过程中困难重重。此外。我国的农业推广工作中对于高等农业院校不够重视，这在很大程度上是对高校的农业推广资源的浪费。而目前的大学推广组织体系建设也存在诸多问题，突出问题是农业推广责任主体不明确，机构设置混乱，多头管理和无人管理现象严重，许多院校将教学单位等同于推广单位，影响了推广工作的顺利开展。对此，有学者提出，应用美国农业推广教育模式需要具备五项基本条件：完整而适用的技术；能有效地判别乡村地区和家庭的变迁差异；对于乡村生活和民众的真实信心和重视；足够的资讯资源；农业推广能影响研究方向和内容。这充分说明了美国农业推广教育制度的特色不仅在于集研究教学和推广于大学内部的有效运作，还在于在推广教育中密切关注社会环境的变化和需求，并将其作为确定其战略发展方向的依据。

最后，社会对教育式农业推广工作的功能期望越来越大。第一，从推广对象的范围来看，农业推广的对象范围在不断扩大。在国外的农业推广教育中，都越来越把消费者纳入被推广的对象范围内，也就是说，将农业推广的对象从农民扩大到了所有消费者。第二，教育式农业推广的功能也扩大了，学者现在越来越倾向于认为教育式推广具有三大功能：教育性功能，培养农民经营农场和处理事务的能力；社会性功能，培养优秀公民，引导乡村居民参与公共事务和增进农民福利；经济性功能，降低生产成本，提高农业生产率，促进农业发展，提高农民收入。但从目前的情况来看，当前的教育式农业推广工作还难以胜任农民和消费者对其的要求。

（二）行政式农业推广

行政式农业推广是指政府推广部门利用行政手段开展的农业推广，是政府运用行政和立法权威实施政策的活动。行政式农业推广工作是农业推广人员或农业行政人员依据法律法规和行政命令，让农户了解并实施有关农业资源使用和农产品价格保护措施，从而实现农业发展目标的过程。

从全球来看，农业推广功能与政府的农业施政有着密切的关系，尤其是对于发展中国家来说，农业发展是整个国民经济的基础，粮食是重要食物，农业部门内部就业较多，政府有足够的内在激励重视农业发展。而采用行政式农业推广能够有效规范农业生产行为，实现农业发展的各项目标，从而更好地进行宏观调控。因此，绝大多数国家的政府部门都在本国的农业推广活动中起主导作用，并对各级农业推广机构的活动进行直接干预。在20世纪90年代以前，绝大多数国家的农业推广经费和推广服务供给几乎完全是由政府推广机构承担，形成了以政府推广机构为主导的模式占多数的状况。其突出特点是，推广体系隶属政府农业部门，由农业部门下属的推广机构负责组织管理和实施相应级别的农业推广工作。

1. 行政式农业推广的优点

由于行政式农业推广大多由政府主导，因此其在资源利用、执行力度和宏观调控等方面具有其他方式无法比拟的优势，具体可以表现为以下几个方面：行政式农业推广的内容是经过严格的专家论证的，往往比较权威和可靠，并且自上而下的行政推广措施比较有力，能够有效保障推广内容的实施；政府拥有充足的推广资源和资金支持，能够运用政府力量干预农业生产活动，保证农业推广过程的连续性，例如，我国在基层大规模设置各级推广机构，可以将政府干预的触角延伸到几乎所有地区，这种高效的组织布局是其他私人组织和民办机构所难以做到的；行政式农业推广由政府制定规划，与国家总体的经济状况和宏观计划联系紧密，这在很大程度上有利于国家的宏观调控。事实上，很多时候基层农业推广人员和农民很难制订出有效的农业推广方案，而自上而下的行政式农业推广往往能够高效达到既定目标，行政式农业推广的强制性往往能减轻一些诸如自然灾害等不可抗力的影响，有效地达到推广目标，促进农业发展。

2. 行政式农业推广的局限性

行政式农业推广因其行政特点，一方面拥有其他推广方式无法比拟的优势，但另一方面也因为受工作方式、推广内容、资金条件等客观因素的限制，从而具有一定的局限性。

从工作方式上看，行政式农业推广是行政命令式的自上而下的推广模式，这种单向传递模式常常采用"输血式"推广方式，容易导致目标群体对政府推广部门的依赖性，削弱他们自身的潜力，不利于发挥目标群体的主观能动性和生产积极性，最终导致事倍功半。

从推广内容看，推广计划、项目决策等是由中央政府及相关行政部门自上而下制定和实施的，较少考虑不同地区的自然和社会经济条件差异以及目标群体的特定需要等问题，往往不能做到因时制宜、因地制宜，从而导致推广内容与农业发展需求脱节。此外，在行政式农业推广过程中，由于广大的农业技术采用者只能被动服从，因而推广过程中参与主体的积极性不够高，影响了整个推广工作的效率。

从资金条件看，行政式农业推广对资金的要求很高，而农业推广资金不足一直被放在农业推广问题的突出位置。各级政府对农业推广的经费投入相对较少，经费问题使我国的农业推广发展缓慢。农业推广资金不足直接导致了农业推广的不稳定性增加，比如，由于缺乏经费，农业推广，人员为维持生计，不能全身心地投入到农业推广工作，阻碍了农业推广工作的开展。自20世纪90年代以来，世界上农业推广改革的一个主流趋势是政府逐渐缩减对农业推广的投资。然而，许多发展中国家逐渐降低公共财政赤字的政策导致了对农业推广投资的限制，阻碍了有偿服务机制的引入。

随着我国市场机制的建立，农民对市场信息的需求更加强烈，这意味着政府将从生产资料投入品的供应市场营销以及农产品生产等经济活动中退出。目前，我国的农业推广体系正处于转轨阶段，面临诸多比较严重的问题，特别是基层农业推广体系在组织管理、人员结构、项目管理、推广方法、经费投入等方面的问题，这些都直接制约着农业科技成果的推广和转化。

（三）服务式农业推广

服务式农业推广方式是应用最为广泛的一种推广方式，主要是推广人员为农户提供相应的农业技术、知识，信息以及生产资料服务，故也称为提供式农业推广。服务式推广背后的基本逻辑是，农业推广即农业咨询工作，推广的目的是协助和促使农民改变其行为方式以解决其面临的问题，推广方法是沟通和对话，与推广对象之间的关系是自愿、互相合作或伙伴关系，农业推广工作便是推广人员给农民或者农场提供咨询服务。推广服务包括收费推广服务和免费推广服务。服务式农业推广也可以粗略分为两种：一种是咨询式农业推广，另一种是契约式农业推广。

咨询式农业推广中，信息需求者主动向信息拥有者提出要求，农民就其农场或市场需要等方面存在的问题向专业机构申请咨询。信息供应者应具备非常丰富的信息、知识和实践技术。此类咨询工作不一定要收费，尤其是政府农业部门提供的技术服务很可能是免费的。收费服务则更多集中在农民或者农场的特定需求上，比如管理咨询、设施管理服务、专业技术服务等，需要这类服务的主体往往农业发展已经很成熟或者特定产业已经较为发达，这时，咨询式推广服务活动多由私人咨询公司或者非政府组织开展，政府或者农会组织与这些私人公司或者非政府组织签订合同，政府或者农会组织承担全部或者部分农业推广经费，推广活动的管理由政府相关部门负责。

契约式推广服务源于契约农业，通常表现为企业与农户签订订单，契约式农业推广的目的在于提高契约双方的经济收入，其过程主要为纯粹的生产输入与输出，按照契约规定，在多数情况下，由企业负责组织安排农产品生产，农民有义务接受企业的建议与技术操作规程，使用特定的品种和其他农资，并有权要求企业提供技术服务、产品处理和价格保障等。订单中规定的农产品收购数量、质量和最低保护价，使双方享有相应的权利、义务，并对双方都具有约束力。契约式推广服务使农民在生产过程中能够享受企业提供的技术或者商业服务，有利于保证农产品的产量或者质量，从而有利于双方经济利益的共同实现。契约式推广服务突出表现为产量或者质量的基本保障，因此，该推广服务可视为一种促进农民采用创新技术的策略工具。契约式推广服务在国际上较为普遍。许多公共部门的资金支持计划都意在培育一些私营部门或者独立服务提供者来提供农业咨询或商业服务。在我国的契约式农业推广实践中，农业合作组织和企业是最主要的角色。在有企业参与的契约式农业推广方式中，农户根据自身或所在的农村组织的条件同企业进行农产品或者农资方面的合作。企业根据契约为农户提供生产和市场流通方面的服务，工作主体以企业设置的农业推广机构为主，工作目标是增加企业的经济利益，服务对象是其产品的消费者或原料的提供者，主要侧重于专业化农场和农民，最终达到契约主体双赢的局面。农业合作组织在契约式农业推广中扮演重要角色。由于企业的趋利本性，目前，世界上很少看到纯粹以企业为主导的推广模式，而作为一种半商业性质的实体组织，农业合作组织既满足了农业推广的公共属性，又能使推广活动适应市场化的运作环境，农业合作组织能有效地组织农民学习科技、应用科技，提高规模化生产经营能力，增强市场竞争力和抗风险能力，成为市场机制下一种潜力巨大的农业技术推广中介机构，是一种适应契约式农业推广发展要求的民营组织。

1. 服务式农业推广的优点

（1）相比其他推广方式，服务式农业推广方式适应范围更广

无论推广服务主体的服务条件和能力如何，也不管目标群体的接受能力、需求强度或标准高低，只要对相应的服务项目进行有效管理，在一定程度上都能获得满意的推广效果即可。

（2）服务式农业推广的服务内容更加综合

不管是咨询式农业推广服务还是契约式农业推广服务，服务内容往往都比较综合。因此，服务式推广方式认为，要想提高农业生产率，仅有技术和信息扩散是不够的，还要将其制成资源和材料，通过市场流通提供给用户使用。这样，用户才能方便地获取综合性推广服务，从而获得立竿见影的增产效果。

（3）契约式农业推广有利于提高各经济主体的创新能力

契约式农业推广引进竞争机制，淡化行政干涉，因此在农业推广过程中各经济主体的创新能力均得到有效提高。同时，农业合作组织参与到农业推广过程中后，能打破现有的农业推广部门与政府挂钩的局面，通过资源重组，逐渐形成更具活力的独立农业推广企业。此外，契约式农业推广还能够有效缓解财政压力，改变直接拨款的财政分配体制。

2. 服务式农业推广的局限性

（1）服务主体与服务对象之间可能存在利益冲突

尽管服务式推广尤其是契约式农业推广有助于向不同的农民团体提供范围更广的服务，但也可能产生服务主体与服务对象间的利益冲突问题。比如企业可能会为了宣传某种产品而向农民和农业组织提供虚假或奇大的信息，对此，农民和农民组织很难辨别。大部分企业也很少考虑他们的行为，比如诱导农民过度使用农药、化肥等可能对环境造成的负面影响。

（2）缺乏对目标群体需要与问题的关注

不论是咨询式服务还是契约式推广服务，均是以物为导向，强调生产资源、物质材料等对提高生产率的作用，但缺乏对目标群体需要与问题的关注。针对特定的用户，常常是先入为主地为其提供生产信息和资源材料，任其采用。

（3）实践中，契约产销也是相当具有争议性的

契约产销可能减少了农民面对的市场价格风险，但却增加了契约的风险与不确定性。在某些特定的情况下，契约产销有可能使农产品的买方借此增加操控市场的力量，例如，通过契约产销阻止其他买家进入市场或是趁机压低现货市场的价格。另外，农民教育水平普遍较低、缺乏有效监管（包括环境监管等）、农民与企业间的信息不对称等因素都会限制契约式农业推广的发展。

第二节　农业推广服务

一、农业技术推广服务

（一）农业技术推广服务的含义与内容

1. 农业技术推广服务的基本概念

农业技术是指应用于种植业、林业、畜牧业、渔业的科研成果和实用技术。包括：良种繁育、栽培、肥料施用和养殖技术；植物病虫害、动物疫病和其他有害生物防治技术；农产品收获、加工、包装、贮藏、运输技术；农业投入品安全使用、农产品质量安全技术；农田水利、农村供排水、土壤改良与水土保持技术；农业机械化、农用航空、农业气象和农业信息技术；农业防灾减灾、农业资源与农业生态安全和农村能源开发利用技术；其他农业技术。农业技术推广是指通过试验示范、培训、指导以及咨询服务等，把农业技术普及应用于农业产前、产中、产后全过程的一种活动。

因此，可以说，农业技术推广服务是指农业技术推广机构与人员向农业生产者提供农业技术产品，传播与技术产品相关的知识、信息以及提供农业技术服务的过程，主要包含农业技术产品提供和农业技术服务提供两个方面。

2. 农业技术推广服务内容

（1）服务技术分类

从农业技术的性质和推广应用的角度进行分类，农业技术可分为三种类型。

第一种类型是物化技术成果。这类技术成果具有一个明显的特点，即它们已经物化为技术产品，并已成为商品。这类技术成果包括优良品种、化肥、农（兽）药、植物生长调节素、薄膜、农业机械、饲料等。

第二种类型是一般操作技术。它是为农业生产和农业经营提供操作方法、工艺流程、相关信息等，以提高劳动者的认识水平和操作能力。主要通过培训、典型示范和发布信息进行推广，具有较为典型的公共产品属性。这类技术包括栽培技术、养殖技术、病虫

害预报预测及防治技术、施肥与土壤改良技术、育秧（苗）技术、畜禽防病（疫）治病技术等。

第三种类型是软技术成果。它主要指为政府决策部门、企业（或农户）提供决策咨询等方面的服务。它不同于一般的管理理论和管理技术，具有较强的针对性。软技术成果主要有两个特点：一是服务对象的广泛性，既可为宏观决策服务，又可为微观决策服务；二是经济效益度量比较困难。如农业技术政策、农产品标准、农业发展规划、农户生产技术选择和生产决策、信息及网络技术等，很难测算其具体的经济效益。

（2）服务阶段与相应的服务内容

①产前

农业生产前期是农民进行生产规划，生产布局。农用物资和技术的准备阶段。在此阶段农民需要相关农产品和农用物资的种类信息、市场销售信息、价格信息和相关政策法规等。由此，农业技术推广部门可以为农民生产、加工、调运和销售优质合格的种子、种苗、化肥、农药、农膜、农机具、农用设施等农用物资，也可以从事土地承包、技术承包、产销承包、生产规划与布局的服务合同签订工作和农产品销售市场的建设工作，从而使农业生产有规划、有布局、有条件、有物质、有技术、有信息、有市场等。

②产中

农业生产中期是农民在土地或设施内利用农用物资进行农业产品再生产的具体过程。农业推广部门要继续提供生产中所急需的农用物资的配套服务，要保证农用生产物资的供给和全过程的技术保障，实现农业生产的有序化、高效化。同时，积极开展劳务承包，技术承包等有偿服务活动，从中获得经济效益，并继续联系和考察农产品销售市场，制定营销策略，积极扩大销路。

③产后

农业生产结束是农民收获贮藏和销售农产品的过程，此时农民最关心其产品的去向问题，因此，农业推广部门应开展经营服务。要保证农产品产销合同的兑现，要积极组织农民对农产品进行粗加工，为农民提供收购、贮运和销售服务并帮助农民进行生产分析、再生产筹划。此时开展这样的推广服务，正是帮助农民、联络农民感情、增强信任度和提高服务能力的好时机，可以为进一步开展技术推广服务奠定良好的基础。

（二）农业技术推广服务的对象与组织

1. 农业技术推广服务对象

我国当前农业从业劳动力大致可以分为三类：传统农民，新型农民和农民工。其中，传统农民受教育程度普遍较低，对于新技术的接受能力较差，而农民工常年在外打工，对于农业生产热情不高。当前国家大力倡导培育新型农业经营主体，发展现代农业。目前新型农业经营主体主要有五大类：自我经营的家庭农业；合作经营的农民合作社；雇工经营的公司农业；农业产业化联合体和新型农民。新型农业经营主体中的农业从业者大多专门从事农业生产，愿意学习新知识，对于新技术的需求比较旺盛，因此，农业技术推广服务的重点对象应该是这部分新型农业经营主体。

2. 农业技术推广服务组织

我国现行的农业技术推广服务组织基本上由以下三部分组成。

（1）政府主导型农业科技推广组织

政府主导型农业技术推广体系分国家、省、市、县、乡（镇）五级。县、乡两级的农业技术推广部门是推广体系的主体，是直接面向农民，为农民服务的。在一些地方，县、乡农业管理部门和农业技术推广部门联系密切，有的就是同一机构。

政府依据区域主导产业发展和生产技术需求，以政府"五级农业科技推广网"为主，以上级部门下达的项目任务为支撑，开展新技术、新成果、新产品的示范推广。政府主导型农业科技成果转移模式一般有三种："政府＋农业科技推广机构＋农户"；"政府＋科教单位＋农户"；"政府＋企业＋农户"的模式。其经费主要来源于国家财政事业拨款，其次为科级单位自筹、有偿服务、企业资助和社会捐款等多种渠道。在管理上，政府负责宏观指导和管理，制定管理办法，出台相应的引导与激励政策，制订推广计划和中长期发展规划，确定总体目标、主要任务和工作重点。这种管理模式与运行机制较为完善，便于政府宏观管理和统一协调。但是，这种模式对政府的依赖性很强，不能很好地吸纳社会力量，与市场经济的衔接不够紧密。

（2）民营型农业科技推广组织

民营型农业科技推广组织可分为两种：一种是以农民专业合作经济组织为基础的农业科技推广组织，这种组织以增加成员收入为目的，在技术、资金、信息、生产资料购买产品加工销售、储藏、运输等环节，实行自我管理、自我服务、自我发展。目前，大多数农业合作经济组织不是由农民自发创建起来的，而是依靠诸如政府、科技机构、农产品供销部门等外部力量发展起来的。另一种是经营型推广组织，此类组织主要指一些龙头企业和科研、教学、推广单位等的开发机构所附属的推广组织。这种独立的经济实体一般具有形式多样、专业化程度高、运转灵活快捷、工作效率高、适应农户特殊要求等特点，主要从事那些营利性大、竞争性强的推广项目。

民营型推广组织是市场经济条件下的产物，是推广活动私有化和商业化的产物。

（3）私人农业科技推广组织

私人农业科技推广组织主要指以个人为基础的推广队伍。这种农业技术推广服务组织更多存在于发达国家，我国相对来说较少。

（三）农业技术推广服务方式

农业技术推广方式是指农业推广机构与人员同推广对象进行沟通，将科技成果应用于生产实践从而转化为现实生产力的具体做法。各国由于其历史、文化、社会、经济体制和行政管理体制不同，形成了不同的农业推广指导思想和组织形式。随着我国的市场经济体制改革，农业推广工作也从由各级政府的技术推广机构主导，转向以政府为主导、政府专业技术推广机构、高等院校和农业科研单位、涉农企业、农业专业合作技术组织等多种主体共同参与的形式，农业技术推广工作也衍生出以多种不同单位为主体的推广模式，而其推广服务的方式也愈发多样。

1. 咨询服务

咨询服务是指在农民生产过程中为其提供各种技术，信息、经营、销售等方面的相关建议，帮助农民提高生产技术，发展自我能力，拓宽信息渠道的服务过程。在经济全球化进程加快和科学技术迅猛发展的形势下，农业和农村经济进入了新的发展阶段，农业推广的内容也发生了很大变化。由于农业生产具有时间长、分散程度高、从业人员受教育水平低等特点，信息获取具有一定的滞后性，农业经营方式难以跟上市场变化。作为推广对象的农民不仅需要产中的技术服务，更需要产前的市场信息服务和生产资料供应及产后的产品销售等信息和经营服务，这样就要求农业推广人员需要在生产的各个环节为其提供咨询服务，使一大批新技术能及时广泛地应用于生产，拓宽农民的信息渠道，扩大农民信息采集和发布面，促进农产品流通。

2. 经营服务

农业经营性服务是服务与经营的结合。从事经营服务的推广机构和推广人员，一方面，在购进农用生产物资并销售给农民的过程中扮演了销售中间商的角色，既是买方又是卖方；在帮助农民推销农产品的同时，又扮演了中介人的角色。另一方面，在兴办农用生产物资和农产品的生产、加工、运输、贮藏等实体企业中，则按照企业化的运行机制进行。因此，农业推广经营服务可以表述为：农业推广人员为满足农民需要，所进行的物资、产品、技术、信息等各个方面的交易和营销活动，是一种运用经济手段来进行推广的方式。

3. 开发服务

开发服务是指运用科学研究或实际经验获得的知识，针对实际情况，形成新产品新装置、新工艺、新技术、新方法、新系统和服务，并将其应用于农业生产实践以及对现有产品、材料、技术、工艺等进行实质性改进而开展的系统性活动。这种方式通常是农业科研或推广部门与生产单位或成果运用单位在自愿互利、平等协商的原则基础上，选择一个或多个项目作为联营和开发对象，建立科研－生产或技术生产的紧密型半紧密型或松散型联合体。它以生产经营为基点，然后进行延长和拓展，逐步形成产前、产中、产后的系列化配套技术体系。从单纯出售初级农产品转向农副产品的深度加工开发，从而提高农业经济的整体效益。这种方式既可以充分发挥科研与推广部门的技术优势，又可以充分利用生产单位的设备、产地、劳力、资金、原材料等方面的生产经营优势，使双方取长补短、互惠互利。同时，它可以使一项科技成果直接产生经济效益，缩短科技成果的推广路径。

4. 信息服务

农业推广信息服务是指以信息技术服务形式向农业推广对象提供和传播信息的各种活动。农业推广信息服务的内容、方式和方法与过去相比均发生了很大的变化。农业推广信息服务由提供简单的信息服务，向提供深加工、专业化、系统化。网络化的农业信息咨询服务发展。现阶段，我国急需提高农业信息技术，加大信息网络建设，整合网络资源，丰富网上信息，实施网络进村入户工程，为农民朋友提供全方位服务，用信息化带动农业的现代化。

二、农业推广经营服务

（一）农业推广经营服务的含义与内容

农业推广服务按其性质可分为公益性服务和经营性服务两个方面。农业推广应当遵循"公益性推广与经营性推广分类管理"的原则。广义上讲，农业推广经营服务是指农业推广人员或农业推广组织按照市场运营机制，以获取利润为主要目的，为用户提供农资农产品生产环节、流通环节以及用户生活等各方面服务的一种农业推广方式，是相对于公益性农业推广的经营性农业推广组织主要采用的推广方式。狭义上讲农业推广经营服务是指农业推广人员为满足农民需要，所进行的物质、技术、信息、产品等各方面的交易和营销活动，是一种运用经济手段进行农业推广的方式。农业推广经营服务可以促进农资流通体制和农业生产资料经营方式的转变，增强推广单位的实力和活力，实现公益性推广机构和经营性推广机构的分设和合理运行，提高农业科技入户率，实现新成果的交换价值，促进技术推广效果和物质资金投入效益双重提高。

农业推广经营服务的范围虽然十分广泛，但在我国实践中主要还是围绕农业生产的产前、产中和产后三个环节来开展的。产前经营服务主要提供农业生产所必需的各种农业生产资料，如新品种、新农机、新种苗、新农药等；产中主要进行有偿或与生产资料经营相配套的无偿技术服务，如进行新型技术承包或新产品使用技术指导；产后主要进行产品的贮运、销售、加工等。目前农业推广经营服务的产前和产中活动十分广泛，产中服务常常是产前和产后服务的衔接阶段，可以单独收费，也可以作为产前经营服务的附加服务，继而免费（如对购买新农资的用户免费提供农资使用及其他田间管理技术指导）。

（二）传统农业推广经营服务模式

我国传统的农业推广经营服务主要有技物结合和农资农产品连锁经营两种类型。

1. 技物结合

技物结合型农业推广经营服务是在实行家庭联产承包责任制后，农民成为自主经营、独立核算、自负盈亏的生产者和经营者，他们在产前、产后的许多环节上，由于信息不灵、科学知识不足、生产资料不配套，产供销脱节，影响了生产力的发展和经济收入的增加，农业推广部门为解决以上问题而开展的一项农业技术推广与物资供应相结合的综合配套的农业推广经营服务模式。这种推广经营服务是从乡镇农业推广站开始，主要由基层农业推广部门开展的以经营新种子、新农药、新肥料、新农机、农膜、苗木等为主"既开方，又卖药"的活动。

农业推广部门开展技物结合配套综合经营服务，最大的好处就是增强了服务功能，加速农业新技术、新产品推广，壮大自身的经济实力，促进农技推广事业的发展，此外，农业推广单位开展技物结合经营服务可用物化技术为手段，加大农业技术推广力度，不仅立足推广搞经营，还通过搞好经营促推广，使农业推广在农业生产中的作用越来越大。技物结合型主要有以下四种类型。

（1）技术与物资结合式

这种方式通俗地讲就是"既开方，又卖药"，将农业推广和经营服务有机结合在一起，通过这种结合方式，在微利销售种子、农药、化肥、农机具等的同时给予耐心细致的咨询服务，将使用说明、技术要点和注意事项一同讲授，并随之发放生产材料的详细说明书或者"明白纸"，这样口头讲解和书面讲解双管齐下，便于农民学习，更容易得到农民的认可，实现技术的有效传播。此外，根据农民的生产项目，有针对性地帮助他们制订生产计划，提供技术服务，并将其所需的农业生产材料配备齐全，使农民获得实惠。

（2）产业化链条式

一些经济较发达的地区或名、优、特、稀、新产品的产地，在产品服务中，需要贮藏、运输、加工、资金、管理等方面的服务，为满足此需要，农业推广部门为推广对象提供产、供、销一体化服务。

（3）生产性经济实体

生产性经济实体是指创办直接为农业服务的农场、工厂或公司，主要包括农副产品加工类、农用生产资料的生产类工厂（如各种化肥、农药、农机修配等工厂）。此外，还有其他非直接服务于农业的各种工厂或公司，以赚取利润支持农业推广事业，间接服务于农业。

（4）技劳结合型

技劳结合型是指一些农户自愿联合起来，组建各种农业服务队，既负责技术，又负责劳务。如植保服务人员，负责整个病虫害防治过程，包括病虫害测报、农药的供应和配制、喷洒农药等全过程，根据防治效果和面积获取技术服务费。

2. 农资与农产品连锁经营

农资与农产品连锁经营是我国农业推广经营服务组织建立的经营实体中的一种服务模式。连锁经营是指在总部企业的统一领导下，若干个经营同类产品或服务的企业按照统一的经营模式，进行采购、配送、分销等的经营组织方式。其基本规范和内在要求是统一采购、统一配送、统一标识，统一经营方针、统一服务规范和统一销售价格。农资、农产品连锁方式不但能使用户很方便地购买质优价廉的产品，而且也将大大减少假冒伪劣产品坑农事件。连锁经营通过总部与分店之间清晰的产权关系，形成了良好的市场分割、利益分享机制，将农资、农产品经营机构之间的竞争关系转化为合作共赢关系，促进各个机构之间利益联合，进而有利于规范市场秩序，形成良性竞争的市场环境。

连锁经营从连锁方式看，连锁经营一般分为正规（直营）连锁、特许（加盟）连锁和自由连锁三种形式。直营连锁是所有门店受总部的直接领导，资金也来自总部。这种模式能够实现更好的管理，但因为受总部的资金管理限制，有时失去其发展动力。

特许加盟是指总部根据合约关系对所有加盟店进行全面指导，门店按照总部要求协同运作，从而获得理想的效益。这种加盟方式要求总部必须拥有完整有效的管理体系，才能对加盟门店产生吸引力。

自由连锁即一些已经存在或发展成熟的企业或组织为了发展需要自愿加入连锁体系，商品所有权属于加盟店自己所有，但运作技术及品牌归总部持有。这种体系一方面需要各店为整体目标努力；另一方面要兼顾保持加盟店自主性运作，因此必须加强两者的沟通。

三、农业推广信息服务

（一）政府农业信息网站与综合服务平台服务模式

政府农业信息网站与综合服务平台服务模式基本上是由政府主导的，信息服务内容和服务对象广泛，服务手段比较先进，服务的权威性较强。农业和科技系统发挥了较大的作用，早期是建立比较大型的权威农业信息网站，后来是创建综合信息服务平台。例如，针对安徽农村互联网普及率，农户上网率仍不高的现状，安徽农村综合经济信息网跳出网站服务"三农"，已实现互联网、广播网、电视网、电话网和无线网的"五网合一"，建立一个上联国家平台，下联基层，横联省级涉农单位，集部门网站、电子商务、广播电视、电话语音、手机短信、视频专家在线等多种媒体和手段等为一体，覆盖全省的互联互通"农业农村综合信息服务平台"，形成了政府省心、农民开心的农业农村综合信息服务体系，成为千家万户农户对接千变万化大市场的重要平台与纽带。

（二）专业协会会员服务模式

农村专业技术协会是以农村专业户为基础，以技术服务、信息交流以及农业生产资料供给，农产品销售为核心组织起来的技术经济服务组织，以维护会员的经济利益为目的，在农户经营的基础上实行资金、技术、生产、供销等互助合作。它主要具有三种职能：一是服务职能，其首要任务就是向会员提供各种服务，包括信息、咨询、法律方面的服务；二是协调职能，既要协调协会内部，维护会员之间公平竞争的权利，又要协调协会外部，代表会员们的利益；三是纽带职能，即成为沟通企业与政府之间双向联系的纽带。如农村中成立的各类专业技术协会，专业技术研究会和农民专业合作社等。

（三）龙头企业带动服务模式

龙头企业带动服务模式通常是由涉农的龙头企业通过网站向其客户发布信息，或者利用电子商务平台进行网络营销等活动，为用户提供企业所生产的某类农资或农产品的技术和市场信息，有时也为用户统一组织购买生产资料；在企业技术人员的指导下，农户生产出的产品由公司统一销售，实行产、供、销一体化经营；企业和农户通过合同契约结成利益共同体，技术支撑与保障工作均由企业掌控。目前，该类模式有"公司＋农户""公司＋中介＋农户"和"公司＋合作组织＋农户"等模式。

（四）农业科技专家大院服务模式

农业科技专家大院服务模式是以提高先进实用技术的转化率，增加农民收入为目标，以形成市场化的经济实体为主要发展方向，以大学、科研院所为依托，以科技专家为主体，以农民为直接对象，通过互联网、大众媒体、电话或面对面的方式，广泛开展技术指导、技术示范、技术推广、人才培训、技术咨询等服务。农业科技专家大院服务方式促进了农业科研、试验、示范与培训、推广的有机结合，加快了科技成果的转化，促进了农业产品的联合开发，提高了广大农民和基层农技推广人员的科技素质。目前，该类服务模式也在不断创新，即具体化、多元化和市场化。主要表现在服务对象更加明确，服务内容也更加具体，并且高校、科研院所等积极参与，运作形式也越发多样，各类管理都趋向市场化的企业管理模式。

（五）农民之家服务模式

农民之家服务模式是以基层农技服务为基础，经济组织、龙头企业等其他社会力量为补充，公益性服务和经营性服务相结合，专业服务和综合服务相配套，高效便捷的新型农业社会化服务体系。该模式主要活动于专业合作经济组织（或协会），能够适应农村经济规模化、区域性和市场化发展的要求，充分发挥协会组织的桥梁纽带作用，有利于形成利益联动的长效机制，具有投入少、见效快、运行成本低、免费为农民提供信息服务等特点。通过农民之家的建设和运行，基层政府也可从以前的催种催收等繁杂的事务管理中解脱出来，变为向农民提供信息、引导生产、帮助销售，也能够及时宣传惠农政策，了解村情民意，化解矛盾纠纷，转变了基层政府为农服务的方式。

第二章 农业推广的心理、教育与集群传播

第一节　农业推广的心理

一、农民个性心理与农业推广

个性是指一事物区别于他事物的特殊品质。农民的个性心理是指农民在心理方面所表现出的特殊品质。从推广上讲，农民的需要、动机、兴趣、理想、信念、价值观和性格这些个性心理成分会直接影响对创新的态度及采用创新的积极性。

（一）需要

1. 需要的概念、类型和特点

需要是人对必需而又缺乏的事物的欲望或要求。人的需要是多种多样的。根据需要的起源，可分为自然性需要和社会性需要。

自然性需要主要是指人们为了维持生命和种族的延续所必需的需要，表现为对衣、食、住、行、性等方面的需要。它具有以下特点：主要产生于人的生理机制，与生俱有；以从外部获得物质为满足；多见于外表，易被人察觉；有限度，过量有害。

社会性需要是在自然性需要的基础上形成的，是人所特有的需要，表现为人对理想、劳动道德、纪律、知识、艺术、交往等的需要。它具有以下特点：通过后天学习获得，由社会条件决定；比较内含，不易被人察觉；多从精神方面得到满足；弹性限度大，连

续性强。

农业创新的增产增收结果，一定要在某种程度上满足农民的自然性需要，否则农民不会采用所推广的创新。在农业创新传播过程中，增加农民的科技文化知识，增加对创新的认识和了解，传授创新的操作方法，尊重农民的人格、风俗习惯、社会规范，与农民建立良好的人际关系，满足农民社会性需要，有利于他们对农业创新态度和行为的改变。

2. 需要的层次

美国心理学家马斯洛（A.Maslow）于20世纪50年代把人类的需要划分为七个层次：生理需要、安全需要、社交需要、尊重需要、认知需要、审美需要和自我实现需要。

①生理需要这是人类最原始、最低级、最迫切也是最基本的需要，包括维持生活、延续生命所必需的各种物质上的需要。

②安全需要当生理需要多少得到满足后，安全的需要就显得重要了。它包括心理上与物质上的安全保障需要。农村社会治安的综合治理、农村养老保险、医疗社会统筹、推广项目论证等，都是为了满足农民的安全需要。

③社交需要包括归属感和爱情的需要，希望获得朋友、爱人和家庭的认同，希望获得同情、友谊、爱情、互助以及归属某一群体，或被群体所接受、理解、帮助等方面的需要。在农村，家庭、邻里、群团组织、文娱体育团体、农民专业合作组织、农民专业技术协会等，都是满足农民社交需要的组织和群体。

④尊重需要是因自尊和受别人尊重而产生的自信与声誉的满足。这是一种自信、自立、自重、自爱的自我感觉。在农村，农民希望尊重自己的人格；希望自己的能力和智慧得到他人的承认和赞赏；希望自己在社会交往中或团体中有自己的一席之地。在推广中，一定要注意到农民的尊重需要，不要伤害了农民的自尊心。

⑤认知需要对获取知识、理解知识、掌握技能的需要。农民主动参加教育培训，千方百计送子女读书，农民对不知事物的询问，对新奇事物或现象的聚群观看，主动探索解决生产问题的方法，创造新方法、新技能和新产品等，都是认知需要的表现。农村的学校教育、农业推广教育与培训、指导与咨询活动都在某种程度上满足农民的认知需要。

⑥审美需要对秩序和美好事物的需要。不少农民房屋装饰美观，家里布局有序，逢年做客穿新衣，过节来客做清洁等都是农民生活上审美需要的表现。不少农民种植作物时，垄直行正，地平土细，清理田边，去除杂草，也是生产上审美需要的表现。

⑦自我实现需要是指发挥个人能力与潜力的需要，这是人类最高级的需要。在农村，农民希望做与自己相称的工作，以充分表现个人的感情、兴趣、特长、能力和意志，实现个人能够实现的一切。

同一农民一般会同时存在几种强度不同的需要。不同农民对各层次需要的强度不同。对温饱问题没有解决的农户，穿衣吃饭满足生理需要是最重要的需要，而对温饱问题解决之后的农户，增加经济收入，解决子女上学，满足认知需要等变得更为重要。因此，农业创新传播时，要了解当地农民的需要层次和强度，有针对性地选择传播内容，才能引起他们的兴趣和采用动机。

（二）动机

1.动机的概念、作用、类型和特征

动机是行为的直接力量，它是指一个人为满足某种需要而进行活动的意念和想法。动机对行为具有以下作用：始发作用。动机是一个人行为的动力，它能够驱使一个人产生某种行为；导向作用。动机是行为的指南针，它使人的行为趋向一定的目标；强化作用。动机是行为的催化剂，它可根据行为和目标的一致与否来加强或减弱行为的速度。

人的动机非常复杂，按照不同的方式，可以分为不同的类型。根据动机的内容，可分为生理性动机（物质方面的动机）和心理性动机（精神方面的动机）。根据动机的性质，可分为正确的动机和错误的动机。根据动机的作用，可分为主导动机（优势动机）和辅助动机。主导动机是一个人动机中最强烈、最稳定的动机，在各种动机中处于主导和支配地位，而辅助动机能够对主导动机起到补充作用。根据动机维持时间的长短，可分为短暂动机和长远动机。短暂动机是为了短小的目标利益，作用时间较短；而长远动机是为了一个远大的目标利益，作用时间较长。根据引起动机的原因，可分为内部动机和外部动机。内部动机是由于活动本身的意义或吸引力，使人们从活动本身得到满足，无须外力推动或奖励。外部动机是一种因人们受到外部刺激（奖或惩）而诱发出来的动机。

由于人的需要是多种多样的，因而可以衍生出多种多样的动机。动机虽多，但都具有以下特征：力量方向的强度不同，一般来说，最迫切的需要是主导人们行为的优势动机。人的目标意识的清晰度不同，一个人对预见到某一特定目标的意识程度越清晰，推动行为的力量也就越大。动机指向目标的远近不同，长远目标对人的行为的推动力比较持久。

2.动机产生的条件

（1）内在条件，即内在需要

动机是在需要的基础上产生的，但它的形成要经过不同的阶段。当需要的强度在某种水平以上时，才能形成动机，并引起行为。当人的行为还处在萌芽状态时，就称为意向。意向因为行为较小，还不足以被人们意识到。随着需要强度的不断增加，人们才比较明确地知道是什么使自己感到不安，并意识到可以通过什么手段来满足需要，这时意向就转化为愿望。经过发展，愿望在一定外界条件下，就可能成为动机。

（2）外在条件

外在条件即外界刺激物或外界诱因，它是通过内在需要而起作用的环境条件。设置适当的目标途径，使需要指向一定的目标，并且展现出达到目标的可能性时，需要才能形成动机，才会对行为有推动力。所以，动机的产生需要内在和外在条件的相互影响和作用。在农业推广中，要根据农民的需要选择推广项目和推广内容，这是农民产生采用动机的前提，也是搞好农业推广工作的基础。

推广人员必须坚持：①深入调查，具体了解农民的实际需要。②分析农民当前最迫切的需要，借以引起能够主导农民行为的优势动机。③创新实现的目标与农民的需求目标一致。④进行目标价值和能够实现目标的宣传教育，发挥目标对满足需要的刺激作用，

以促使产生采用动机。

（三）兴趣

1. 兴趣的概念和作用

兴趣是人积极探究某种事物的认识倾向。这种认识倾向使人对有兴趣的事物进行积极的探究，并带有情绪色彩和向往的心情。兴趣是在需要的基础上产生和发展的，需要的对象也就是感兴趣的对象。兴趣是需要的延伸，是人的认识需要的情绪表现。对事物或活动的认识愈深刻、情感愈强烈，兴趣就会愈浓厚。

兴趣与爱好是十分类似的心理现象，但二者也有区别。兴趣是一种认识倾向，爱好则是活动倾向。认识倾向只要求弄懂搞清这一现象，却没有反复从事该种活动的心理要求；而活动倾向则有反复从事该种活动的愿望。当兴趣进一步发展成为从事某种活动的倾向时，就成为爱好。

一个人对某事物或活动感兴趣时，便会对它产生特别的注意，对该事物或活动感知敏锐、记忆牢固、思维活跃、想象丰富、感情深厚，克服困难的意志力也会增强。所以兴趣是认识活动的重要动力之一，也是活动成功的重要条件之一。

2. 兴趣的培养

兴趣不是与生俱来的，它和其他心理因素一样，都是以一定素质为前提，并通过后天实践活动中的培养训练而发展起来的。

①兴趣是在需要的基础上产生和发展的。所以，培养人的兴趣一定要设法与其需要相联系。要使农民对所传播的创新感兴趣，传播的创新要能满足他们的需要，解决他们面临的问题。

②胜任和成功能增强信心、激发兴趣，不断失败则会降低兴趣。所以，在推广某项创新时，帮农民创造有利于成功的条件，给予成功的经验，要使他们感到自己也能成功。一般来说，创新的实施难度与农民现有能力和条件相适应，易使他们产生兴趣。

③兴趣与人的知识经验有密切联系。熟悉和理解的事物容易使人产生兴趣。因此，提高农民科技文化素质，可以提高他们对农业创新的认识理解能力，有利于科技兴趣的培养。

④人们对有经历的事物因怀旧而产生兴趣，也对特殊事物因好奇而产生兴趣。在农业创新传播时，从农民经历的利益相关的事件说起，或从某些稀奇事物说起，都可能引起他们的兴趣。

⑤不同感觉方式产生兴趣的程度不同。一般来说，看比听、做比看更易使人产生兴趣。农业推广中，采用示范参观和亲自操作的方式，容易使农民产生兴趣。

（四）理想、信念和世界观

1. 理想

理想是人对未来有可能实现的奋斗目标的向往与追求。理想包含三个基本要素：社会生活发展的现实可能性；人们的愿望和要求；人们对社会生活发展前景的或多或少的形象化的构想。这三个基本要素分别体现了人们的认知、意志和情感，即真、善、美三个方面。

理想是多层次的、复杂的追求系统。在这个系统中，生活理想、职业理想是个人理想，是低层次的内容。社会理想是社会成员的共同理想，是人类追求中最高层次的内容。在一个农村社会系统中，几乎所有农民都有着追求美好生活的理想，推广创新要能帮助他们实现这个理想。

2. 信念

信念是个性心理结构中较高级的倾向形式。它表现为个人对其所获得知识的真实性坚信不疑并力求加以实现的个性倾向。信念不仅是人所理解的东西，而且也是人们深刻体验到并力求实现的东西。实践表明，信念是知和情的升华，也是知转化为行的中介和动力。信念是知、情、意的高度统一体。

信念在生活中的作用是巨大的。信念给人的个性倾向性以稳定的形式。信念是强大的精神支柱，它可以使人产生克服艰难险阻的大无畏精神，是身心健康的基石。在农业推广中，坚定农民科学种田与科技致富的信念，可以帮助他们接受和采用创新。

3. 世界观

世界观是人对整个世界的总的看法和根本观点，是个性倾向的最高表现形式，是个性心理的核心，也是个性行为的最高调节器。

世界观对心理活动的作用主要表现在：它决定着个性发展的趋向和稳定性；它影响认识的深度和正确性；它制约着情绪的性质与情绪的变化；它调节人的行为习惯；它是个体心理健康最为深刻的影响因素。就农民而言，世界观的形成受个性心理、家庭、学校、社会舆论和自己经历的影响。不少老年农民因生产经验和经历的影响，对农业生产及其技术形成一套比较固定、保守的看法，这种观念增加了创新推广的难度。

（五）性格

1. 性格特征

性格是指一个人在个体生活过程中所形成的对现实稳定的态度以及与之相应的习惯了的行为方式方面的个性心理特征。但并不是任何一种态度或行为方式都可以标明一个人的性格特征。所谓性格特征是指那些一贯的态度和习惯了的行为方式中所标明的特征。如一个农民具有诚实的性格特征，那么他就会在待人接物的各种场合都表现出这种特点，对他人诚心诚意，对农业生产严肃认真，对自己踏踏实实。人的性格是千差万别的，人的性格差异是通过各式各样的性格特征所表现出来的。

（1）性格的态度特征

人对事物的态度特点是性格特征的主要方面，表现为对社会、对集体、对他人的态度的性格特征。如富于同情心还是冷酷无情；是公而忘私还是自私自利；是诚实还是虚伪；是勤劳还是懒惰；是有创新精神还是墨守成规；是节俭还是奢侈等。

（2）性格的意志特征

性格的意志特征是指人对自己的行为进行自觉调节方面的特征。如在行为目的性方面，是盲目还是有计划，是独立还是易受暗示；在对行为的自控水平方面，是主动还是被动，是有自制力还是缺乏自制力；在克服困难方面，是镇定还是惊慌，是勇敢还是胆怯等。

（3）性格的情绪特征

性格的情绪特征指一个人经常表现的情绪活动的强度、稳定性、持久性和主导心境方面的特征。如在强度上，是强烈还是微弱；在起伏和持久性方面，是波动性大还是小，持续的时间是长还是短；在主导心境方面，是积极还是消极等。

（4）性格的理智特征

它是指人在感知、记忆、想象、思维等认识过程中所表现出来的个人的稳定的品质和特征。如在感知方面，是主动观察还是被动感知，是分析型还是综合型，是快速感知还是精确感知；在想象方面，是幻想型还是现实型，是主动还是被动；在思维上，是深刻型还是肤浅型，是分析型还是综合型，等等。以上各种性格特征在每个人身上都以一定的独特形式结合成为有机的整体，其中性格的态度特征和意志特征占主要地位，尤其态度特征又显得更为重要。

2. 性格类型

性格类型是指在某一类人身上所共同具有的或相似的性格特征的独特结合。目前较为常见的有以下几种分类：

①根据知、情、意三者在性格中哪一种占优势来划分的性格类型，有理智型、情绪型和意志型。理智型的人，一般是以理智来评价周围发生的一切，以理智来支配和控制自己的行动；情绪型的人，一般不善于思考，言行举止容易受情绪所左右，但情绪体验深刻；意志型的人，行为目标一般比较明确，做事情主动积极。

②根据个人心理活动倾向性来划分的性格类型，有外向型和内向型两大类。外向型的人，心理活动倾向于外部；内向型的人，心理活动倾向于内部。在现实生活中，极端的内向、外向类型的人很少见，一般人都属于中间型。即一个人的行为在一些情境中是外向的，在另一些情境中则是内向的。

③根据个人独立性的程度来划分的性格类型，有独立型和顺从型两大类。独立型的人较善于独立思考，不容易受外来因素的干扰，能够独立地发现问题和解决问题，有时则会把自己的意见强加于别人；顺从型的人较易受外来因素的干扰，没有主见，常常会不加分析地接受别人的意见而盲目行动，应变能力较差。

在农业推广上，要了解受传者农民的性格特征，寻找那些具有热情、诚实、勤劳、主动、稳定、具有创新精神性格特征的农民作为科技户或示范户，对理智型和情绪型，内向型和外向型，独立型和顺从型等性格反差大的农民，应该采取不同的推广策略和方法。

（六）选择性心理

受传者的个性心理特点影响对信息的接受，表现出对信息进行选择性注意、选择性理解和选择性记忆。

1. 选择性注意

选择性注意，指受传者会有意无意地注意那些与自己的观念、态度、兴趣和价值观相吻合的信息，或自己需要关心的信息。这种现象在农村很常见，如西瓜专业户的农民会对西瓜的技术、价格、销路等信息特别注意，种蔬菜的农民对相应的蔬菜信息很关注。因此，我们在传播农业创新信息时，一定要重视当地农民的需要，重视他们对信息的选择性注意。

2. 选择性理解

选择性理解，指不同的人，由于背景、知识、情绪、态度、动机、需要、经验不同，对同一信息会作出不同的理解，使之与自己固有的观念相协调而不是相冲突。我们在推广中发现，不少农民在采用新技术时会"走样"，"走样"的原因多与他们的选择性理解有关。他们对创新信息的理解是在原有技术和经验的基础上进行的，选择性理解使新信息与旧经验相协调，结果常常会产生许多"误解"。因此，推广人员在传播创新信息时，尽量使语言通俗易懂，不要产生歧义，要将新旧技术的不同点逐一比较，要及时收集不同类型农民的反馈信息，一旦发现信息被误解，要立即采取措施，消除误解。

3. 选择性记忆

选择性记忆，指受传者容易记住对自己有利、有用、感兴趣的信息，容易遗忘相反的信息。当然，选择性记忆并不全面，如生活中某些特别重要的信息（对己并非有利、有用或感兴趣）也会记得很牢。但就一般信息而言，选择性记忆还是反映了人们的某些记忆特征。农业创新信息许多属一般的农业生产经营信息，它们必须能引起农民的兴趣，使农民感到有用，并给自己带来好处时，才可能引发农民对它们的选择性记忆。因此，推广人员必须站在农民的角度收集和选择传播的信息，在传播时充分利用首因效应、近因效应和重复的原理，把重要内容放在突出的位置并给予强调，尽量增加选择性记忆在农业创新传播中的作用。

二、农民社会心理与农业推广

在农村社会系统中，农民心理受他人和社会现实的影响，在社会动机、社会认知和社会态度等方面形成相应的社会心理。社会心理是指人们在社会生产、社会生活、社会交往中产生的心理活动及其特征。

（一）社会动机

社会动机是由人的社会物质需要和精神需要而产生的动机。社会动机与其他动机一样，是引起人们社会行为的直接原因。社会动机是有目标指向性的意识活动。意识性是社会动机的主要特点。社会动机决定于社会需要。社会需要的内容和满足方式随着社会历史的发展而变化。因此，反映社会需要的社会动机也具有社会历史性。例如，在我国加入WTO（世界贸易组织）后，农产品市场范围扩大，沿海许多农民由此产生了从事出口农业生产的动机。社会动机可以分为交往动机、成就动机、社会赞许动机和利他动机。

1. 交往动机

交往动机表现为个人想与他人结交、合作和产生友谊的欲望。沙赫特（S.Schachter）的研究表明，交往动机与焦虑有关。威胁性的情境使人产生焦虑，而个人在焦虑的时候交往动机也较强烈，交往动机的满足可以增加安全感。在农村，当某个农民在农业生产中遇到困难时，与他人交往的动机就会增加，就会产生参加技术培训活动、参加专业技术协会、参加专业合作社的欲望。

2. 成就动机

成就动机是指个人或群体为取得较好成就、达到既定目标而积极努力的动机。成就动机是在与他人交往的社会生活中，在一定的社会气氛下形成的。在农村，营造一种科技致富的社会气氛，有利于农民成就动机的提高，有利于农村的发展。

3. 社会赞许动机

如果做了事情得到别人的许可、肯定和称赞，就会感到满足，这种动机称为社会赞许动机。为了取得别人的赞许，人们便会力图做好工作，减少错误。研究表明，通过赞许可以强化良好行为、削弱不良行为。社会赞许动机给人带来巨大动力，促使人们做出可歌可泣的英雄事迹。在农业创新传播中，对农民每一个正确理解，每一次正确的操作方法或做法，给予表扬和赞许，会强化他们对创新的采用动机。

4. 利他动机

以他人利益为重，不期望报偿、不怕付出个人代价的动机叫利他动机。在农村，利他动机促使许多先掌握创新技术致富的农民，有意识帮助贫困落后的农民掌握创新技术，使后者通过创新技术的采用摆脱了贫困，这也使创新在农村得到了传播。

（二）社会认知

认知就是，人们对外界环境的认识过程。在这个过程中，人们对事物的认识从感觉、知觉、记忆到形成概念、判断和推理，这就是从感性认识到理性认识的过程，也就是一个认知过程。通过认知过程，人们对客观事物有了自己的看法和评价。如果是对社会对象的认知，就称为社会认知。社会对象是人和人组成的群体及组织，所以社会认知还可分为对人的认知、对人际关系的认知、对群体特性的认知以及对社会事件因果关系的认知等。在农业推广中，农民对推广人员、推广组织有一个认知过程，对推广内容也有一个认知过程。他们认知的正确与否直接影响着对推广人员和推广内容的态度，也影响到推广工作的成效。人的社会认知一般具有以下特点：

1. 认知的相对性

每个人对社会事物的认识并不是完全清楚的，有的认识到事物的一些特性，有的认识到事物的另一些特性。人们往往根据自己对事物的认识形成一定的看法和评价。因此，当我们提供农业信息时，要注意到农民对信息的看法或评价都来自他所能认识到的那部分内容。

2. 认知的选择性

人们对社会事物的认识是有选择的。每个人主要注意到他感兴趣的或要求他注意的事物。生理和心理因素也促使人们对外界事物加以选择性的注意。农业推广人员要将推广的重点内容通过强调、重复等方式以引起农民的注意。

3. 认知的条理性

人们在认知过程中，总试图把积累的经验、学到的知识条理化，也试图把杂乱无章的知识变成有意义的秩序。因此，推广人员进行推广教育时，要条理清楚、层次分明，以便农民容易理解掌握。

4. 认知的偏差

这是人们在认知过程中产生的一些带有规律性的偏见。主要有首因效应、光环效应、刻板效应、经验效应和移情效应等心理定式所致。

（1）首因效应

指第一印象对以后认知的影响。这个最初印象"先入为主"，对以后的认知影响很大。通常，初次印象好，就会给予肯定的评价；否则就会给予否定的评价。因此，推广人员在与农民交往时，注意在言谈举止等方面要给农民一个好印象；开始推广的创新要简单、便于掌握，能够获得明显的收益。

（2）光环效应

光环效应又称为以点概面效应，是人或事物的某一突出的特征或品质，起着一种类似光环的作用，使人看不到他（它）的其他特征或品质，从而由一点作出对这人或事物整个面貌的判断，即以点概面。例如，某个作物品种的产量很高，农民通常忽视它的品质、抗性、生育期等方面的不良性质，而认为它是一个好品种。

（3）刻板效应

指人们在认知过程中，将某一类人或事物的特征给予归类定型，然后将这种定型的特征匹配到某人或某事上面。具有这种偏见的人常常不能具体问题具体分析。例如，某农民知道不纯的杂种会减产，当推广人员说杂交种是利用杂种优势时，他就认为杂种只会减产，不会有优势。

（4）经验效应

指人们凭借过去的经验来认识某种新事物的心理倾向。如在推广免耕栽培技术时，不少农民一开始会用传统耕作经验来拒绝这项新技术。

（5）移情效应

指人们对特定对象的情感迁移到与该对象有关的人或事物上的心理现象。如农民对某个推广人员不感兴趣，常常对他所推广的创新也不感兴趣。认知的偏差存在于农民的社会认知过程中。作为农业推广人员，一方面要克服自己的认知偏差，另一方面还要帮助农民克服认知偏差。同时，还要善于推广，避免农民因认知偏差而对推广人员或推广内容产生误解，从而产生推广障碍。

（三）社会态度

1. 社会态度的概念

社会态度是人在社会生活中所形成的对某种对象的相对稳定的心理反应倾向。如对对象（人或事物）的喜爱或厌恶、赞成或反对、肯定或否定等。人的每一种态度都由三个因素组成：认知因素。这是对对象的理解与评价，对其真假好坏的认识。这是形成态度的基础；情感因素。指对对象喜、恶情感反应的深度。情感是伴随认识过程而产生的，有了情感就能保持态度的稳定性；意向因素。指对对象的行为反应趋向，即行为的准备状态，准备对他（它）作出某种反应。在对某个对象形成一定的认知和情感的同时，就产生了相应的反应趋向。

2. 社会态度的功能

（1）对行为方向性和对象选择性的调节作用

态度规定了什么对象是受偏爱的、值得期望的、所趋向的或逃避的。例如，农民喜欢某个推广人员，就乐于接近他，而如果不喜欢，就尽量避开他。同时，农民总是选择采用他持肯定态度的新技术、新成果，拒绝采用持否定态度的农业创新。

（2）对信息的接受、理解与组织作用

一般来说，人对抱有积极态度的事物容易接受，感知也清晰，对抱有消极态度的事物则不易接受、感知模糊，有时甚至歪曲。研究表明，当学习的材料为学习者所喜欢时，容易被吸收，而且遗忘率低；否则，学习者容易产生学习障碍，难以吸收掌握。

（3）预定行为模式

有些态度是在过去认识和情感体验的基础上形成的，一经形成便会使人对某种对象采取相应的行为模式。例如，待人热诚、持宽容态度的人，容易与人和睦相处；而对人持刻薄态度的人，容易吹毛求疵，苛求于人。由此可见，态度不是行为本身，但它可预测人的反应模式。

3. 社会态度的特征

（1）社会影响性

一个人的态度受到社会政治、经济、道德及风俗习惯诸方面的影响，还包括受他人的影响。

（2）针对性

每一个具体的态度都是针对一个特定的对象来说的。

（3）内潜性

态度虽有行为倾向，但这种行为倾向只是心理上的行为准备状态，还没有外露表现为具体的行为。因此，人们不能直接观察到别人的态度，只有通过对其语言、表情、动作的具体分析，推论出来。

（4）态度转变的阶段性

人们社会态度的转变一般要通过服从、同化和内化三个阶段。服从是受外来的影响而产生的，是态度转变的第一阶段。外来的影响有两种：团体规范或行政命令的影响；他人态度的影响，主要是"权威人士"或多数人的影响。在农村中，所谓"权威人士"是指有名誉、有地位、在决策中起重大作用的人。如村主任、村民小组长、科技示范户、意见领袖等，这些人的态度对农民的态度影响很大。

同化比服从前进了一步，它不是受外界的压力而被迫产生的，而是在模仿中不知不觉地把别人的行为特性并入自身的人格特性之中，逐渐改变原来的态度。它是态度转变的第二个阶段。但这种改变还不是信念上、价值观念上的改变，因而是不稳定的。在农业推广中，有些农民头年采用了某项新技术尝到了甜头，第二年、第三年他可能还会继续采用，这就是处于同化阶段。但他尚未形成科学种田的新观念，因此，若遇某年出了风险，他就会开始对新技术产生怀疑了。

内化是在同化的基础上，真正从内心深处相信并接受一种新思想、新观点，自觉地把它纳入自己价值观的组成部分，从而彻底地转变原来的态度。这是态度转变的第三阶段。例如，农民已产生了科学种田、科技致富的观念，便会主动、积极地去引进采用新方法、新技术，即使受到挫折，也不改变自己的态度。这时，他对科学技术的态度便已进入内化阶段了。

4. 社会态度的改变

（1）影响态度改变的因素

①农民需要状况的变化

农民的需求在不断变化，凡是能直接或间接满足农民需要的事物，农民就会产生满意的情感和行为倾向，否则，反之。因此，需要的变化会引起价值评价体系的变化，是态度变化的深层心理原因。

②新知识的获得

知识是态度的基础，当人接受新知识后，就改变了态度所依赖的基础，其情感因素和行为倾向有可能发生变化。

③个人与群体的关系

个体对群体的认同度越高，就越愿意遵守群体规范，群体态度转变，个体态度也可能跟着变化。否则反之。

④农民的个性特征

性格、气质、能力等个性特征作为主观的心理条件经常影响态度的改变。

（2）改变态度的方法

①引导参与活动

引导农民参加到采用农业科技的活动中，使其尝到甜头。一方面通过行为方式的改变和习惯化，促使认知、情感、行为倾向之间出现失调而发生态度转变；另一方面通过行为结果的积极反馈，促使认识和情感的改变，进而改变态度。

②群体规定

通过村规民约、群体要求等，形成群体压力，逐渐改变农民态度。

③逐步要求，"得寸进尺"

将大改变分成若干小改变，在第一个小改变的要求被接受后，逐步提出其他改变的要求。

④"先漫天要价，后落地还钱"

先提出使对方力所难及的态度改变要求，再提出较低的态度改变要求，权衡之下，较低的要求会很容易被接受。

⑤说服宣传

利用威信高的媒介或个人，传播真实、符合农民需要、有吸引力的信息，从理智和情感两个方面去影响农民，容易促进农民态度的改变。

三、农业推广过程心理

（一）农业推广者对农民的认知

1. 通过外部特征认知农民心理

外部特征主要指面部、体型、肤色、服饰、发型等方面的特点。根据这些外部特点，可以推测农民的性格、兴趣等心理特征。一般来说，肤色白皙、体型发胖、肌肉松弛的农民，具有好吃懒做的心理特点；肤色黝黑、体形中等偏瘦、手茧多的农民，具有诚实、勤劳的心理品质；奇装异服、独特发型、发染异色、手身文图的青年农民，具有外向性格、喜新厌旧、易变不稳的心理特点。

2. 通过言谈举止认知农民心理

言谈举止主要包括言语、手势、姿态、眼神、表情等。通过言语行为可以了解人的性格特点。喜欢说的农民常具有性格外向的特点；一被揭短就发火骂人的农民具有情绪性的性格特点；说话不慌不忙，待别人说完后才一一道来的农民，常是理智型农民；不喜欢发言，一说话脸就红，言语结巴的农民，多具性格内向特点。通过言语内容可以了解农民的个性倾向性和社会心理。从农民的言谈内容中，可以知道他的需要、兴趣、动机、态度趋向，可以知道他的经历、认知等影响心理因素的情况。如果是在传播创新之后，还可从他的谈话内容知道他对该创新的认知和态度情况。手势能够反映人的自信与自卑。坚定有力的手势常是自信的表现；犹豫无力的手势，常不够自信。身体姿态多变、站坐不安、东张西望的农民，心神不宁，有事在心，听不进创新推广者所讲的内容，眼神无力、犹豫不定、怕接触推广者目光的农民，多性格内向或不够自信。舒展畅快的面部表情，常反映出一定程度的理解和喜欢；紧缩凝重的面部表情，常反映出一定的思考和犹豫。

3. 通过群体特征认知农民心理

物以类聚，人以群分。同一群体往往具有共同特点，通过这些共同特点可以推测其成员所具有的共同心理。例如，一个棉花专业协会会员，他对棉花技术的需求心理与其他成员大同小异；青年农民热情好学，喜欢交往，喜欢新事物，但许多不安心农村和农业，不喜欢见效慢的长效技术；老年农民常凭经验办事，接受新事物的能力较差，常对传播的创新持怀疑态度；农民妇女容易倾听与轻信，但行动上胆小谨慎，缺乏自信与坚持。当然，通过群体特征认识农民心理，这是从一般到特殊的认识方法，但不能据此肯定所面对的农民个体就一定具有这些心理特征。在现实社会中，也有许多与众不同的农民个体心理，这是农业推广中应该注意的。

4. 通过环境认知农民心理

人的心理受遗传和环境因素的影响。通过环境状况，可以间接认知农民的心理状况。在东部沿海地区，农民处在经常与外界接触的环境下，具有开放包容心理，容易接受新事物；而在西部封闭的山区农民，很少有机会与外界接触交往，封闭的环境常使许多农民具有封闭、保守的狭隘心理，很难接受新事物。一个群体没有核心人物，没有严格的管理制度，在这种环境下，成员常缺乏群体意识，常不受群体约束。在一个乐善好施的家庭熏陶下，许多成员会以助人为乐；在一个科技致富的家庭环境中，成员感受到采用创新的好处，对创新常持积极态度。

人逢喜事精神爽，遇到不幸心力衰。突发事件是影响农民心理短期变化的因素。在农业推广中，农民在高兴时，对推广人员十分热情，也容易倾听和接受所传播的创新；农民在不高兴时，没有心情倾听传播，更不易接受创新，若遇这种情况，应待他心情恢复正常后再进行传播。

（二）农业推广者与农民的心理互动

农业推广活动是推广者与农民的双边活动。在这个活动中，双方在认知、情感和意志等方面都会相互影响，彼此不断调整自己的心态和行为，使交往活动中断或加深。

1. 认知互动

认知互动是双方都有认识、了解对方的愿望，并进行相互询问、思考等活动。农业推广者需要认识和了解农民以下几个层次的情况或问题：第一层次，农民的生产情况、采用技术情况、生产经营中的问题，目前和以后需要解决的问题等；第二层次，农民的家庭人口、劳力、农业生产资料、经济条件及来源等；第三层次是农民身体、子女上学或工作、父母亲身体、生活习惯等。推广农业创新的直接目的是解决农民第一层次的问题，但农民第二层次的问题又常常会影响到创新的采用及其效果，第三层次是生活方面的问题，也间接影响创新的采用。农民希望认识和了解推广人员以下几个方面的情况或问题：①所推广的创新情况，创新的优点与缺点，别人采用情况，所需条件等。②农业推广员的情况，诚实与虚伪、热情与冷漠、为民与为己、经验与技术、说做能力、吃苦精神等。③其他情况，如推广人员的单位、其他创新或技术、目前生产中问题的解决办法等。①③方面的问题可以从推广人员的谈话中认识和了解，问题②更多的是从推广人员的举止表情中认识和了解。

为了取得农民的信任，推广者可以注意以下几点：①服饰、发型等要入乡随俗，农忙时不要西装革履，在外观上给农民亲近感；②对农民的态度和蔼可亲，平易近人，在心理上让农民觉得是自己人；③谈话通俗易懂，多举农民知道的例子，让农民听得懂，相信你说的是实话；④多用演示、操作和到田间现场解决问题的方法，让农民觉得你业务精、能力强。

2. 情感互动

农业推广人员与农民的关系不同于售货员与顾客的关系。在我国，一个推广机构的推广人员常相对固定在一个县的一个片区（一个或几个乡镇）或试验示范基地从事推广活动，与农民感情距离越近，越有利于以后开展推广活动。即使进行一次性创新技术推广活动，也必须与农民建立良好的情感关系，因为有了情感就能拉近双方的距离，有了情感就能增加农民对推广人员及其推广的创新的信任程度。

为了与农民建立密切关系，拉近距离，可以注意以下几点：以共同话题开头。利用接近性原理，以双方认识的人、相似的经历、同乡同龄等开头，消除戒备心理；以关心对方的话题开头。如小孩读书、老人健康等；善于倾听。对对方的谈话即使不感兴趣，也要耐心听完，不要打断对方或心不在焉；心理换位。多从对方的角度考虑问题，多表示同情或理解，帮助他们寻求解决办法；信任对方。信任对方会使对方觉得你把他当自己人，也就增加了对你的信任。

3. 信念互动

当某些创新处于农民（如科技示范户）的某个采用阶段时，推广人员也许会碰到以下问题：推广人员任务重，无暇顾及；因市场变化，创新的效益不如期望的那样；采用农民因某种突发事件，暂时无钱购买创新产品或配套物资；农民迟迟不能掌握创新技术等。这些推广过程中的变故，常常会影响推广员或农民的采用信念。信念不坚定者，往往半途而废，信念坚定者，常常成功。实际上，农民信念是否坚定，是否有信心和毅力坚持下去，受推广员影响很大。同时，农民的需求、渴望、期待、厌烦、失望等心理也会影响推广员。信念互动，就是利用积极互动关系，防止消极互动关系。为此，推广人员应该注意以下几点：

①认真选择创新，科学制订方案，坚定成功信念。只要事先选择的创新符合农民、市场需要和政府导向，制订的实施方案合理可行，就一定要坚持下去，让农民采用成功。

②努力克服自身困难，不要让农民感到推广人员已经对他采用创新失去信心。推广人员因组织上的原因或家庭原因或个人原因影响所指导的农民采用创新时，要克服困难，要从农民的热情、信任、尊重、期待、盼望中吸取力量，克服困难，坚定信念。

③帮助农民提高认识水平和技术能力，增强他的成功信念。有些农民因认识不到位，或因技术不熟练，有时会对自己能否成功表示怀疑，推广人员应该帮助提高他们的认识水平和技术水平，带他们参观成功农户，以坚定他们的采用信念。

④帮助农民解决具体困难。当农民依靠自身力量不能解决有些困难时，他们采用创新的信念就会动摇。如果推广人员及时帮助他们解决了创新采用上、生产上或生活上的困难，农民就会对推广人员产生信赖感，坚定采用信念。

（三）农业推广者对农民心理的影响方法

1. 劝导法

劝导就是劝说和引导，使被劝导者产生劝导者所希望的心理和行为。主要有以下几种方式：

（1）流泻式

这是一种对象不确定的广泛性的劝导方式。如同大水漫灌、自由流淌一样，把信息传遍四面八方，让人们知晓和了解。一旦传递的信息与接受者的需要相吻合，就会引起他们的兴趣，激发他们的动机，使其心理发生变化。利用大众媒介传播农业创新就属于这种方式。流泻式劝导的针对性差，靠"广种薄收"来获得劝导效果。

（2）冲击式

向明确对象开展集中的专门性劝导方式。具有对象和意图明确、针对性强、冲击力大等特点。在合作性技术传播中，对个别不配合的农民，常采用这种劝导方法。

（3）浸润式

浸润式是通过周围环境和社会舆论来慢慢影响传播对象的方法，作用缓慢而持久，使传播对象在周围环境的缓慢熏陶下，心理和行为逐渐发生变化。在农业推广上，采取集中成片示范、请采用创新成功者介绍经验、进行采用创新技术效果竞赛、表彰先进等措施，形成一个科技种田光荣、科技能够致富的环境氛围和舆论氛围，可以慢慢改变那些保守落后农民的心理状态。

2. 暗示法

暗示是用含蓄的言语或示意的举动，间接传递思想、观点、意见、情感等信息，使对方在理解和无对抗状态下心理和行为受到影响的方法。在推广人员明确告诉农民自己的看法而不起作用时，或在不方便明说时，常采用暗示的方法来表达自己的意见，从而影响农民心理。如让农民参观新旧技术的对比效果，暗示农民应该采用新技术；表扬某农民采用某创新增加了产量和收入，暗示其他农民应该向他学习；介绍某品种需肥多、易感病、易倒伏，暗示农民不要采用该品种；介绍某项技术省工省力、节本增收，许多农民都在采用时，暗示农民也应该采用。

暗示是间接传递信息，要使农民理解推广人员的真实意思，必须做到以下几点：暗示的方法对方能够理解。如一个眼神、一个表情等，对方知道代表什么意思；暗示事物的对比性强，能够被对方认识。如暗示农民采用的新技术，农民能够看出它明显好于其他技术；暗示的内容与对方的知识经验相吻合，才易被理解并接受。因此，要针对不同对象采用不同的暗示内容和方法。

3. 吸引法

在农业创新传播时，引起农民注意、兴趣等心理反应的方法称为吸引法。常见的有：

（1）新奇吸引

用农民不常见的传播方法和创新内容来吸引农民。如在 VCD 机面市后，马上用来播放农业创新碟片，吸引农民观看。农民一般以栽插的方式种植水稻，如果推广水稻抛秧技术，许多农民也会因好奇来参观学习。种棉花的农民都知道，棉铃虫常常使棉花减产，农民不得不大量施用农药来防治。如果向其传播一种抗虫棉，不需要施用农药，农民也会因好奇来接受传播。总之，好奇之心，人皆有之。推广人员要正确利用这种心理来影响农民，继而传播创新。

（2）利益吸引

推广的创新能给农民增加实在的经济收益，能够满足农民的需要，能够长期稳定地吸引农民采用创新。在创新传播上，从采用创新的直接利益和比较利益角度宣传创新的优越性，就是通过利益吸引来影响农民心理。

（3）信息吸引

如果推广人员能够为农民提供许多有用的信息，并帮助他们分析问题，提供解决问题的方法，农民会对推广人员产生信息依赖心理，增加对推广机构和推广人员的兴趣。

（4）形象吸引

推广人员热心服务、技术水平高，传播的创新效果好，在农民心中有强大的形象吸引力，农民就会对其产生崇拜和敬重心理。农资企业良好的产品形象，会吸引农民选用该企业的产品。总之，良好的组织形象、产品形象、服务形象，都会在农民心理上产生良好的影响。

4. 激励法

激励就是激发人的动机，使人产生内在的行为冲动，朝向期望的目标前进的心理活动过程。也即通常所说的调动人的积极性。

（1）适度强化

强化就是增强某种刺激与某种行为反应的关系，其方式有两类，即正强化和负强化。正强化就是采取措施来加强所希望发生的个体行为。其方式主要有两种：积极强化。这是利用人们的赞许动机，在行为发生后，用鼓励来肯定这种行为，如对农民每一个正确观念、想法和做法给予肯定和表扬，使他受到鼓励；消极强化。当行为者没有产生所希望的行为时给予批评、否定，使产生这种行为的心理受到抑制。在农业推广中，多用正强化，少用负强化，就能使更多的人心情舒畅、心态积极。

（2）恰当归因

人对过去的行为结果和成因的认识对日后的心理和行为具有决定性影响。因此可以通过改变人们对过去行为成功与失败原因的认识来影响人们的心理。因为不同的归因会直接影响人们日后的态度和积极性。一般来说，如果把成功的原因归于稳定的因素（如农民能力强、创新本身好等），而把失败的原因归于不稳定因素（如灾害、管理未及时等），将会激发日后的积极性；反之，将会降低这类行为的积极性。

（3）适当期望

确定恰当的目标和提高个人对目标价值的认识，可以产生激励力量。即：

$$激励力量（M）= 目标价值（V）\times 期望概率（E）$$

其中，激励力量是指调动人的积极性，激发内部潜能的大小。目标价值是指某个人对所要达到的目标效用价值的评价。期望概率是一个人对某个目标能够实现可能性大小（概率）的估计。因此，目标价值和期望值的不同组合，可以产生不同强度的激励力量。

第二节　推广教育与集群传播

一、农业推广教育

农业推广的本质是教育，是通过教育改变农民的知识和态度，自觉自愿采用农业创新的过程。农业推广教育不同于学校教育，有自身的特点、原则和程序，农民学习不同于学生学习，有自身的心理特点和学习特点。

（一）农业推广教育的特点与原则

1. 农业推广教育的特点

（1）普及性

表现在两个方面：对象上的普及性。农业推广教育以广大农民为对象，成年农民、农村基层干部和农村青少年，他们在年龄、文化水平、经济条件、职业内容、学习环境、爱好要求等方面与在校学生不同；内容上的普及性。农业推广教育内容在知识层次和技术层次上属于科普性内容，与学校教育的专门性、学术性内容也不同。

（2）实用性

农民学习的目的不是为了储备知识，而是解决他们生产经营中的问题，因此，农业推广教育的内容主要是农业生产技术和经营管理方法。这些技术和方法必须实际、实在、管用，能够解决农民的问题，能够取得良好的经济效益、社会效益或生态效益。

（3）实践性

农业推广教育不需要传授较多的理论知识，在教育方法和内容上，农民喜欢在"干中学"和"看中学"，这使得农业推广教育表现出很强的操作性和生产性。

（4）时效性

在教育内容上，一方面要选择新知识、新技术，不能选用过期失效的知识和技术；

另一方面农业生产的季节性强，要选择农民当前需要，学了能够及时应用的知识和技术。

（5）综合性

农业推广教育会涉及农、林、牧、副、渔的生产、储藏、加工、运销、管理等方面的知识、技术和信息，综合性强。

2. 农业推广教学的原则

根据农业推广教育的特点，在进行推广教学时应该坚持以下原则：

（1）理论联系实际

在讲合理密植的增产原因时，应讲当地主要作物的合理密度和株行距配置方法，并说明没有合理密植引起倒伏减产的现象，使农民既知道怎么做，又知道为什么要这样做。

（2）直观形象

就是用农民看得见、想得到的方式进行教学。包括影像、实物、模型、图表等辅助教学工具的使用，也包括具体、生动、形象的描述和比喻等语言工具的使用。

（3）启发诱导

在教学中要充分调动农民学习的积极性和主动性，启发他们思考和发表意见，通过对话、交流，启迪思路，让他们自己发现问题并寻找解决问题的方法。例如，某农民把一高秆大穗型玉米按照中秆紧凑型玉米的方式栽培，没有发挥出大穗的优势。推广人员让他去看示范户的种植方法，再比较自己的方法，该农民就知道什么原因和该怎么办了。

（4）因人施教

农业推广教育在每次教学过程中，无论受教育人数有多少，都要调查了解受教育者的情况，根据他们的能力层次、个性差异、兴趣、需要以及文化程度的不同，选择不同的教学内容和教学方法。对那些学习热情不高的农民，不能要求过高，操之过急；对那些学习困难较多的农民，要坚定他们的学习信心，给予个别帮助；对学习热情高、接受能力强的农民，要增加理论知识的传授；使他们不仅知道怎样做，还知道为什么要这样做。

（5）灵活多样

教学内容和教学方式方法要根据生产、农民和地区特点，做到因人、因时、因地制宜，灵活多样。内容上要适应农事季节和农民需要的变化；方式上可集中、可分散，可在田间、可在教室；方法上可讲解、可观看、可讨论、可操作。总之，要把讲、看、干结合起来。

（二）农业推广教育理论

1. 终身教育理论

构建中国特色的农村成人终身教育体系，是提高农民素质、科教兴农、建设现代农业的重要措施。终身教育是指人们在一生中所受的各种教育的总和，包括从婴幼儿、青少年、中年到老年的正规与非正规教育和训练的连续过程。它打破了"一次教育定终身"的传统观念及其所垄断的教育格局，其核心要义就在于人们终生持续不断地学习以适应不断变化的社会需要和满足日益上升的个人需要。终生教育的基本观点是，人们为了适应社会的发展，需要做到"活到老，学到老"。农业推广教育与培训满足了农业推广人员和农民在生产中对农业新知识、新技术的不断需求，通过提高农民科技素质来促进农业科技的应用，促进现代农业建设。农业推广教育与培训是一种非连续的长期的科技教育，既是现代农业推广的重要方式，又是农业推广人员和农民终身教育一种重要形式，为我国建设学习型农村、培养新型农民提供了一种教育资源保障。

2. 人力资本理论

人力资本的基本观点是：身体是工作的本钱，素质是干好工作的本钱；人的素质包括知识、能力和思想观念；高素质的人才需要教育和培养。舒尔茨在长期的研究中发现，农业产出的增加和农业生产率提高已不再完全来源于土地、劳动力数量和物质资本的增加，更重要的是来源于人的知识、能力、健康和技术水平等人力资本的提高。农村人力资本积累越高，农业生产率就越高，农民收入增长就越快；教育和培训构成了农村人力资本的核心内容，两者对提高农民收入起着决定性的作用。农业推广教育既是对农民的科技培训，又是对农业推广人员的培训，是将农村人力资源变成人力资本的一种重要手段。

3. 农民学习的元认知理论

（1）元认知的概念元认知就是对认知的认知

具体来说，是关于个人自己认知过程的知识和调节这些过程的能力，对思维和学习活动的知识和控制。包括了三方面的内容：

①元认知知识

元认知知识是个体关于自己或他人的认识活动、过程、结果以及与之有关的知识，是通过经验积累起来的。

②元认知体验

元认知体验即伴随认知活动而产生的认知体验或情感体验。积极的元认知会激发主体的认知热情、调动主体的认知潜能，从而影响其学习的速度和有效性。

③元认知监控

元认知监控是指个体在认知活动进行的过程中，对自己的认知活动进行积极监控，并相应地对其进行调节，以达到预定的目标。在实际的认知活动中，元认知知识、元认知体验和元认知监控三者是相互联系、相互影响和相互制约的。元认知过程实际上就是指导、调节个体认知过程，选择有效认知策略的控制执行过程；是人对自己认知活动的自我意识和自我调节的过程。

（2）元认知和认知的区别

①活动内容

认知活动的内容是对认知对象进行某种智力操作，元认知活动的内容则是对认知活动进行调节和监控，认知活动主要关注知识本身，元认知活动更多关注掌握知识的方法。

②对象

认知活动的对象是外在的、具体的事物，元认知活动的对象是内在的、抽象的认知过程或认知结果等。

③目的

认知活动的目的是使认知主体取得认知活动的进展，元认知活动的目的是监测认知活动的进展，并间接地促进这种进展。元认知和认知活动在终极目标上是一致的，即：使认知主体完成认知任务，实现认知目标。

④作用方式

认知活动可以直接使认知主体取得认知活动的进展，而元认知活动只能通过对认知活动的调控，间接地使主体的认知活动有所进展。因此，从本质上来讲，元认知是不同于认知的另一种现象，它反映了对于自己"认知"的认知，而非"认知"本身。但在同时也应看到，元认知与认知活动在功能上是紧密相连的，不可截然分开，两者的共同作用促使个体实现认知目标。

农民学习是成人学习，除了具有认知学习的方式外，比学生具有更多的元认知学习。他们具有较多的经验积累、实践体验和较强的调节控制能力，元认知对农民学习活动起着控制、协调、反馈和激励作用。认识这些元认知特点，对搞好农业推广教育十分重要。

4. 成人转化学习理论

转化学习是使用先前的解释，分析一个新的或者修订某一经验意义的解释并作为未来行动向导的过程。作为已经习得一种观看世界的方式，拥有一种诠释自身经验的途径以及一套个性的价值观的成人，他们在获取新的知识和技能的过程中，往往会持续不断地把新的经验整合到先前的学习中。当这种整合过程造成矛盾冲突时，先前的学习就必定会受到检验，并进行若干的调整以修正自己先前的看法。这个转变不是一般的知识的积累和技能的增加，而是一个学习者的思想意识、角色、气质等多方面的显著变化，其本人和身边的人都可以明显感受到这类学习所带来的改变。因此，成人转化学习的发生过程是成人已有经验与外部经验由平衡到不平衡再到更高层次的平衡的一个螺旋式上升的过程，是通过不断的质疑、批判性的反思、接受新观点的过程。

农民是有一定知识、经验、技能的成人，他们在学习新知识、新技术时，常将这些知识和技术与已有的知识和经验进行整合，在整合中不断检验、评判和修正过去的知识和经验，从而使自己的思想观念、科技水平、生产技术和经营方法等得到不断的提高。

（三）农业推广教育的程序

农业推广教育是农业创新集群传播的一般表现形式，是农业创新推广的重要手段，同其他推广方法一样，它也有特定的程序。

1. 推广教育计划的制订

基层农业推广教育计划的时间较短，通常为 1 ~ 3 年。在计划安排上应当与当地农民教育计划和创新推广计划紧密配合，一个基层推广教育计划一般包括以下内容：

（1）内容与对象

推广教育内容包括以下内容：

①推广创新的内容

当地正在或准备推广创新技术的知识和方法的培训，一般接受教育的对象是先驱者农民、早期采用者农民、科技示范户和乡村干部。

②科技知识普及的内容

提高科技素质和常规农业技术的采用能力的内容，接受教育的对象是愿意参加的广大农民。

③乡村管理方面的内容

当地有关部门为使乡村干部发挥更好的带头作用和管理作用，针对乡村干部进行专门教育培训，一般包括生产技术、经营管理和乡村行政管理方面的内容。每一次推广教育，针对不同的教育对象，应有不同的教学内容。

（2）规模与方式

确定每次接受教育的人员的数量与教育方式。一般来说，一次推广教育的规模越大，成本越低，效果越差；规模越小，成本越高，效果越好。根据规模的大小，可以采取集会宣传式教育，组班培训式教育，小群体讨论式教育等。

（3）时间与地点

确定每次教育的大致时间和地点。因为农业生产周期长，较早确定时间与地点以便对教学所需的示范现场或生产现场及早准备。

（4）设备与费用

根据教育内容和方式，确定需要哪些设备，如扩音器、幻灯机、电脑、投影仪等。进行经费预算，并制订经费筹措计划。

2. 推广教育的实施

①落实教师和教学方法

根据教学内容和方式，提前落实教师。推广教师既要有一定理论知识，又要有很强的实践能力，既善于表达，又善于操作。教师落实后，与之协商采取适当的教学方法，如室内教学法、操作教学法、现场参观法等。

②落实教学场所和设备

根据教学内容和方法，落实室内场地、操作场地和参观场地，准备好教学所需的仪器设备。

③教学内容的安排和通知

若是多门课程，应对每门课程的时间作出具体安排。准备工作做好后，对参加教育培训的人员，提前半个月进行书面通知或提前一周进行电话通知。通知太早，学员容易忘记；通知太晚，学员时间冲突，不能按时参加。

④教学过程的管理

授课教师在精心准备下组织教学，具体方法将在后面介绍。教育组织管理人员要检查学员的出勤情况、教师的授课情况和学生的听课情况，并进行适当的信息反馈，以便教学工作的顺利进行。

3. 推广教育的总结

每一次推广教育结束后，要组织学员座谈，了解培训内容是否合适，培训场所、设备、后勤保障是否满意，教学方式方法能否接受、教师是否胜任其职，组织工作的经验教训等。通过调查了解、分析评价，写出总结报告，既作为向上级汇报的依据，又作为以后改进提高的凭证。

（四）农业推广常用教学方法

1. 集体教学法

集体教学法是指在同一时间、场所面向较多农民进行的教学。组织集体教学方法有很多，包括短期培训班、专题培训班、专题讲座、科技报告会、工作布置会、经验交流会、专题讨论会、改革讨论会、农民学习组、村民会等多种形式。这些形式要灵活应用，有时还要重叠应用两三种。

集体教学最好是对乡村干部、农民技术员、科技户、示范户、农村妇女、农村青年等分别进行组织。可以请比较有经验的专家讲课，请劳模、示范户、先进农民讲他们的经验和做法。集体教学的内容要适合农民的需要，使农民愿意参加，占用时间不能很长，要讲究效率，无论是讲课或讨论，内容要有重点，方法要讲效果，注意联系实际，力求生动活泼，使参加听讲和讨论的农民能够明确推广目标、内容及技术的要点，并能结合具体实际考虑怎样去实践。同时，注意改进教学方法，提高直观效果。

2. 示范教学法

示范教学法是指对生产过程的某一技术的教育和培训。如当介绍一种果树修剪、机械播种或水稻抛秧等技术时，就召集有关的群众，一边讲解技术，一边进行操作示范，并尽可能地使培训对象亲自动手，边学、边用、边体会，使整个过程既是一种教育培训的活动，又是群众主动参与的过程。这种形式一般应以能者为助手，做好相应的必需品的准备，以保证操作示范的顺利完成。要确定好示范的场地、时间并发出通知，以保证培训对象能够到场。参加人数不宜太多，力求每个人都能看到、听到和有机会亲自参与到。有的成套技术，要选择在应用某项技术措施之前的适宜时候，分若干环节进行。对技术方法的每一步骤，还要把重要性及操作要点讲清楚。农民操作后，要鼓励提出问题来讨论，发现操作准确熟练的农民，可请他进行重复示范。

3. 鼓励教学法

鼓励教学法是通过农业竞赛、评比奖励、农业展览等方式，鼓励农民学习和应用科研新成果、新技术，熟练掌握专业技能，促进先进技术和经验传播的方法。这种方式可以形成宣传教育的声势，有利于农民开阔眼界、了解信息和交流经验，能够激励农民的竞争心理，开展学先进、赶先进的活动。

各种鼓励性的教学方式，要同政府和有关社会团体共同组织。事前要认真筹备，制订竞赛办法、评奖标准或展品的要求及条件、并开展宣传活动。要聘请有关专家进行评判，评分应做到准确、公正，评出授奖的先进农民或展品，奖励方式有奖章、奖状、奖金、实物奖等。发奖一般应举行仪式，或通过报纸、广播等方式，以扩大宣传效果。

4. 现场参观教学法

组织农民到先进单位进行现场参观，是通过实例进行推广的重要方法。参观的单位可以是农业试验站、农场、农业合作组织或其他农业单位，也可以是成功农户。通过参观访问，农民亲自看到和听到一些新的技术信息或成功经验，不仅增加了知识，而且还会产生更大的兴趣。现场参观教学，应由推广人员和农民推举出的负责人共同负责，选择适宜的参观访问点，制定出目的要求、活动日程安排计划。参观组织人数不要太多，以方便参观、听讲、讨论。参观过程中，推广人员要同农民边看边议边指导。每个点参观结束时，要组织农民讨论，帮助他们从看到的重要事实中得到启发。每次现场参观结束，要进行评价总结，提出今后改进的意见。

二、农民学习的特点

（一）农民学习的心理特点与期望

1. 农民学习的心理特点

①学习目的明确

农民学习的目的通常是把学习科学技术同家庭致富、改善生活、提高社会经济地位等紧密联系在一起，通常每次参加学习都带有具体的期望和解决某种问题的目的。

②较强的认识能力和理解能力

农民在多年的生产、生活中形成了各种知识与丰富的经验，从而产生了较强的认识能力和理解能力。他们常常能够联系实际思考问题，举一反三，触类旁通。

③精力分散，记忆力较差

农民是生产劳动者，也是家务负担者，还有许多社会活动要参加，精力容易分散，许多年龄较大，记忆力较差，这使他们学得快，忘得也快。只有通过不断学习、重复学习来帮助记忆，提高学习效果。

2. 农民学习的心理期望

在农业推广教学过程中，农民对农业推广人员的期望并不是为了获得求知感或好奇心的满足，而是有着更殷切的心理期望。

（1）期望获得好收成

当农民在生产上遇到了问题，或想改革又没有办法，想致富又没门路时，就抱着很大希望来找推广人员。这时，农民首先期待得到推广人员的热情接待，期望推广人员能关心他的问题、了解他的心情、耐心倾听他的问题，农业推广人员必须使教育的目标与农民致富的要求一致，从而激发农民学习的动机。

（2）期望解决实际问题

农民向推广人员请教，是期望推广人员能够针对他们的需要解决实际问题，而不是空发议论。另外，农民还期望推广人员所提的建议，是他们能够做到的，而不是给他们增加更多的困难。

（3）期望平等相待与尊重

农民是生产劳动者，他们有自己在生产实践中积累的经验，对农业生产有自己的看法和安排，不愿别人围着自己说教，特别是对一些年轻人和经验不多的人。他们不愿意别人指手画脚替他们做主，期望推广人员对他们平等对待，能提出几种可行性建议，帮助他们做决策分析，同时尊重他们的经验和看法。

（4）期望得到主动关心和鼓励

一些年纪较大的农民，对学习新技术缺乏信心，或感到年纪大了还当学生，心里有"屈就"的情绪，因为产生自卑感而不会主动表达对推广人员的期望。这些农民希望推广人员能主动关心他们的问题，同他们亲切地、平等地讨论问题，并且鼓励他们学习新的知识技术。因此，在组织和促进学习过程中，推广人员要为他们创造适宜的学习环境，激发、唤起和保护他们的学习兴趣，教学内容能激发他们的好奇心，使所学知识能够学以致用。

（二）影响农民学习的因素

1. 个人因素

（1）学习需要与动机

如果农民对学习内容需要迫切，学习强烈，学习主动性和积极性就高。

（2）学习兴趣

如果农民对学习的内容、学习的方式方法感兴趣，学习的积极性就高。

（3）文化水平

文化水平影响农民对培训内容的理解程度，从而影响农民的知识掌握程度和学习兴趣。

（4）年龄

农民是异质群体，年龄之间差异很大，记忆能力、理解能力、心理和生理素质差异很大，不同农民学习的积极性和学习效果不同。

2. 客观环境因素

（1）家庭因素

不同农民家庭经济收入水平、产业结构、在家劳动力、老人和小孩情况等，均会影响学习时间、学习精力。一般来说家庭负担重的农民，学习时间有限，学习精力不足。

（2）教学因素

教学内容、教学方法的合理性、适宜性、教师的个性特征、教学水平和业务能力等，影响农民的学习效果和学习积极性。

（3）学习氛围

社区学习氛围、群体学习气氛影响学习积极性。农民学习行为也具有从众性和模仿性的特点。

（4）学习条件和要求

学习条件如就近就时的学习班、图书室、现场技术指导与咨询等，常能满足农民的学习需要，激发学习热情。政府倡导、乡村要求与鼓励，也能在一定程度影响农民学习的积极性。

（三）农民学习的主要方式

1. 自我学习

自我学习是农民利用自身条件获取知识、技能和创造能力的过程。这些条件包括生产劳动、生活经历、书刊、广播电视、电脑网络等。国家和地方建立乡村图书室，送科技图书下乡，广播电视村村通工程，有助于农民自我学习。随着青年农民文化水平的提高，自我学习科学技术将是农民自我学习的重要内容。在农业推广上，张贴标语、办黑板报、散发小册子和明白纸，都是利用农民自我学习方式来传播农业创新。

2. 相互学习

相互学习是农民之间在社会交往、生产技术、生活经验等方面的相互交流，常在闲谈、询问、模仿等活动中进行，不少农民喜欢向那些科技示范户、种田能手、"土专家"或某方面的"大王"学习技术。在推广人员把一项农业创新传播到农村后，主要是农民之间相互学习，使创新在当地得到扩散。

3. 从师学习

从师学习是青年农民拜技术精湛的农民为师，学习专门技术的过程，如农村中的木匠、石匠、砖匠、泥瓦匠、理发匠等专门技术技能的学习，多是以师父带徒弟的方式进行。从师学习的技术比较专业化或专门化，一般的相互学习难以学会，需要较长时间进行专门学习。

4. 培训学习

培训学习是农民参加集会、培训班、现场指导等，学习科技、政策、法律等知识和技术的过程。农业推广教育是农民培训学习的重要形式。农业广播电视学校、农民成人学校农村职业技术学校、妇联、共青团、农业技术推广部门举办的各种培训班，为农民提供了大量的培训学习机会。

三、农民群体及其特点

（一）农民群体的概念与类型

1. 农民群体的概念

群体是通过直接的社会关系联系起来，介于组织与个人之间的人群集合体。群体成员在工作上相互联系，心理上彼此在意到对方，感情上相互影响，行为上相互作用，各成员有"同属一群"的感受。一辆公共汽车、火车上及其他公共场所互不认识的一群人，他们之间没有直接的社会关系联系，不是群体，而是人群。

农民群体是指农民之间通过一定社会关系联系起来的农民集合体。联系农民的社会关系有血缘关系、姻缘关系、地缘关系、业缘关系、趣缘关系、志缘关系等。农民群体可使成员在心理上获得安全感，满足成员社交需要、自尊需要、生产经营需要、增加成员的自信心和力量感。在农业推广上，农村专业技术协会、专业合作社等农民自发组织的经济或技术实体，既可当作民间组织，又可当作农民群体。

2. 农民群体的分类

根据不同方式，可以把农民群体划分成不同的类型。

（1）初级群体和次级群体

初级群体是那些人数少、规模小、成员间经常发生面对面交往、具有比较亲密的人际关系和感情色彩的群体。如农民家庭、家族、邻里、朋友、亲戚等。次级群体是在初级群体基础上，因兴趣爱好或业务联系而组成的农民结合体。如农村的文体团队、专业技术协会等。

（2）正式群体和非正式群体

正式群体是那些成员地位和角色、权利和义务都很明确，并有相对固定编制的群体，如专业合作社、村民小组等。非正式群体是那些无规定，自发产生的，成员和地位与角色、权利和义务不明确，也无固定编制的群体，如农村的家族、宗族、朋友、亲戚、邻里、文体团队、一些农民技术协会等。

（3）松散群体、联合群体与集体

松散群体是指人们在空间和时间上偶然联系到的群体，如农村专业技术协会。联合群体是以共同活动内容为中介的群体，如农村的"公司＋农户""批发市场＋农户"等。集体是成员结合在一起共同活动，对成员和整体都有意义的群体。这是群体发展的最高阶段。我国农村在20世纪50年代末到70年代末实行的是以队（现村民小组）为基础的集体生产经营模式，在这种经营模式下，每个农民都是集体的成员。20世纪70年代末，农村实行一家一户的家庭承包经营，大多农村除了土地是集体资产外，成员之间已经没有或很少集体经济的联系。近些年一些地方发展起来的专业合作社，可在一定程度上称为集体。

（4）小群体、群体和大群体

根据我国农民分布特点和成员联系紧密情况，以及农业创新传播中一家农户只有

1～2个农民接受传播的特点，把农民群体分成小群体、群体和大群体。小群体，指农村中同一处院落、山寨的邻里，日常交往联系紧密，2～20人（户），平均10人（户）左右；群体，由小群体组成，属于同一村民小组，因有土地等共有资产联系较紧密，21～100人（户），平均50人（户）左右；大群体，一个行政村，在村民自治活动中，有一定联系，101～1000人（户）。在农业创新的集群传播中，为了方便，常根据上述的参加人数分为小群体、群体和大群体，而不用考虑他们有无社会关系。

3. 农民基本群体

（1）家族群体

家族是由血缘关系扩大了的家庭，即大家庭。家族一般是以父系为基础而建立起来的。在农村一个家族主要是指不超过"5代"的血缘亲属。在现代农村，家族虽是扩大了的大家庭，但生产生活活动一般以"1～3代"血缘亲属组成的家庭来进行，在家族内，家庭内部成员间的关系非常紧密，而家庭之间成员的关系还是比较松散。不过，浓厚的乡土气息，使农村家族成员间仍然保持着密切交往。特别是逢年过节，或者是家族成员中的某个家庭遇到重要事情（如婚丧嫁娶、生老病死等），家族成员的这种交往就更加密切。

另外，在农忙季节，家族成员间相互扶助也比较常见。从推广上讲，由于农业创新影响家庭成员的利益，创新是否采用，一般由家庭户主和劳动成员来决定，家族成员的意见只在某些情况能够起到重要的参考作用，如采用需要其他家庭的配合或对家族名誉、地位等有影响的创新。

（2）邻里群体

邻里是农村居住相近的、相互联系的、一定数量的家庭构成的地缘性群体。这些家庭相距在1000m范围内，不超过10分钟的路程，大声叫喊就能够听到。地缘关系是这类群体形成的前提。在这一前提条件下，居住相邻的家庭彼此交往频繁，从而产生了一定的社会关系，形成了群体意识。如果仅是距离相近而没有交往联系，即使相邻再近，但家庭间"鸡犬之声相闻，老死不相往来"，也不能构成邻里。在农村，邻里是一个很重要的初级群体，其重要性甚至仅次于家庭，而比亲戚、家族有时更重要。正所谓"远亲不如近邻"，邻里之所以如此重要，是因为这些家庭间相距很近，彼此容易交往，而能做到安全相助，疾病相扶。在生活中，邻里之间常常互通有无，在生产上又互相帮忙，闲暇时又总是凑在一起，谈天娱乐，交流信息。从推广上讲，农民对创新的信息交流和评价，常在邻里成员之间进行；农民采用创新的效果，邻里成员可以经常看到；一种好的生产技术，也先是邻里成员模仿学习，通过感染先在邻里之间采用。因此，邻里在农业创新的扩散中，具有十分重要的作用。

（3）专业群体

通常是由一个村、一个乡或一个县生产经营相同作物或相同动物产品的农民或专业大户组成的技术与经营性群体。如西瓜协会、棉花协会、蔬菜协会、养蜂协会、养鸡协会等。专业群体是农民因业缘关系而联系起来的农业创新自推广群体。农民专业群体成员之间不定期聚会或相互交往，交流生产技术经验、扩散新技术、新方法、传播产品市场信息；群体组织参观、培训、咨询、技术服务、传播科技知识和信息等，进行农业创新的传播和自推广活动。从推广上讲，专业群体是传播专业性创新技术的重要对象，可以利用群体成员间业务联系紧密的特点，将农业创新首先传播给协会牵头成员或有影响力的成员，通过他们向其他成员扩散，可使创新得到迅速推广扩散。

（二）农民群体的特点

农民群体由于长期居住在农村，受农村自然生态、历史传统和生产组织等条件的影响，具有与学生、工人等群体不同的特点，主要表现在以下几个方面：

1. 组成上的异质性

一个农民群体，尤其是地缘性群体，成员在年龄、文化、专业、观念等方面差异很大，在家庭经济条件、劳动力资源、土地资源、生产条件等方面差异也很大，这些差异影响成员对农业创新的选择、认识、评价和采用，有的成员对某创新已经采用几年了，可能有的成员还没有采用。因此，使农民群体所有成员的行为都得到改变是很难的，也常常是不可能的。即使是专业群体，成员家庭条件的千差万别，也难以使所有成员都采用同一创新技术。在农业推广上，根据农民群体组成上的异质性，积极支持条件好的成员先采用创新，团结争取和鼓励有条件的成员跟着采用创新，允许其他成员在条件具备后采用创新。

2. 联系上的松散性

在学校，一个班或一个专业的同学，因一起居住、学习、开会和文体活动等，成员之间经常交流沟通，使成员之间联系紧密。在工厂，一个车间班组的工人，因流水线的工作联系，因共同活动结果的经济联系，也因居住相近的生活联系，成员之间的联系也非常紧密。而农民群体成员之间，在一家一户生产经营体制下，农民劳动以家为单位进行，农民收入和消费也以家为单位进行，农户之间很少有经济联系，偶尔有劳动联系，也主要通过其他社会交往来进行。因此，与学生群体、工人群体等相比，农民群体成员之间的联系是相对松散的。在推广上，这种松散性，使我们不能依靠一个或几个农民去要求或强迫另外一个农民采用创新。也不能像20世纪50—70年代农村集体生产时那样，通过行政命令叫生产队长采用创新，整个群体行为都会得到改变。农村现在虽然有村民小组，但这个小组不负责农民的生产经营活动。农民群体成员联系上的松散性，增加了农业创新传播的难度，也增加了农业创新扩散的时间。

3. 生产上的模仿性

在农民群体中，许多成员心中有一两个自己崇拜的对象或偶像，这个对象或偶像常是他们心目中的能人，这个能人的行为易致他们模仿。不少农民在品种选用、种植方法、经营方式等方面自觉或不自觉地效仿心目中的能人，尤其是附近的能人。有时主动向能人请教，有时完全模仿能人从事生产活动。在农业推广上，如果将这些能人作为试验示范户，利用农民生产技术模仿性的特点，可以加快农业创新的扩散速度。

4. 行动上的从众性

在农业生产经营上,不少农民不知道种什么作物赚钱,从众而行,结果使一个地区某些作物生产大起大落。为什么不少农民要从众呢?这是因为当一项农业创新被早期多数农民采用后,其他未采用农民在心理上逐渐产生"压力",只有跟着多数人采用了创新,心理上的"压力"才会被释放。推广上要促使创新早期的迅速传播,尽快达到从众的"临界数量",争取未采用农民早日从众而为。

5. 交往上的情感性

农民群体成员在交往上带有浓厚的感情色彩,这是因为:群体成员多是血缘、姻缘和地缘关系联结的乡亲,人们倾向于用血缘关系和婚姻关系来称呼,按辈分表现尊重,总是以淳朴、真诚的态度对待他人,为人热情,乐于尽力互相帮助;农村职业简单,人口流动率低,再加上农村社会规模小,且相对封闭,所以人们多在群体内部交往。成员之间也常因娶嫁喜事、生日祝寿、互相请客送礼、增加了彼此的情感联系;群体成员交往全面,彼此十分熟悉,一个人的家庭以及个人的经历、道德品质、能力、性格,甚至是兴趣爱好,都为别人所了解,几乎无任何隐私可言。所以在交往中每个人都几乎毫无保留地将自己全部投入进去,说实话,办实事,以保持和增强情感关系。在农业推广上,要重视农民交往的情感性特点,不要漠视和伤害农民的感情。除了热情诚实、礼貌待人外,在城镇街上、乡村路上,对熟悉的农民拉拉手,对认识的农民打打招呼,对不认识而向你打招呼的农民多回应,也可以拉近与农民的感情距离,有利于农业创新的传播与扩散。

四、农业创新的集群传播

(一)集会演讲传播

1. 集会演讲传播的概念与要求

农业创新集会演讲传播,是将众多接受创新传播的农民集中在大会堂或开阔地带,以演讲的方式进行传播创新的推广方法。集会的农民一般在 100 ~ 1000 人,人数过多,传播效果较差。

集会传播的主题是当地准备推广或正在推广的创新,集会的目的是希望与会者增加认识、改变态度、采用创新。集会的作用是宣传鼓动,营造氛围,增加了解。因此,会场上多挂醒目的横幅,张贴相关标语,具有功能良好的扩音设备,让与会农民能被现场气氛所感动。集会演讲的内容主要是推广人员宣传创新的优越性和主要技术要点、科技示范户介绍采用创新的过程和效果。对于复杂的具体技术,集会一般不能解决,演讲中只涉及技术要点,在集会后再采取组班培训或小规模传播的方法解决。

农村集会传播多在户外开阔地带进行,农民多自带凳椅或席地而坐,天气晴阴、冷热常影响农民情绪。因此,一次集会演讲的时间不宜太长,一般不宜超过 2 小时。

2. 演讲

演讲前应熟记演讲稿内容。在演讲时，不能照稿宣读，要用自己的口头语言熟练地将演讲稿的内容表述出来。对有经验的推广人员，演讲稿只有要点、数据、提醒事例等，据此打好腹稿，用流畅的语言表述出来。对于新推广员，演讲时应注意以下几点：

（1）语言的应用

有扩音设备时，音量要适中，音量过大会产生噪声；无扩音设备时，声音要洪亮，让听众都能听到；语速要偏慢，不要使用长句，不要在连贯词组间停顿。

（2）非语言的应用

身体端正，手势与语言配合协调，眼光有力，有1/3以上的时间注视听众。

（3）自我心理调节

充满自信，不要怯场。内容熟练可以减少紧张、增加自信；平时多；在众人面前说话，可以减少怯场现象。

（4）注意听众反应

关注农民对演讲的倾听情况和会场表现，调整演讲速度、节奏、音调和音量，以便引起农民的注意和重视。

（二）组班培训传播

组班培训传播，是将农民适当集中起来，比较系统地传播农业创新，有利于理解知识、掌握技能的农业推广方法。集会传播的知识是粗浅的知识，农民只能有初步的认识；集会传播的技能是简单的过程，农民只能初步地了解；集会传播是在农民初步认识和了解的基础上，改变农民态度，促进农民采用。在有些农民决定采用后，就必须让他们对相关知识有深入的认识，对相关技能完全地掌握，这就必须开展组班培训和小群体传播途径。

1. 组班培训的要求

组班培训是落实农业推广教育计划的主要方式，培训的内容和对象一般是教育计划的内容和对象，也是当前当地推广的创新和愿意采用创新的农民。因此，每一次培训，要具体落实培训内容和培训对象。组班培训的人数多在20～100人，一般50人左右的培训成本较低、培训效果较好；人数较多，可以降低成本，但效果较差；人数较少，培训效果较好，但成本较高。

组班培训的场地有教室和现场。教室要有相应辅助教学工具，如电脑、投影仪、幻灯机、挂图、实物、标本等，教室的光线充足，桌椅齐全。室外场地如参观现场、操作场地及其材料等已经提前准备就绪。

组班培训的教师对教学内容十分熟悉，能够熟练应用相应的教学方法。一般来说，组班培训的方法主要有三种，即讲授法、操作法和参观法。

2. 组班培训的讲授传播法

讲授法就是推广教师用口头语言向农民传授知识和技能的教学方式。其优点是能在短时间向农民传授大量、系统的知识，缺点是不能及时了解农民理解和掌握的情况。采用此法时要注意：熟悉所讲知识技术的全部内容和与该技术有关的情况；要写好讲稿，但不照本宣科；要富有启发性，促进农民思考，引导他们自己得出结论；要讲究教学艺术，做到音量适当、速度适中、抑扬顿挫、眼光有神、姿势优美、语言生动、板书整洁、形式灵活、气氛活跃；合理利用教具。根据教学内容，在适当时候利用挂图、照片、实物、模型、影像等，帮助增加感性认识。

3. 组班培训的操作传播法

操作传播法又称方法示范，是对某些技术边操作、边讲解的教学传播方法，如果树嫁接、修枝，水稻旱育秧等技术的传播。操作传播法的程序如下：

（1）制订计划

无论推广教学人员有多丰富的经验，每次操作传播都要根据目的和内容写出传播计划。计划包括：通过操作传播要达到什么样的目的；传播的主要内容是什么；准备的操作材料和工具；列出操作步骤；对观众解答的主要问题；操作传播过程的总结等。

（2）操作传播的实施

操作传播可分为三个阶段：介绍、操作、概要和小结。

①介绍

首先要介绍传播者自己的姓名和所属单位，并宣布操作传播题目，说明选择该题目的动机及其对大家的重要性。要使农民对新技术产生兴趣，感到所要传播内容对他们很重要并且很实用，自己能够学会和掌握。

②操作

A.传播者要选择一个有代表性的材料，一个较好的操作位置，要使大家看得清楚操作动作。B.操作要慢，要一步一步地交代清楚，要做到解释和操作密切配合。C.声音洪亮，速度要慢，使大家都能听得清楚，语言通俗易懂，大家容易理解。

③概要和小结

将操作中的重点提出来，重复说明并做总结。做好这项工作要注意三点：A.不要再加入新的东西和概念；B.不要用操作来代替作总结；C.要劝导农民效仿采用。

（3）农民自己操作练习

在传播人员的帮助下，每个农民都要亲自操作，对不清楚、不理解，或能理解但做不到的事情，传播人员要耐心讲解，重新操作，纠正农民错误的理解和做法，鼓励他们再次操作练习，直至达到技术要求为止。在这些活动中，允许农民提出问题，对带普遍性的问题，要引起大家注意，并当众给予解答。

4. 组班培训的参观传播法

这是组织参加培训的农民到科研生产现场参观，通过实例进行创新传播的方法。参观的单位可以一至多个，可以是农业试验站、科技示范场、科技试验户、示范户、专业户、专业合作组织、成果示范基地等。通过现场参观，农民亲自看到和听到新技术信息及其成功经验，既增加知识又引发兴趣。参观传播法要注意以下几点：制订计划。包括目的、要求、地点、日程、讲解人员等；边参观边指导。对参观中农民不懂或不清楚的地方，请当事人解说，或推广教师指点引导；讨论总结。参观结束时，组织农民讨论，帮助他们从看到的主要事实中得到启发，并进行评价总结，提出今后改进意见。

（三）小规模传播

小规模传播是推广人员对少数推广对象或农民传播创新的推广方法。小规模传播的人数一般在 2 ~ 20 人。传播对象可以是同一小群体，如邻里，也可以是不同小群体或不同群体的成员，成员之间可能不全认识，但他们对同一创新都感兴趣。小规模传播的方式主要有现场指导和小规模座谈。

1. 现场指导

现场指导是推广人员在生产现场，指导农民认识生产问题、解决生产问题和正确采用新技术的传播方法。现场指导包括一般生产技术指导和新技术的指导。

（1）一般技术指导

在推广人员下乡过程中，某些农民种植的作物出现不正常现象，他们可能三五成群地围着推广人员询问，推广人员现场指导寻找原因，并提出解决办法。如是什么病，应该施什么药，缺什么元素，应该施什么肥等。

（2）新技术指导

推广人员在科技示范现场（如示范户），指导新技术采用时，常有附近少数农民自愿来观看学习，接受指导。

2. 小规模座谈

小规模座谈是推广人员与少数农民座谈，传播农业创新的方法。座谈的主题是农民对创新的认识、态度及他们关心的问题。座谈的目的是让他们加深认识、改变态度。座谈人数较少，每个农民都能发表意见，也能相互讨论，可以消除误解，增加理解。推广人员可以有针对性地回答农民的咨询，解答疑问，使他们在认识明确、理解正确的基础上转变态度。小规模座谈可以在室内进行，也可以在农家附近进行。小规模座谈一般应注意以下几点：

（1）参加人员可以多样化

参加人员可以是采用创新的农民，座谈可以帮助他们解决采用中的问题，或总结采用经验；也可以是没有采用创新的农民，座谈可以帮助他们转变态度；在与没有采用创新农民座谈时，要请个别采用效果好的农民参加，让他们来帮助回答未采用者的相关问题。

（2）说明座谈内容，让农民先发言

先简要介绍此次座谈会的目的和主要座谈内容，然后让农民依次或随便发言。要调动大家发言积极性，不要冷场。

（3）不要随便插话，打断发言

如果确实要插话解释或询问，插话结束后要让被打断发言的农民继续发言。

（4）注意倾听和分析判断

认真听取每个人的发言，让每个人都感到被重视，做必要的记录，以便记忆，并对每人的发言进行分析，判断其认识和态度是否与自己一致。

（5）总结性发言，解释疑问，阐明看法

归纳出发言中提出的问题、看法，逐一解决问题，并就哪些看法正确、哪些看法错误提出自己的认识，对大家应该怎样认识和看待创新，以及应该注意什么等问题进行总结归纳。最后，在征求大家意见的基础上，形成一致的意见，作为座谈的结果或结论。

第三章 农业技术推广的含义、功能与模式特点

第一节 农业技术推广的含义与功能

一、现代农业推广的含义及其特征

农业推广的发展趋势促使人们对"推广"概念有了新的理解，即从狭隘的"农业技术推广"延伸为"涉农传播教育与咨询服务"。这说明，随着农业现代化水平、农民素质以及农村发展水平的提高，农民、农村居民及一般的社会消费者不再满足于生产技术和经营知识的一般指导，更需要得到科技、管理、市场、金融、家政、法律、社会等多方面的信息及咨询服务。

一般而言，农业推广和咨询服务工作的主要目标是开发人力资本，培育社会资本，使人们能够有效地利用相应的知识、技能和信息促进技术转移，改善生计与生活质量，加强自然资源管理，从而实现国家和家庭粮食安全，增进全民的福利。

通俗地讲，现代农业推广是一项旨在开发人力资源的涉农传播、教育与咨询服务工作。推广人员通过沟通及其他相关方式与方法，组织与教育推广对象，使其增进知识，提高技能，改变观念与态度，从而自觉自愿地改变行为，采用和传播创新，并获得自我组织与决策能力来解决其面临的问题，最终实现培育新型农民、发展农业与农村、增进社会福利的目标。

由此，可进一步延伸和加深对农业推广工作与农业推广人员的理解：农业推广工作

是一种特定的传播与沟通工作，农业推广人员是一种职业性的传播与沟通工作者；农业推广工作是一种非正规的校外教育工作，农业推广人员是一种教师；农业推广工作是一种帮助人们分析和解决问题的咨询工作，农业推广人员是一种咨询工作者；农业推广工作是一种协助人们改变行为的工作，农业推广人员是一种行为变革的促进者。关于现代农业推广的新解释，还可以列举很多，每一种解释都从一个或几个侧面揭示出了现代农业推广的特征。一般而言，现代农业推广的主要特征可以理解为：推广工作的内容已由狭义的农业技术推广拓展到推广对象生产与生活的综合咨询服务；推广的目标由单纯的增产增收发展到促进推广对象生产的发展与生活的改善；推广的指导理论更强调以沟通为基础的行为改变和问题解决原理；推广的策略方式更重视由下而上的项目参与方式；推广方法重视以沟通为基础的现代信息传播与教育咨询方法；推广组织形式多元化；推广管理科学化、法制化；推广研究方法更加重视定量方法和实证方法。

二、农业推广的主要社会功能

（一）农业推广的社会功能和作用

农业技术推广的社会功能主要可以概括为：培养新型农民，保证农产品的供应；增进农业的产业化，实现农村经济发展，使农民收入提高；在满足社会需求的同时维护社会和生态的稳定，推动农业向可持续和多功能方向发展。

农业推广的作用主要体现在发展和加大力度解放农村生产力。对农业技术进行推广，还要组织、教育农民等从多方面提高农民生产生活质量，多渠道增加农民收入。立足于农村、农民，切实为农民利益着想，构建农村社会教育环境。

1. 是有利于建立新的关系，促进和谐关系

人员的详细过去的社会是一个基于私有制的社会。在伦理观调控主要是私人业主的主要私人利益之间的关系，私营部门和个人之间的关系，私人利益相关者之间的这个系统。在社会主义社会，建立公有制，道德主要是规范这个新的关系，那就是与社会主义建设者之间的关系的根本利益，是个人与个人的关系，或与人民群众的一部分国家，企业和人民之间的关系。

2. 促进各行各业的发展，促进社会主义

社会主义物质文明公有制为主体，道德利益的维护，虽然有私营业主的利益的一小部分，但是，与社会的整体利益直接相关的。

3. 推动新的道德观念，道德品质的传播

提高整个社会，以服务群众为社会主义道德的核心，是一种新的道德观。然而，作为一种新的道德观不为人民服务自发地出现在人们的心中。为了使这个新的道德在人们的心中牢牢地和蓬勃发展，它必须是一个长远的指导，教育，培训的过程。为此，政府的道德教育给予了极大的关注和指导。在一定意义上，这是一种道德革命。

（二）农业推广的主要功能

农业推广的功能可以从不同的视角来理解。例如，从推广教育的视角，可以分为个体功能和社会功能，前者是在推广教育活动内部发生的，也称为推广教育的本体功能或固有功能，指教育对人的发展功能，也就是对个体身心发展产生作用和影响的能力，这是教育的本质体现；后者是推广教育的本体功能在社会结构中的衍生，是推广教育的派生功能，指教育对社会发展的影响和作用，特别是指对社会政治、经济、科技与文化等多方面产生的作用和影响的能力。

从前面对现代农业推广含义与特征的描述可知，农业推广工作仅就传播知识与信息、培养个人领导才能与团体行动能力等若干方面，足以对提高农村人口素质与科技进步水平从而推动农村发展、增进社会福利产生极其重要的影响。农业推广工作以人为对象，通过改变个人能力、行为与条件来改进社会事物与环境。因此，在实践中，农业推广的功能可以更通俗地分为直接功能和间接功能两类。直接功能具有促成推广对象改变个人知识、技能、态度、行为及自我组织与决策能力的作用，而间接功能是通过直接功能的表现成果再显示出来的推广功能，或者说是农业推广工作通过改变推广对象自身的状况而进一步改变推广对象社会经济环境的功能，因此，间接功能依不同农业推广工作任务以及不同农业推广模式而有所差异。下面详细阐述各项功能的意义。

1. 直接功能

（1）增进推广对象的基本知识与信息

农业推广工作旨在开发人力资源。知识和信息的传播为推广对象提供了良好的非正式校外教育机会，这在某种意义上讲就是把大学带给了大众。

（2）提高务农人员的生产技术水平

这是传统农业推广的主要功能。通过传播和教育过程，农业技术创新得到扩散，农村劳动力的农业生产技术和经营管理水平得到提高，从而增强了农民的职业工作能力，使农民能够随着现代科学技术的发展而获得满意的农业生产或经营成果。

（3）提高推广对象的生活技能

农业推广工作内容还涉及家庭生活咨询。通过教育和传播方法，农业推广工作可针对农村老年、妇女、青少年等不同对象提供相应的咨询服务，从而提高农村居民适应社会变革以及现代生活的能力。

（4）改变推广对象的价值观念、态度和行为

农业推广工作通过行为层面的改变而使人的行为发生改变。农业推广教育，咨询活动引导农村居民学习现代社会的价值观念、态度和行为方式，这使农民在观念上也能适应现代社会生活的变迁。

（5）增强推广对象的自我组织与决策能力

农业推广工作要运用参与式原理激发推广对象自主、自力与自助。通过传播信息与组织、教育、咨询等活动，推广对象在面临各项问题时，能有效地选择行动方案，从而缓和或解决问题。推广对象参与农业推广计划的制订、实施和评价，必然会提高其组织

与决策能力。

2. 间接功能

（1）促进农业科技成果转化

农业推广工作具有传播农业技术创新的作用。农业科技成果只有被用户采用后才有可能转化为现实的生产力，对经济增长起到促进作用。在农业技术创新及科技进步系统中，农业技术推广是一个极其重要的环节。

（2）提高农业生产与经营效率

农业推广工作具有提高农业综合发展水平的作用。农民在改变知识、信息、技能和资源条件以后，可以提高农业生产的投入产出效率。一般认为，农业发展包括的主要因素有研究、教育、推广、供应、生产市场及政府干预等，农业推广是农业发展的促进因素，是改变农业生产力的重要手段。

（3）改善农村社区生活环境及生活质量

农业推广工作具有提高农村综合发展水平的作用。在综合农村发展活动中，通过教育传播和咨询等工作方式，可改变农村人口对生活环境及质量的认识和期望水平，并进而引导人们参与社区改善活动，发展农村文化娱乐事业和完善各项基础服务设施，以获得更高水平的农村环境景观和生活质量，同时促进社会公平与民主意识的形成。

（4）优化农业与农村生态条件

农业推广工作具有促进农村可持续发展的作用。通过农业推广工作，可以改变农业生产者乃至整个农村居民对农业生态的认识，使其了解农业对生态环境所产生的影响，树立科学的环境生态观念，实现人口、经济、社会、资源和环境的协调发展，既达到发展经济的目的，又保护人类赖以生存的自然资源和环境，使子孙后代能够永续发展和安居乐业。

（5）促进农村组织发展

农业推广工作具有发展社会意识、领导才能及社会行动的效果。通过不同的工作方式，推广人员可以协助农民形成各种自主性团体与组织，凝结农民的资源和力量，发挥农民的组织影响力。

（6）执行国家的农业计划、方针与政策

农业推广工作具有传递服务的作用。在很多国家和地区，农业推广工作系统是农业行政体系一个部分，因而在某种意义上是政府手臂的延伸，通常被用来执行政府的部分农业或农村发展计划、方针与政策，以确保国家农业或农村发展目标的实现。

（7）增进全民福利

农业推广工作的服务对象极其广泛，通过教育与传播手段普及涉农知识、技术与信息，可以实现用知识替代资源，以福利增进为导向的发展目标。

（三）加强农业技术推广的相应措施

1. 完善农技推广体系，注重现代农业推广人才的培养

对基层农业推广体系进一步深化改革，各级农技部门必须清楚自己的职责，制订实施责任制，使农技人员等充分发挥其指导、规划等方面的才能，形成有效的农业科技服务体系。对于可行性项目要加大资金投入力度，设立专项推广和科研项目经费，积极开展技术、成人等教育培训模式，提高农民的科学文化素质。制定农业科技产业发展的相关规定以及法律、法规，加强监管力度，使农技推广工作得以顺利的发展。

2. 以农业主导产业为中心，明确农技推广向

以农业主导产业为出发点，农技推广要注重品种的选育、研发的新技术、生产无公害农产品等方面，重点必须放在确保粮食的安全性上，对农产品质量和安全、农作物病虫害以及畜禽疫病等方面知识的攻关上面。

3. 积极推动农业向多方面发展

积极开发农业的相关产业，例如农产品的深加工、储藏、运输等方面的产业，推动农业结构不断的优化，并积极发展多种形态的产业，立足于自身的发展优势，建立起自己的品牌，有效地促进经济效益增长。通过培训、指导农业的各项专业技能，以及电视、网络等多种信息传播方式，让农户能够及时获取农业政策、新的市场行情等诸多有效信息，让农业科技成果的转化和推广能够真正落到实处，促使农业各相关产业得到显著提升。

4. 拓宽农业投资渠道，改善农技推广的相关条件

加强对资金的投入力度，拓宽资金来源渠道。财政部门要加大农技推广和基础设施建设资金的比重，并进一步加强对资金的监管力度，使之真正落实到位，对于农业机械设备要进行积极推广，并给予一定的购置补贴，促进农机设备水平提高，使农业生产效率随之提升，从而把农机推广向蔬菜、畜牧等方向有计划性地逐步延伸。随着市场经济的不断发展与进步，在以往的家庭联产承包责任制的基础上积极地创新，建立并不断完善土地流转的方式、内容和经营体制，让农户和合作组织能够确立起互惠互利的双赢经济机制，让土地和劳动力资源能够更加充分有效地利用起来。

我国作为人口和农业大国，粮食生产是重中之重，而要想稳固农业生产使其健康持续的发展，就必须重视科技对现代农业生产的重要作用，不断地提高农业的技术含量，进一步做好农业技术推广工作，切实发挥其对现代农业的推动作用。

第二节 农业技术推广模式的特点

一、乡村振兴背景下农业技术推广模式的类型与特点

（一）农业科研机构推广模式

农业科研机构是指从事农业科研工作各级农、林、水产科研院所以及农业教育机构，如农业大学和农业职业院校等。农业科研机构在农技推广中是不可或缺的存在。在技术研发方面，农业科研机构是农业技术研发的主要承担者，多数农业技术都由农业科研机构研发，农业科研机构的科研成果也是非常之多。在农技人才培养方面，科研机构由于具有系统全面的培养机制，可以对农技人员进行全面系统的培养，源源不断的为农业技术领域提供新鲜的血液。在技术推广方面，农业科研机构作为农业技术人才最为集中的组织，对于农户可以进行专业有效的指导，在面对突发问题时，也能够根据自己的知识和经验提出及时有效的解决方案。且农业科研机构在农业技术的研发过程中，需要实际操作来完善农业技术的研发过程，而在农业技术推广工作中，农业科研机构人员能够很好地将理论与实际相结合，通过理论指导生产，同时也不断的吸取实际生产经验，以此来印证理论的操作性。通过这种良性循环，农业科研机构和农户在农技推广过程中获得双赢。并且农业科研机构的研发成果只有运用到实际生产中才能最大地体现出成果的价值，参与农技推广工作也是农业科研机构实现自身价值的有效途径。

农业科研机构是农业技术的研发者，对于农业技术的掌握是最深的，在指导农户学习农业技术的过程中，能够很好地让农户迅速掌握农业技术的核心要点，将农业技术高效地推广开来。除了开展培训班向农户传授农业技术，科研机构还可以通过建立试验基地等方式，在进行新技术的实际操作的同时，让农户进行参观学习，用最直接的方式向农户展示农业技术。这种方式的带动效果要远远高于培训班式的推广，并且试验基地还能提供一定的经济效益，可以为农业技术推广提供有力的资金支持。

农业科研机构是农业技术的创新源头，主要通过政府和市场两种方式进行农业技术的推广，进而实现农业科技成果的转化和推广。前者是政府拨付资金，以立项的方式让农业科研机构进行相应的技术研发。政府大部分的农业技术研发工作都由农业科研机构承担，在政府的引导下对新型农业技术进行试验及推广。比如针对当地主要农业产业，结合农户对农业技术的需求，以政府立项和建立农业示范基地的形式，对农户进行农业技术的推广，提高农户的收入。在不断的探索发展过程中，我国农业科研机构已经总结出丰富的农业技术推广方式。例如以基层农业技术推广机构为桥梁，在政府部门的协助下，派遣专业技术人员对基层农技推广人员进行培训，或者结合当地的特色提供针对性

的农技推广方案，以此来提高农技推广的有效性。以及采取"科技下乡"等方式，为农户提供无偿的农业技术服务，避免农户由于经济原因无法享受到农业技术服务。后者是通过市场交易，对农业合作组织进行市场化农业技术服务。我国农业合作组织受到规模和资金限制，对于农业技术的研发能力较弱，无法满足农业生产的需求。为了提高农产品在市场上的竞争力提高经济效益，大部分合作组织倾向于通过向农业科研机构购买的方式来满足日常农业生产的技术需求。

（二）农业企业推广模式

农业企业是指经营内容与农业生产高度相关的企业，包括农产品的生产加工、运输、销售等的经济实体，如农场、农产品加工公司等。随着现代农业的不断发展，农业企业在农技推广中发挥的作用不容小觑。由于农业企业以市场为导向，其农业技术推广行为具有较强的针对性和自利性，同时农业企业的技术扩散链条与其他主体相比较短。

我国农业生产处于由原子化家庭生产转向规模化企业生产的过渡阶段，现代农业需要与农业企业相结合，以经济效益为发展原则，将得到的科研成果迅速应用到生产中。农业企业的动力源泉是利润，采用农业企业推广模式来推广农业技术，通过向农户提供农业技术并提供配套的产品，加快农业技术的推广速度，推进农业现代化的进程，是最终实现乡村振兴目标的有效途径。

企业和市场联系紧密，对于市场信息的变化极为敏感。在这种情况下，农业企业一方面了解农户实际生产的需求，一方面对市场的把握较好，能够有效的选择既符合农户需求又能满足市场需要的农业技术。农业技术创新的结果就是对生产要素进行重新组合，只有农业企业通过对信息进行收集整理，对市场和农户进行统筹，才能很好地满足各方面的需要。农业企业对土地的依赖性极强，远远高于工业。土地对于工业企业只是生产操作的空间，而对于农业企业而言土地是必要的生产资料。农业生产受自然环境条件影响，不同的季节和地质面貌适宜的农业生产不同，且农业生产有着很强的滞后性，周期较长。农业企业可分为种植养殖纯生产类、农产品加工类以及生产加工混合类，在发展过程中，混合类型成为越来越多企业的选择。

我国农业企业的农业技术主要通过两种渠道获取。一种是农业企业自主研发，建立自己的研发中心，对企业业务范围内的农业技术进行创新和转化。随着我国经济的不断发展，农业企业的规模越来越大，能力也越来越强，大中型农业企业对技术研发的重视程度在不断提升，越来越多的农业企业建立了自主研发机构。第二种是通过市场交易获取所需的农业技术。如向农业科研机构直接购买成果，或是将所需的技术研发任务外包。这种方式能获得农业技术成果的所有权，并能在短时间内依靠农业技术从市场中获取大量的经济效益。但由于技术成果的交易的一次性的，农业企业需要不断的购买新的技术成果来保障企业的持续性发展，采取这种方式的农业企业很难在市场中占领高端地位。

（三）网络推广模式

农业技术从产生到被接受需要经历复杂的过程，而在这一过程中社会关系的影响不容忽视。农村社会是由一张张社会关系网络连接起来的，农户之间的信息交流都依赖于社会网络，农业技术推广也离不开这种特殊的熟人网络。

在熟人关系网络之中，主要由乡村能人进行农业技术带动。乡村能人指的是精英型农民，他们要么经验丰富，要么能力突出，在某方面具有领袖地位。虽然乡村能人在农民中的占比不高，但乡村能人在本地的影响力不容小觑。在农业技术推广过程中，最先尝试接触新技术的往往是这些乡村能人，他们能够有效的把农户组织起来，带动农户采用新的农业技术。农业技术在农户间的传递，乡村能人有着不可磨灭的功劳。农业生产需要引进先进的农业技术来提高生产水平，但普通农户由于自身的文化水平限制，很难接触农业技术信息。且出于多年农业生产的经验，农户往往更倾向于相信自己的经验，而不是去尝试没有接触过的新技术。乡村能人的冒险精神比一般农户更强，能够接触到的农业技术信息也更多。在农业技术推广过程中，乡村能人自然而然地成为了采用农业新技术的先驱，在乡村能人尝试新技术取得一定效果之后，普通农户才会慢慢去接受农业新技术。

合作社既是技术的提供者，也是接受者。在农业技术从研发出来到实际运用到生产当中的漫长过程中，乡村能人和合作社起到了推进作用。在农业合作社引入新技术之后，乡村能人先进行试用，在确定新技术能带来良好效益后，乡村能人开始通过合作社将农业新技术的信息传递给普通农户，并且在普通农户采用农业新技术进行农业生产时，乡村能人可以邀请普通农户到自己种植的田地进行参观示范或是到农户种植地进行实地指导。通过这种方式，农业技术能够以较低的成本迅速推广开来。且由于农户与乡村能人的熟人关系，农业技术推广的效能会非常之高。

二、"互联网+"背景下的农业技术推广模式

（一）建立农业科技网络平台

建立农业科技网络平台整合各类农业技术资源，为农业技术推广提供支持。具体来讲，在农业科技网络平台上要提供全方位服务，包括在线咨询、培训、交流等服务，这种平台不仅可以让农民更加便捷地获取信息和技术支持，同时也能促进农业科技知识的交流和共享。例如，本地研发开通的"农技通"APP就是一个集咨询、培训、服务于一体的农业科技网络平台，用户可以通过手机随时随地浏览最新的农业技术信息、参加在线培训课程、与专家进行实时交流等，这种平台化的推广方式大大提高了农业技术的传播效率和覆盖面。

（二）利用社交媒体推广农业技术

社交媒体在人们生活中有不可或缺的作用，尤其是微信，大家利用微信交流已经成为常态，这些社交媒体也可以成为农业技术推广的渠道。微信、微博等社交媒体平台具有用户基数大、传播速度快的特点，通过在这些平台上发布农业技术信息和实用技巧，可以迅速扩大受众范围，提高技术的普及率。例如，"农村淘宝"在微信上开设了公众号，定期发布农业技术文章和视频教程，用户可以通过关注公众号随时获取最新的农业

技术动态，利用社交媒体进行推广的方式不仅降低了宣传成本，还实现了精准传播和个性化服务。

（三）开展线上与线下相结合的农技培训

利用互联网平台开展线上培训和线下实践相结合的方式是一种有效的农业技术培训方式。线上培训可以通过视频教程、在线讲座等形式进行理论知识的传授，而线下实践则可以让农民亲身参与实际操作，将理论知识与实践操作结合起来，更有助于理论知识转化为实际技能。本地农业部门要定期组织线下实践活动，以作为线上培训课程的补充。以本地开通的"新型职业农民培育计划"为例，该计划就是一种线上线下结合的培训活动，首先通过线上课程对农民进行理论知识的培训，然后组织线下实践课程对农民进行实际操作技能的培训，线上理论教育与线下实践教育相结合，提高农民的技能水平和应用能力。

（四）利用大数据技术进行精准推广

大数据技术和人工智能技术在农业技术推广中的应用，可以实现更加精准的目标定位和服务匹配。通过对大量的农业数据进行分析，可以深入了解不同地区、不同作物的生长规律和特点，从而为农民提供更加个性化的技术指导和解决方案。例如，可以引进人工智能技术对本地的农田进行监测和分析，预测病虫害的发生和传播趋势，并且将这些预测的数据发送给农户，让农户提前采取防治措施，减少损失。

第四章 农业技术推广体系建设

第一节 公益性农业技术推广典型经验

一、农业技术推广体系

（一）"一主多元"农技推广体系

"一主"，是指以各级农业部门管理为主建设的公益性农技推广服务机构；"多元"，是由企业、科研院所、农民专业技术协会、涉农企业以及各界致力于农技推广服务的组织构成。

（二）公益性农技推广体系

我国农业技术推广体系在纵向层次上，形成了国家、省、地、县、乡（镇）五个层次，各级推广机构有各自的职能分工，上下级之间的联系具备行政指导和业务指导两条主线，信息的传递是自上而下的单向传输方式。在横向职能上，按照专业分设了畜牧兽医站、水产技术推广站、农机化技术推广站、农业经营管理站和限于种植技术的农业技术推广站五个相互独立的体系。

（三）经营性农技服务

经营性服务组织是指独立于政府公益推广体系之外的，开展农技推广工作的企业、农民专业合作组织、家庭农场以及其他社会化组织。经营性农业技术服务的典型特征包括：服务导向市场化、服务主体多元化、服务全程化、服务方式人性化、服务能力高效化。

二、公益性机构农技推广典型模式

针对一直无法解决的老问题，基层公益性机构积极行动。通过完善内部制度，组织再造、政策创设、与社会化服务组织对接等方式进行机制创新，涌现出各种模式，取得了明显成效，提高了服务效率。基于各地基层公益性农技推广服务创新做法，以下将这些做法归纳为以下三种模式。

（一）公益性机构向农村延伸服务（延伸服务模式）

公益性机构在理顺体制、强化岗位管理制度基础上，强化村级服务站点与生产示范基地建设，充分调动基层农技推广人员积极性开展服务，实现技术进村入户。这一方式的优势是公益性体系比较完整，能够履行职能并兼顾广大农户，体现政府技术服务公益性特点，弥补了基层农技推广队伍薄弱、面对千家万户仍力不从心的缺点。由于建设村级站、聘用农民技术员等需要地方财政的支持，需要地方政府给予高度关注，以河北区域站、陕西省蒲城建立村级服务站、山西省各地聘用农民技术员等为典型。

（二）与社会化服务组织合作开展服务（合作服务模式）

公益性机构主动与社会化服务组织对接，针对主体需求开展服务，并发挥这些主体示范带动作用，将新品种新技术进行推广。该模式发挥了社会化组织的人力物力和资金优势。公益性机构在履行职能过程中，发挥了引导和监督作用，提高了技术传播效率。劣势是容易出现公益性机构资源过度向大户倾斜，而忽视中小农户的需求和利益。该模式适合社会化服务发展快，且集中连片、规模化机械化程度高、生产成本低的地区，也适合效益比较高的单一产业。要求双方能够建立良好的资源共享和利益分配机制。典型代表如甘肃山丹模式、庄浪模式、河北隆化县与社会化服务主体开展"五结合"等。

（三）组织和引导社会化组织独立服务（引导服务模式）

公益性机构培育壮大农业新型经营主体，引导社会化组织独立开展农业生产性服务。服务模式的优势是"专业的事情，交给专业的人来做"，社会化组织将服务当作事业来做，对市场了解透彻，服务效率更高。以农民服务农民方式开展服务，更容易获得农民信任。不足是利益驱使可能出现市场化服务损害农民利益现象。社会化组织、带头人的市场拓展能力和社会责任心是该模式成功的关键，因此，需要政府加强监督、管理和政策的引导。

三、公益性机构农技推广典型模式对比分析

①从管理体制上看，公益性机构向农村延伸服务、与社会化服务组织合作，有资金、项目或技术等作为纽带，政府在技术传输渠道中占有主动权，政策引导作用发挥和组织管理起来更加容易，技术覆盖面广。而与社会化服务组织合作、组织和引导社会化组织独立服务，构建"自下而上"的技术需求获得机制，围绕社会化组织发展技术需求提供专业化服务，工作实效性和针对性更强。

②从服务对象和职能履行看，公益性机构向农村延伸服务时，主要是面向农户开展技术服务，其服务对象和职能均有较大限制。当前，各类新型农业产业组织蓬勃兴起，并日益成为现代农业发展的重要载体。与社会化组织合作服务、组织和引导社会化组织独立服务，则强化了面向各类农业产业组织的技术服务，拓展了基层农技推广机构外部创新资源与内部转化应用的中介功能，并将其作为新型公益性农技推广机构的一项重要职能加以制度化。一方面，通过加强与农业科研机构的合作，搭建了外部农业专家与内部农业产业组织之间的交流平台，吸引了一大批国内外创新成果及领先技术落户本地；另一方面，通过"站企合作""站社合作"、项目带动和技术支持等方式，帮助农业产业组织发展，创新和拓展了基层农技推广机构的职能。

③从人才队伍建设看，公益性机构向农村延伸服务方式，通过政府购买方式强化了最基层队伍，公益队伍人员有较强的专业技术能力，有利于构建稳定的推广队伍长效发展机制。合作服务模式、引导服务模式，则更需要除专业技术以外的领导、沟通和协调能力，需要对人员加强专业以外的培训（见表4-1）。

表4-1　公益性机构农技推广典型模式对比

	服务对象	管理体制	职能履行	人才队伍建设
延伸服务模式	广大农户、新型经营主体	政府在技术传输中拥有主动权，技术针对性弱	公益性技术服务	提升专业技术能力
合作服务模式	各类经营性组织	政府在技术传输中占有主动权，技术针对性弱	公益性技术服务，中介功能	提升专业技术、领导、沟通和协调能力
引导服务模式	各类经营性组织	政府主动权弱，但技术针对性强	公益性技术服务，中介功能	提升专业技术、领导、沟通和协调能力

四、推进公益性机构农技推广机制创新的启示

（一）抓好功能拓展，提高公共服务效率

在新的历史转型期，随着农村土地流转，适度规模经营，土地"三权"分置，农村集体财产制度改革以及精准扶贫等工作不断推进，随着党对"三农"工作的系列政策的出台，党和中央赋予了各级农技推广体系工作更多的使命。加之"放管服"的背景下，农技推广机构在履行好公益性公共服务的同时，也承担了对服务对象的规范化管理、监督的职能。从目前来看，公益性农技组织承担着公共性服务、行业性监督以及管理等多重服务属性。

（二）抓好人才培养，培养一批技术过硬、甘愿扎根基层的农业人才

改革推广机构的人事制度，健全绩效考核激励机制，着重提高基层农技推广人员的工资福利待遇。完善推广体系的人才聘用制度和管理制度，确立科学绩效考核制度和配套奖惩体系，吸纳更多高素质、高学历的应届大学生或社会人才，激发农技推广人员的工作参与性、积极性和创新力。优化推广体系人力资源配置，加强农技推广人员的再教育再学习机制，提升自我学习、组织培训能力及与社会化服务组织对接能力。

（三）抓好平台建设，提高公共资源利用效率

各地农技推广机构在履行公益性职能的同时，还要利用现有软硬件资源，抓好平台建设。推动基地、化验室、培训室向社会化服务组织开放共享，创新与社会化服务组织共建共享试验示范基地机制，节省成本，提高管理效能。

（四）抓好组织创新，完善基层农技推广体系末梢神经

乡级（区域）农技站这些基层农技推广部门是党和中央在基层传递"三农"工作的最小机构，是伸向农村千家万户的触角，农业科技是联结农业生产、农民和农村三大领域的桥梁和纽带，担负着推进农村经济发展的历史重任，赋予的职能在叠增。由于受体制、经费、人员等因素影响，短时间内提升队伍素质、发挥应有职能难度大，所以需要依托社会化服务。以技术、资源、平台、项目为结合点（纽带），以社会化服务组织为推广体系末梢，服务广大农户。

（五）抓好引领扶持，发挥公益体系技术传播主导作用

各地县农技中心一直坚持抓好基地建设，长期稳定做好新技术的试验示范和培训，履行好公益性职能。同时，推动成立并多方扶持新型经营主体联合会，在新型主体的小联合和连接中，引导和推动农业技术应用和带动引领新型农业经营主体发展，实现公益推广机构与社会化服务组织有效衔接。学会引导农民利用好每一寸土地，运用现代农业机械、依靠绿色高效农业，多产粮食，产好粮食。

第二节　教学科研单位农技推广典型经验

一、大学农业技术推广实践

（一）大学农技推广典型模式

1. 中国农业大学"科技小院"模式

"科技小院"是中国农业大学资源与环境学院发起并建立的，驻扎在农业生产第一线，集农业科技创新、示范推广以及人才培养等多项职能于一体的基层科技服务平台。

中国农业大学在河北省曲周县高产高效技术示范基地首创以"科技小院"为核心的综合配套农业技术创新和服务体系，将"科技小院、科技长廊、科技小车、科技农民、科技培训和面对面的科技服务"有机结合，逐步形成以科技小院为中心的技术创新与示范平台。

（1）服务内容

科技小院的服务内容主要有两个，一是通过开办田间学校的方式进行农业技术培训，二是开展农业科技试验。具体而言，农民田间学校是在科技小院成立后同步组织建设的，是开展农业技术培训的主要平台，在对象选择上需要经过一定的选拔过程，培训内容更广泛且程度更深入。农技培训主要由研究生负责，让研究生走入乡村建立田间学校，并作为一线技术人员开展农技服务，培训内容取决于农民的生产实践需求并参考其接受能力，培训时间参考农时节令及农民空闲时间安排等多方面因素确定。科技小院的技术推广思路是通过农民田间试验研究解决生产中发现的问题，并在相关区域示范推广，即创新适合于当地的生产技术并将这些技术直接传授到农民手中，将科学技术转化为农户的生产力和效益。

（2）基本保障

科技小院的运行是多元主体的良性互动。首先，大学与政府的良性互动，提升农技推广效率和成果转化率。科技小院（大学）与政府公益农技推广作用互补，政府在推广过程中主要起统筹领导的作用，负责制定目标、发展规划和监督监管等，提供相应政策支持和少量的资金补贴；科技小院则是发挥自身的人才、科研优势，实现科研及社会服务功能。其次，科技小院（大学）与农民、企业的良性互动，促进农业科研成果供求双方的衔接。科技小院根据市场和农业需求立项研发，并就生产方面提供更系统的咨询，包括生产常识、生产技巧和生产理念提升，传授和示范更加亲近农民（农业企业）生产需求的生产技术。

在经费支持方面，多元主体多元筹资渠道。科技小院筹资渠道多元，主要经费来源于国家和地方科研项目、学校、地方政府和农资企业等多元主体。学校经费渠道主要是学科建设经费、科研与教学项目经费、导师课题经费。此外，地方政府全力配合科技小院在当地的农技推广活动，农资企业会提供资金保障科技小院带动农资企业产品的推广应用。

2. 西农模式

21世纪初，西北农林科技大学依托大学的科技、教育、人才和信息优势，为服务地方农业，借鉴美国赠地大学的做法，提出建立了"政府推动下，以大学为依托，基层力量为骨干"的农业科技推广新模式，并由此形成了一条"大学、试验示范站（基地）、基层科技骨干、科技示范户、农户"的"试验示范站模式"。该模式通过院校与产业、农民的直接对接，实现培训和推广服务的下沉；农科教产学研紧密结合，达到科研、教学、产业三方共赢。

（1）服务内容

一是以农业试验示范基地为载体，以培训和咨询服务为支撑。一方面，学校以区域农业主导产业为对象，科研人员结合自己的研究方向，主动与有关地方政府洽谈，共同创建试验站，直接与产业和农民相对接。另一方面，实施试验示范站带动示范村、示范村带动示范户、示范户带动周围农户的多层示范带动制度，以示范效应带动整个农业产业的发展。此外，西农依托杨凌示范区科技信息资源优势，借助农林卫视举办农业科技专题节目，与各地电信公司合作，建立苹果、红枣、水产等区域产业信息网；与省委组织部合作，面向全省一万多个村党支部开办每月两期的农技推广电视专题讲座；建立以试验站为连接点的远程培训和咨询服务系统，缩短农业技术服务与产业一线的距离。

二是将试验站作为产学研、农科教紧密结合的服务平台。一方面，依托试验站平台，打造学校教学实习的基地和硕士、博士研究生实践的基地；另一方面，把试验站作为国内外学术交流合作的新平台，在试验站举办各类学术交流活动。

三是将院校科技资源与政府行政资源和企业经济资源进行有效对接。西农发挥技术优势，市县政府提供政策支持、资金投入和基础设施保障，企业则提供农产品销售平台，三者共同推进农业技术推广，促进农业发展。

（2）激励机制

西农通过创新岗位设置、职称晋升、津贴发放和表彰奖励办法等调动科教人员参与一线农业科技推广的积极性。一是专门设立了科技推广处，统筹负责全校农业科技推广的组织管理工作，并在岗位设置中单列一项"推广类别"，确立各试验示范站的岗位编制；二是在职称晋升中单列出技术推广系列，设立"推广教授（研究员）"岗位，专设"技术推广专家"，每年专列百万元经费，对入选者每人给予15万元奖励；三是实行推广专家驻点工作津贴；四是在学校表彰奖励系列中单设技术推广先进单位和先进工作者奖项。这些激励政策的实施，为"西农模式"的顺利运行提供了有力保障。

（二）取得的成效

农业高校不仅是农业科技的创新主体和源头，还具有学科交叉、技术集成等明显优势，推广服务潜力巨大。

1. 深入生产一线提升成果转化效率

大学通过其建立的试验站和示范基地的平台，以满足农民的需求为目标，进行农技培训、新技术研发、田间试验和示范推广等。在培训中通过技术要点讲解、田间示范和地头培训等方式，对农户进行跟踪服务，并及时获得信息反馈，进而调整试验计划和推广项目的安排。同时，农户也可以通过电话、网络等方式将生产实践中遇到的问题和对新技术或新品种的需求向专家进行咨询。这不仅有效提升了农业科技的转化效率与推广效果，也有利于快速实现农业增效、农民增收和农村经济发展等"三农"目标。

科技小院通过农技培训使农户掌握种植和经营管理知识，按照测土配方施肥，不仅调整了当地作物种植结构，改善土壤状况，还增加了农民的收入，提高了农民的种粮积极性。西北农林科技大学通过对接农业产业需求，贯通示范基地与示范村、示范户，构建了农业技术推广的快捷通道，促进最新农业技术的推广应用。

2. 提升大学科研创新能力和人才培养质量

大学农技推广过程促进了大学科研活动深入农业和农村，通过缩短农业科技需求与供给的距离，促进了问题导向研究，提高了研究的针对性和大学的科研创新能力。在科技小院模式中，研究生入学前到科技小院进行学习，与农民同吃、同住、同劳动，接受3~4个月的实践锻炼，深入生产一线，了解农业生产实际，培养与农民的感情，并在基地教师和农技人员的指导下作为一线技术人员开展农技服务，在农业技术示范和生产活动中发现并解决生产实践中出现的问题，提升自身综合能力。通过在基层锻炼，研究生不仅对"三农"有了更深刻的认识，而且在基层工作中通过日常生活与农民所急需的技术相接触，从实践中发现问题并进行研究实现了理论、研究和实践的结合，提高了研究生的综合能力，促进了复合型人才的培养。

3. 推动资源的优化配置

大学农技推广由单一的技术推广向人才培养、科技创新、技术推广、创业孵化转变，由服务农业产业的关键环节向服务农业产业全产业链转变，需要大学主动和政府、各类农业经营主体、同行教学科研单位进行对接、联合。这种农技推广方式的转变有助于优化配置农业推广要素，实现"围绕产业链、配置技术链、完善服务链、配套资金链、提升价值链"的"五链耦合"，达到大学推广农技服务的最优效果。

二、推进教学科研单位农技推广的思考

教学科研单位作为我国"一主多元"的农技推广体系的重要成员和有生力量，应该以国家公益性农业技术推广机构为主导，主动与农业经营多元主体相结合，联合各类科技创新与推广服务主体，在农业技术推广的广阔天地中积极探索，有所作为。

（一）完善体制机制，推动农技推广工作

优化和完善一些相关的地方性的、部门的办法和政策，加强对农业教学科研单位开展农业技术推广工作的激励。认真贯彻《中华人民共和国农业技术推广法》，鼓励农业教学科研单位设立农业推广岗位，特别是在科技评价和业绩考核中加强对科技成果应用、推广和转化方面的导向作用；完善教学科研单位、科研人员在科研成果转化中的利益分配机制，激励更多、更高层次的科研人员参与农业科技成果推广工作，推进教学科研单位的农技推广队伍的建设。

（二）面向生产开展科技创新

建议农业教学科研单位通过建设新农村发展研究院、农业综合服务示范基地等方式，与政府、各类农业经营主体进行对接，建立有效的农业科技需求沟通平台，以农业生产的实际需求来引导农业科技研究，根据农民对农业科技应用中存在的问题反馈，进行技术集成创新与示范推广，实现农业科研、农业人才培养、农业推广与农业生产的紧密结合。

（三）推动农科教推的深度融合

农业教学科研单位是农业科技创新的主体，是农业技术推广的源头。国家公益性农技推广机构是农业技术推广的主体，具有贴近农业、农村和农民的独特优势。教学科研单位负责农业科技创新和试验示范，农业推广部门负责科技成果熟化、示范和推广，同时对接社会化服务组织，由后者负责科技成果落地和推向千家万户。通过与政府衔接，利用政府的农技推广体系将成果及时转化，用科技增量激活基层农技推广的存量，实现教学科研单位农技推广的目标。建议农业教学科研单位、农业技术推广部门、社会化服务组织在明确各自定位的基础上进行有效联合，发挥各自优势，共同致力于农业技术推广，实现人才培养、科技创新、技术推广、创业孵化一体化。

（四）整合多方资源，提升农技推广工作

教学科研单位应主动与多元市场主体对接，以合作提升推广工作。一是不断加深科技成果与产业融合程度。通过与企业合作共建研发中心，根据企业的发展需求共同开展创新研究，一方面有助于研究成果的转化应用，另一方面也有助于提升科研经费支撑力度。二是加强与农村社会化服务组织的合作。借助农村社会化服务体系的优势，共同推进农技推广。整合基层推广人员、专业户、合作社、企业和科技示范户等资源，实现农业科技服务与农资供应、农村信息服务、农业劳务服务、农村金融服务等社会化服务的共同推进，互相取长补短，提升农技推广工作成效。三是加强对信息网络资源的整合，提升农技推广服务的方式和手段。

第三节　经营性农技推广典型经验

一、经营性组织农技推广的典型模式

（一）农技综合服务模式

从事农业生产性服务的组织或企业，向农民直接提供以技术为核心的，辅以农资、农机、金融等其他生产要素投入及相关配套的服务。

1. 技术获取机制

借助内部、外部两种力量来获取技术。一是企业自主创新技术为主。企业自建研发中心，开展技术创新与成果转化。例如，山东丰信农业服务连锁公司，以自主研发开展技术创新与成果孵化、自建技术服务团队作为技术支撑，在必要时候，就作物解决方案的某一关键环节，争取科研单位或公益性机构的专家支持。山西中农乐农业科技有限公司则是基于在果树行业中多年积累的经验，公司自主研究并示范推广"傻瓜式"技术。针对果农大多数年龄大的特点，把深奥的果树理论、学术专著简单化，用最简单的方式，

在技术传授中让农民一看就懂。公司还与农技推广机构、农业科研单位联合，建立自己的研发机构，培训专业技术人才，提高核心竞争力。二是依靠科研或公益性机构的支持。企业与政府公益推广部门、农业科研、教育机构进行合作，共同针对企业经营中遇到的技术难题开展攻关。

2. 技术推广机制

围绕农业生产不同环节的技术、物资和其他需求，以"技物结合"方式进行技术传播。一是农资供应＋技术服务。采用这一方式的大多是农资企业，以提供农资商品和科技为主要经营模式，这种服务倾向于售后服务，技术服务往往是免费的。例如，凯恒农业科技服务有限公司，采取"农技服务＋自有服务团队＋农资供应"的方式进行技术推广。公司自己组建了农资配送、农机作业、植保作业等服务团队，为农民提供测土配方施肥、农资、农机、农村金融等综合服务。开发了基于互联网的网络平台，对农户进行会员管理，并及时提供技术服务信息。二是技术服务＋农资供应。这类企业在进行技术服务的同时，辅助农资销售。这一方式与上一方式区别在于，随着企业服务观念的转变，企业提供的生产性服务中，技术服务重要性超过农资销售。丰信公司采取"互联网＋技术服务＋自有服务团队＋农资供应""示范基地＋农户"的方式开展技术服务。中农乐公司为果农提供"保姆式"服务，通过建立"公司＋乡镇技术站＋村级技术员"的农技推广体系，以"互联网＋技术服务＋自有服务团队＋农资供应"方式为果农提供技术服务。三是生产基地＋技术服务。这类企业是为了获得稳定、标准的原料或农产品所采取的技术推广服务方式，最为典型的就是"订单农业"。中农乐公司通过流转土地建设生产基地，采取"企业生产示范基地＋技术服务＋农户"的方式，以获取稳定的、标准的果品为目的，建立自己的生产和示范基地，以产品销售为纽带，指导农户按照一定的操作规程进行生产，引导农户进入市场，促进新技术的推广与应用。四是对接销售平台。采取"互联网＋技术服务＋农产品销售"的方式，帮助农户种植和销售果品。通过培训和帮扶，果农的果品质量得到大幅度提升，示范户取得良好经济效益。

3. 资金获取机制

目前，我国涉农企业正逐步成为农业技术创新的投资主体，政府财政项目资金仅占企业技术创新与服务收入的一小部分。企业获取资金最常见的方式有两种。一是技术服务收入。丰信公司在生产的前一年向农业经营者收取"农业科技指导和农资配套服务费"，为农民第二年的种植全过程提供技术服务。农民对于其支付费用的技术服务效果主动关注，服务主体收取了费用，也会积极开展服务。二是生产性服务或农资销售收入。谷丰源公司自主创新能力不强，单纯依靠作物解决方案交易订单很少。目前，仍是依靠农资供应来获取资金支持。中农乐公司为农户提供技术服务是免费的，但公司在提供"保姆式"技术服务基础上，销售农资产品，以此获得收入。公司拥有几千亩果品生产基地的产品销售权，销售资金用来支撑企业农业生产环节的技术服务费用支出。

4. 人才培养机制

一是企业内部自我培养。丰信公司服务团队采取内部技术服务人员"传帮带"方式进行培养；一线服务人员采取招聘方式，人员主要由对当地情况非常熟悉、热心服务的农村妇女、种植大户、科技示范户、转型的农资商和保险经纪人等构成，这些人在"学中干"，实践锻炼后成为指导农民采用技术的行家里手，这些人也是潜在的新型职业农民。中农乐公司加强人才团队建设，组建了包括专家、讲师团、村级站长、会长等在内的"金字塔形"技术服务团队，逐级开展技术指导和培训。二是外聘或外包。谷丰源公司自身没有技术研发与服务能力，只能通过聘请外部科研院所科技人员来开展技术服务，或者通过技术服务外包的形式，来完成对生产基地的技术指导与服务，各类高级专业技术人才奇缺。

（二）农业信息化服务模式

互联网企业及相关部门借助数据、信息及渠道优势，以信息化产品销售为主要内容，以农民、农民技术员或国家公益性农技推广员为对象，提供生产所需要的技术服务。

1. 技术获取机制

互联网＋农业技术相当于掌上百科全书，需要实时更新。互联网企业在信息技术和平台建设方面具有优势，但农业技术信息、资源搜集等方面相对比较弱。技术获取渠道主要有五种：一是利用自身资源积累进行开发。例如，中国农业出版社，21世纪初开始向数字化产品转型，利用多年积累图书、文献资料，开发了视频、数字化产品、专家评审知识体系等，打造了"智慧三农"，面向机构用户进行检索查询。二是利用QQ、微信等社交平台搜集。来自农村能人、土专家之间的经验分享，信息汇集后进行加工整理和发布。例如，蓝农、农医生、老刀等，将会员问答信息及时加工整理并予以发布。三是依托科研院所、国家公益性推广机构建立，并对技术、信息进行不断更新。四是通过技术交易市场，直接向农业科研与教育机构购买技术成果。五是采取研发外包的方式来获得生产经营所需要的技术成果。

2. 技术推广机制

采取"互联网＋技术服务"方式推广技术，利用信息化平台，农民通过手机等移动互联网终端，便捷地获取及时有效的农业生产经营信息。突出特点有两点：一是互联网平台双向互动优势，纵向传播科研推广体系的"处方"，横向传播农民生产实践中摸索的"土方"，实现技术传播的精准性和交互性。二是细化服务对象，提供个性化服务。农业互联网服务平台，针对用户个性化需求提供精准化、智能化服务。例如，一亩田是我国"互联网＋农业"的创新典型，一端是服务批发商和采购商，一端是服务农民和产地，通过移动互联网、大数据，以及线上线下的撮合服务，帮助产地农民实现农产品产销对接，缓解农产品销售难和卖价低等传统难题。"云种养"对农技问题按照地域、专家匹配原则进行服务，打造本地化农业服务平台，采取"一对一推送"，专家接单类似滴滴打车，农民问答2分钟之内得到回答。

（三）技术示范带动服务模式

以涉农企业或农民专业合作社为龙头，是组织农民共同参与而联结成的一种经济联合体,推行订单生产。表现为"示范基地+技术推广+农产品销售""合作组织+农户""企业+农户"形式。

1. 技术获取机制

一是从国家公益性部门获取技术支持,或者与农业科研、教育机构进行合作,共同针对企业经营中遇到的技术难题开展攻关。二是企业、合作组织自主研究和推广的技术。例如,陕西渭南蒲城县四方苹果专业合作社在蒲城县农技中心支持下,应用引进了土壤改良、测土配方、化肥减量、有机肥综合应用、地下铺黑膜,富硒、富铁、富钙产品生产技术。合作社内设有专家组(西北农林科技大学专家和土专家组成),按照苹果栽培技术管理要求,细化主要技术细节和技术要领,编写、印发和发放技术资料。按照半月内的管理要点,每月按时授课两次。

2. 技术推广机制

采取"企业+(示范基地)+农户"开展技术推广,企业的技术引进和应用、推广,可以将农户的科技需求与生产实际紧密结合起来,为农户提供贯穿产前、产中和产后的一体化服务。例如,山西永济凡谷归真农业科技有限公司,以番茄的生产和加工为主要内容,围绕永济市番茄产业,集成示范推广先进技术和番茄品种。同时,建设冷链物流基地,面向农户提供物流服务,解决番茄等果蔬预冷、保鲜、冷链配送等问题。

3. 资金获取机制

企业与农户建立一种"利益共享,风险共担"的利益联结机制。企业牵头组建的专业合作组织,通过统一开拓市场,销售农产品获取资金。例如,四方苹果专业合作社除收购农民产品外,重点挑选年轻、有基础、热爱果业的一部分社员流转土地,注册家庭农场,走工厂化生产道路。目前,合作社核心示范基地1000多亩,由5个家庭农场组成,全部应用合作社标准化管理,生产安全放心产品,以统一品牌包装销售。核心示范田亩年均收益比一般农田高15%。此外,还有一种是农民互助型合作组织,不以营利为目的,带领农民一起面对市场,通过技术互助提高产品质量,获取利润。

4. 人才培养机制

在农技推广的过程中,农民专业合作社能精准地找到新技术的示范者,有助于科技的快速推广。

(四)托管式技术服务模式

以农村技术能人、农民专业合作组织、家庭农场、大户或专业服务团队等为主,凭借技术和经验优势,为农业生产提供全程托管、半托管式技术服务。

1. 技术获取机制

服务主体的技术主要来自国家公益性部门与农业科研、教育机构等渠道。例如,泰安烟农供销农资有限公司成立农业技术服务队,在县农技中心指导下开展"植保培训进百村"活动。

2. 技术推广机制

采取"服务主体（托管物品）+ 技术 + 农户"方式，企业通过契约形式将农户吸纳进入农业企业，为农民提供生产技术指导、产品销售等服务。具体方式包括：一是专业技术托管服务。技术托管，凭借合作社的技术和经验优势，服务主体为种植大户提供农业生产种植技术服务。例如，陕西各地的农业技术专业服务团队；"义田农场云平台"为了帮助农场解决技术人员雇佣难、规范化种植程度低等问题，利用"互联网 +"农业的现代化理念，依托物联网监控设备、义田农场云平台的基础，将技术人员与信息化工具结合，通过线上线下的技术托管模式，帮助农场实现标准化种植，提高农场生产效益。二是技物结合托管服务。包括土地托管、机械托管、仓储托管、销售等。

3. 资金获取机制

例如，西安市长安区长丰农机专业合作社收入主要有三种渠道：耕种收过程中的机械化服务收入；种子、化肥等农资销售收入；包括供种、高产创建等在内的政府给予的一些农业项目支持。在发展之初，长丰合作社得到了各级政府的大力扶持。

4. 人才培养机制

涉农企业拥有良好的生产经营条件，信息通畅，为了增加经济效益，勇于创新、敢于冒险。先进的服务理念、热情的服务态度、良好的职业素养、科学的管理方式，不但可以提高企业的工作效率，而且能够将技术快速地进行传播推广。

二、经营性农技服务典型模式对比分析

（一）农技综合服务模式

该模式搭建了技术传播和反馈渠道，服务相关主体之间信息互动沟通比较顺畅，由实物带技术，技术接受相对容易。从当前的典型来看，从事综合服务企业的盈利点仍旧依靠农资或其他方式，农业技术方案服务目前还不足以支撑公司运营和持续发展。从事综合服务的企业，通常需要一定的原始积累，熟悉农资和技术市场，拥有自主研发技术服务团队、核心产品或方案作为支撑。由于技术研发成本高，对于一些企业来说，实力还是不够。这一模式对农业生产影响范围比较广、影响程度比较深，需要国家公益性机构加强有效监督和管理，给予一定的技术、资金等方面的支持，以降低企业技术研发成本。

（二）农业信息化服务模式

该模式信息传递比较迅速，服务相关主体之间无须见面即可实现沟通，农民可以利用互联网接受教育与学习。还可以细化被服务对象，提供个性化、全过程、综合服务。农作物生产情况得到完整记录，使消费者对农作物有一个深入的了解。这类企业需要很强的信息技术采集能力和细分市场提供靶向服务的能力，采取措施提高线上线下用户活跃度。当前由于农户受到信息化工具使用习惯和能力限制，线下推广难度大。如果再缺

少线下服务团队，服务成效就无法控制。服务主体市场进入比较快，但退出也很快，风险大。从事专业信息化技术服务企业，承担了信息收集（主要是种植作物、种植面积、种植区域、作物病虫害等方面的信息）、信息发布、预测预报等农技推广公共服务职能，在农技推广资源库、农技推广信息化服务平台、整合涉农行业领域信息等方面发挥了积极作用。因此，需要政府出台利好政策，支持信息化技术服务企业发展壮大。为提升信息化服务主体能力，一方面需要加大新型职业农民培训，培育新型农业经营主体，提高对信息工具使用能力和信息技术的接受能力；为避免资源浪费，需要遵循互联网开放、透明、共享、高效的精神，开放政府的资源，共同探讨互联互通、合作共赢机制。

（三）技术示范带动服务模式

这一模式的优点是引领示范、技术创新要求高；农民可看可学，本土化、渗透式服务，容易获取农民信任，技术采纳率高；龙头企业通过提供优良种苗、先进适用的设备，加快物化技术的推广扩散；通过提供技术培训，降低农民采用技术的风险；市场联系密切，技术针对性强。这一模式的不足是涉农企业的逐利本质决定了其目标是实现自身经济利益的最大化，与农户的合作是为了谋求产量稳定、质量合格、价格低廉的农产品供给源，从而保证以更优质和低成本的产品参与市场竞争。同时，受自身发展规划、生产成本等因素影响，涉农企业参与农技推广的内容，多局限在单项农产品的生产技术和原料供应上。因此，要求基层农技推广机构探索与涉农企业的合作方式，加大技术示范基地投入，拓展科技推广的融资渠道，缓解企业示范基地建设资金压力。同时，组织生产经营者走出去，参观学习先进地区技术和典型经验，扩大视野，规范经营，提高管理水平。此外，还要加大对经营主体的扶持引导，组织农艺农机、经营管理等行业专家，开展多层次、多角度技术培训活动。

（四）托管式技术服务模式

这一模式的优点是技术服务成本内部化、技术管理成本低、技术采纳速度快、服务效率高。技术团队替代个人技术员来为农场提供多品类种植服务。不足是技术更新速度可能有限。服务托管以后，土地经营规模扩大，风险也相应集中。部分经营者自身抗风险能力不足，赚得起亏不起。一旦出现较大的灾害减产，给农户的承诺难以兑现，容易引发社会矛盾。技术服务托管是对农业社会化服务发展的一种探索，政府要加强扶持和引导，加快经营主体培育。扶持重点放在大宗粮食生产上，提高粮食生产的规模化水平。鼓励引导农机合作社、农机大户、家庭农场主、农技服务组织、村组干部、返乡年轻人等各类主体创办领办"托管服务"，鼓励和支持青壮年农民、大学生以"全托管"为平台创业。支持符合条件的新型农业经营主体优先承担涉农项目，土地整理项目优先考虑安排在粮食主产区域，在农机购置补贴、新技术推广、新增农业补贴等方面向规模经营者倾斜；扶持建设粮食烘干、仓储、农机场库等配套基础设施，财政要适当提高奖补标准。在病虫害防治上，各级农技部门对种粮大户要给予更多的关心和支持，有条件的地方可以提供点对点的服务，及时处置，尽量把问题解决在萌芽状态，避免损失扩大。在农业政策性保险方面，可考虑制订差别化的保险方案，适当降低理赔的门槛。

三、推进经营性组织农技服务机制创新的启示

（一）抓典型，用社会化服务引领农业生产方式转型

社会化服务组织接地气，服务周到、贴心。但要农民转变思维方式，为社会化服务支付费用需要过程。因此，可以引导大规模农场、农业企业购买有偿农技推广服务（包括技术培训），进而示范带动农户。种业、经济作物、经济林果等行业，在规模经营下，经营者可能愿意拿出一部分资金来购买技术服务以获取更大利润。各级农技推广部门可以支持当地有影响的新型经营体树立典型，或在经济价值较高领域广布示范田，先行先试。

（二）抓结合，推动公益性与经营性服务协同发展

公益推广机构与社会化服务组织在技术环节进行有效对接。公益机构长期积累形成的方案，与社会化组织共享，为其方案优化提供支撑。社会化组织的技术服务员可以成为公益农技推广服务队伍的有益补充，为基层农技人员发挥技术专长、服务农业提供了平台，并增加了收入，解决了基层农技人员服务动力不足、缺经费、技术进村入户到田难的问题。农业技术推广"最后一公里"解决方案：政府直接管到县，面对县以下一家一户的问题，就留给社会化组织，政府起到协调和监管作用。

（三）抓管理，扶持和引导社会化服务发展壮大

为避免无序竞争，需要农业主管部门或第三方评估机构，建立完善的农业社会化服务的信用评估和监督体系，为农业社会化服务的健康发展保驾护航。政府充当裁判，保护农民利益。各级政府部门创新产学研联合的机制和平台，为农业社会化服务组织输送专业技术人才。公益性机构可以通过奖励、项目补助、政府资助等方式，对社会化服务组织的技术推广服务予以支持。

第四节　推进我国农技推广体系建设的对策建议

一、强化农技推广体系建设顶层设计

（一）加强政策保障

围绕党的十九大构建现代农业产业体系、生产体系、经营体系建设目标，研究并制定基层农业技术推广体系改革创新的政策措施，适时出台推动"农技推广社会化服务的指导意见"或"新时期我国农技推广体系建设规划"。加强全国农技推广机制创新工作的总结和宣传工作。深入宣传贯彻落实《中华人民共和国农业技术推广法》，加强执法检查，强化政府机构公益性技术推广的主导地位，提升相关服务主体的法律意识。

（二）加强组织管理

政府部门对农技推广工作重视程度，极大影响着基层农技推广工作成效。相关领导及政府部门要进一步提高思想认识，高度重视农技推广和农技社会化服务工作，将农技推广体系建设作为落实乡村振兴战略、深化农村改革的重要内容，制定配套政策，落实推进措施，为农技人员开展技术服务提供强有力的组织保障。强化农技推广机构的平台意识，提高组织协调监督的能力。

（三）加强公共财政扶持

支持各地用好现有农技推广体系建设资金，积极整合农技推广补助、农民培训、社会化服务等项目资金，做好公益性农技推广，并培育和壮大农业生产经营主体。鼓励地方采取多种措施，加大对农技推广工作的资金支持力度，确保基层农技推广有必要的工作经费。

二、深入推进公益性推广机构改革建设

（一）深化乡镇农技推广机构改革

一是明确乡镇农技推广机构职能。强化公益性职能，明确其对新型经营主体的作用和社会化服务组织的扶持、帮助和监督的职能，建立国家公益性农技推广与新型经营主体和社会化服务组织有机衔接、协同推进的基层农技推广网络体系。鼓励基层农技推广体系在完成病虫测报、农产品质量监测等公益性职能以外，主动服务社会化服务组织。二是加强农技推广岗位考核，调动农技人员工作积极性。三是坚持公益性农技推广服务优先与增值服务的原则下，在定岗服务、购买服务、派驻服务和委托服务等服务中，探索增值服务新机制。

（二）加强农技推广队伍建设

按照农技人员专业化、专家化的要求，一要解决好现有农技人员的工资、待遇、退休等问题，畅通其工资待遇、职务职称晋升通道，先要让现有农技人员从事体面的农技推广工作，必要时可做好转岗、交流、分流等。二要为农技人员减负，解决其"在编实际不在岗"的问题，使其从纷繁复杂的行政事务性工作中解脱出来，专心从事专业技术服务工作。三要完善推广人员队伍的准入资格，加强对现有农技人员的教育与培训，以适应现代农业发展的新要求。四要按照"懂农业、爱农村、爱农民"的要求，吸引培育选拔一批新的农技专业人员充实到农技推广队伍。五要参照"乡村医生"和"农村教师"培育计划，探索建立"基层农技人员特岗计划"，选拔"爱农业、爱农村、爱农民"的高中高职毕业生签订相关协议，报考大中专院校农业类专业，毕业后到基层农技服务机构工作一定年限。六要积极推进"贫困地区基层农技人员特聘计划"，针对地方特色农业产业，选拔和培育一批农技推广的"土专家"，并给予相应待遇。

三、推行社会化农业技术服务新机制

（一）培育和壮大农业社会化服务组织

鼓励各地通过购买服务、定向委托、奖励补助等方式，支持新型农业经营主体参与农业社会化服务、承担农业公益性服务项目。支持农民合作社、专业服务公司、专业技术协会、涉农企业等为农民提供低成本、便利化、全方位的服务，培育社会化服务明星企业和"领头羊"。允许财政支农项目直接投向符合条件的新型农业生产经营主体，深入推进财政支农项目资金形成资产股权量化改革。教学科研单位加强科技成果转化的利益分配机制改革，深化"院县共建""技术承包"等政产学研合作模式，推动高校、科研院所的科技、人才、服务优势与农技推广体系的紧密结合。

（二）因地制宜探索农技推广管理和服务新模式

由于公益服务体系不同级别机构主要职能、面对主体不同，要求采取不同管理体制和管理模式。建议鼓励地方因地制宜、先行先试，探索农技人员管理、农技推广服务新模式，以尽早释放改革红利，还可为丰富、完善顶层设计提供实践案例和探索经验。在模式探索中，应该明确不允许改革倒退。如禁止公益性机构搞经营、避免利益输送等。为确保公益性职能履行，也要激发改革动力，克服畏难情绪，建立和完善改革容错纠错机制。

（三）推动多元技术推广主体协调协同发展

各级公益性农技推广机构要主动适应新变化，拓展思路敞开胸怀，做好多元化服务主体的对接和融合。公益性农技推广机构自身要在全覆盖、有保障上多下功夫，重点在那些具有较强公益性、外部性、基础性的领域，经营性服务组织不愿干、干不了的领域积极发挥作用，以保障粮食安全目标。在比较效益不高的粮食生产领域，强化公益性机构技术服务和社会化生产性服务；在比较效益高的粮油经作、果树等产业，引导社会化组织开展技术推广和全程生产性服务；组建各种形式的农技服务共同体（联盟），探索重大农技的协同推广机制，让各成员在协作中开展服务，提升认知和获得尊重。

四、发挥公益性农技推广机构主导作用

（一）加强行业自律和监督检查

在政府部门或第三方组织下，推行农技服务单位资信管理体系，指导监督行业组织开展资信，为被服务对象选择技术服务单位和政府部门购买实施重点监督提供参考依据。资信评价等级以一定时期内的技术获取能力、技术推广服务能力、守信守法记录等为主要指标。政府部门组织行业组织或第三方开展资信评价工作。允许获得资信的合作社、企业及各类组织，在相应范围内开展技术推广相关服务，并配套建立灵活的服务质量考核、反馈和淘汰机制。对获取服务资信的组织或企业，在政策和项目等方面予以支持。

（二）搭建社会化服务平台

鼓励省市县级农技推广机构，探索搭建"国家公益性农技推广机构＋社会化服务组织（科研单位、企业、合作社、种养大户、家庭农场、农村土专家等）"的农技推广服务平台，将农技推广与大学科研单位、新型经营主体和社会化服务组织有机结合起来，围绕主导产业、服务农民目标做好技术服务工作。搭建基于互联网的交流平台，促进公益性农技推广机构、多元社会化服务主体等进行沟通交流、资源整合和联合协作；加强农技推广大数据方面调研，为社会化服务组织提供数据和技术解决方案方面的支持；推动基层农技推广机构将基地、化验室、培训室都进行了开放共享。

（三）加强舆论宣传

及时总结基层农技推广体系建设、推广模式的工作亮点和创新做法，并进行宣传，以凸显"一主多元"推广体系下公益性机构主体职能以及体系建设对现代农业发展的支撑作用。在政府部门主导下，组织多种形式的、不同层次的观摩、参观和考察等活动，加强地区之间交流，推动体系建设工作上新台阶。

五、我国农技推广服务体系发展趋势

（一）农技推广服务主体有新发展

以传统公益性农技服务队伍为主的局面发生变化，公益性农技服务队伍稳定性增强、基层农技推广队伍得到充实、培育了一批技术服务和传播的新载体、有大量新型主体加入农技服务队伍。近年来，各级政府对农技推广体系加大投入，基层农技推广机构硬件条件得到极大改善。条件能力建设规范有序，检测仪器设备较为完善。绝大多数基层农技推广机构已经纳入地方财政全额拨款事业单位序列，农技人员工资纳入财政预算，基本实现了乡镇农技人员工资待遇与当地事业单位人员的平均收入水平相衔接。农技推广人员队伍得到了加强，部分市县实施了农技人员特岗计划，多数特岗人员纳入了技术员序列。在公益性农技推广机构创新工作机制过程中，通过组建村级服务站、聘用村级技术指导员等方式，进一步充实基层农技推广力量。在国家农技推广机构支持下，传统的服务主体得到改革再造。培育农民专业合作社、家庭农场、专业大户等农业新型经营主体，引导这些主体联合、协作和开展自我服务，支持代耕代种、联耕联种、土地托管、统防统治等新型专业化服务队伍发展，将这些主体锻造成为技术传播的重要载体。大量新兴服务主体不断涌现，农技推广市场蓬勃发展。在新型服务主体中，农资企业、互联网企业、出版社、农村金融服务组织的发展明显加快，它们凭借先进的营销理念、独特的技术服务方案、先进的管理措施、高效的服务团队，快速地进入这一领域并占有了一席之地。

（二）农技推广服务内容有新拓展

农业生产经营形式变化，使农技服务内容从传统技术服务，向服务内容多样化、服务过程全程化和服务对象差别化转变。农业生产经营形式的变化，带来了农技推广服务内容的多样化和生产服务全程化。从服务性质上看，涉及公益性服务和经营性服务、专项服务和综合性服务、一般性服务和特殊性服务；从服务环节上看，涉及产前服务、产中服务和产后服务全过程；从服务内容上看，涉及农业科技服务、农产品质量监管服务、农村金融保险服务、农产品流通服务、农资服务、农业信息服务等诸多方面。同时，随着农业生产主体分化，个性化农技服务特征更加鲜明。已经形成了为规模经营大户提供从种到收一整套解决方案的技术服务，服务内容包括信息、技术、金融等各方面；为年龄大的农户、外出务工人员家庭提供代耕代种代收、粮食收储银行等托管、半托管式服务。例如，甘肃帮农农资、山东丰信、中农乐公司、凯恒农业等服务型企业，通过建立让农户看得见的示范服务，立足用户实际和需求，为其提供一整套技物结合、菜单式服务方案，服务节点从种子处理、配方施肥、绿色防控等，延伸到为生产全过程提供社会化服务。这类让农户放心、省心并愿意付费用的保姆式、全程化、一站式服务，将服务从"最后一公里"延伸到了最后 100 米。

（三）农技推广服务方式有新活力

信息化技术被广泛应用，使农技推广输送技术信息更加鲜活生动。农民主动"走出来"参与技术服务全过程，自主创新、创业热情高涨，使农技推广工作焕发新的活力。现代交通、通信、信息等技术条件和组织资源，为农技推广社会化服务提供了物质基础。信息化技术的方法、手段和最新成果被广泛应用到农技推广工作中，突破农技推广工作的时空局限，满足了现代农业多样化生产需求，成为行业管理、技术推广活动的重要手段和支撑。多种本土化的农技推广服务平台搭建，面向各主体实现了智能化、实时化培训、语音问答和农情信息推送，特别是在应急性农业灾害处置等方面，更能凸显农技服务的便捷化。全生育期的农事直播，微视频、图文、远程视频、交流群等生动方式，提升了农技推广的活力。而利用平台采集的农业生产服务档案、生产投入产出、方案执行效果等方面的大数据，将在未来构建新型农业生产经营和技术服务管控体系中发挥重要作用。

（四）农技推广服务主体之间关系有新变化

长期以来，国家公益性农技推广机构与广大农户、农业企业、农民专业合作社等各类农业生产主体，在体系内属于自上而下直接服务关系，被服务对象主要扮演的是技术受体角色。由于所属不同行政系统，科研教学等机构也面对上述主体开展技术试验示范等工作，与国家公益性机构交叉不多。这种直接服务方式，只需提高公益性机构、科研教学机构的技术服务能力和被服务对象的技术接受能力。随着新型农业经营主体壮大，国家公益性农技推广机构更加关注于企业、农民专业合作组织等新型农业经营主体及大量涌现的专业性服务组织。通过为这些主体服务，发挥其对广大农户的示范带动和技术传播作用。重点服务对象发生变化，新型经营主体和服务组织不单是技术受体，还是政府引导下的技术供体，承担了技术传播的社会责任。在服务对象变化过程中，国家公益性机构的地位上升，承担了更多的技术方案研究、服务效果监督评价等职能，这些职能对其技术服务能力、组织协调能力要求更高。此外，科研教学等机构，也与地方政府联合，借助农技推广体系优势，开展农技的试验示范工作。

第五章 农业栽培技术

第一节 蔬菜栽培技术

一、设施蔬菜"八关十法四要素"管理概要

设施蔬菜种植技术相较于大田作物，内容全面、操作复杂、耕作细致、难度偏大。有的菜农种了十多年大棚仍然掌握不了关键技术，究其原因主要是老牛赶山，跟在别人后边转，不细心、不研究、不学习、不总结。为使广大菜农在较短时间内尽快掌握这门技术，少走弯路，方便基层技术人员更好地指导设施农业建设，推动设施蔬菜健康发展，现将广大菜农从事蔬菜生产的成功经验进行归纳和提炼，供相关人员参考。

温室大棚建完以后，不管种植什么植物，什么时间种植，都离不开八个关键环节、十项核心技术和四条防病要素，简称"八关十法四要素"，具体内容如下。

（一）抓住八个关键环节

1. 消毒关

①环境消毒：利用作物定植前的时间，对大棚内所有裸露空间进行彻底消毒，包括地面，左、右、后墙，立柱，棚顶，前脚，农具等，以消灭前茬作物残留的菌源。

②种子消毒：根据种植作物的不同，针对该作物常见病、多发病选择不同杀菌剂或

广谱杀菌剂进行浸种、拌种或闷种，以解决种子带菌问题。

③苗床消毒：自育种苗要对苗床土或营养土混拌杀菌剂消毒。

④粪肥消毒：施用的农家肥尤其要充分腐熟（尿素500g+红糖500g+玉米面1000g+麦麸水2500g/10m³肥盖塑料7天左右）。

⑤土壤消毒：结合整地施入杀菌剂、杀虫剂。

2. 育苗关

育苗关包括营养土配制、苗床设置、播种时间和方法、覆土厚度、幼苗管理等。

3. 嫁接关

嫁接关包括砧木选择、嫁接时间、嫁接方法、接后管理。

4. 定植关

定植关包括定植时间、株行距设计、定植深度、苗向安排。

5. 浇水关

浇水关包括看天、看地、看作物。

6. 施肥关

施肥关包括底肥、追肥、叶面肥，时间、数量、方法。

7. 放风关

放风关包括放风时间、放风方法、放风多少。

8. 御寒关

御寒关包括草帘、纸被、覆膜、二层幕、保温被、电热板。

（二）推广+（法）项实用技术

①营养钵育苗技术：包括专业化育苗、工厂化育苗、无土育苗。

②嫁接技术：包括茄子、瓜类、番茄、辣椒的砧木选择和操作要领。

③大垄高台技术：行距70～80cm，株距30～40cm，垄高15～20cm。

④全膜覆盖技术：包括切口、拉紧、无裸露。

⑤膜下暗灌技术：包括微灌、滴灌、渗灌。

⑥四段变温技术：上午25～30℃，下午25～20℃；前半夜20～15℃，后半夜15～10℃。

⑦窝里放炮技术：豆饼、芝麻饼、棉籽饼100～150g/穴。

⑧平衡施肥技术：16种元素、EC浓度。

⑨秸秆反应堆技术：定植—盛果期增施CO_2气肥1000ppm以上。

⑩新材料应用技术：包括增光灯、反光幕、防虫网、遮阳网、黄板、性诱剂、智能放风器、温室娃娃等。

（三）把握四条防病要素

①识别准确：准确识别害虫、真菌、细菌、病毒、线虫、生理性病害。

②防治及时：包括虫害 3 龄前、点片发生期、病害初发前的防治。

③用药对路：包括适用药、特效药的使用。

④方法有效：包括拌种、灌根、烟熏、喷雾。

二、越冬茬蔬菜科技集成高产高效栽培技术

以下主要以番茄为例介绍。

高产高效＝科技＋投入＋勤奋。

组装内容：利用温室生产反季节蔬菜，必须把四大技术支柱、十项核心内容有机地组装起来，才能真正达到投入产出比的最大化，从而实现高产、高效。

四大技术支柱的具体内容：栽培设施是基础（占总收益的 50%），选择品种是关键（占总收益的 25%），科学管理是前提（占总收益的 12.5%），病虫防治是保障（占总收益的 12.5%）。

十项核心内容：优化设施、精选良种、培育壮苗、砧木嫁接、膜下暗灌、平衡施肥、秸秆反应堆（CO_2 气肥）、温湿度管理、化学调控和病虫害防治。

（一）栽培设施

1. 大棚建造标准

要求采光好、升温快、保温强。经测算，当地地区达到上述标准的建棚参数是：中午 12：20 立杆后影子偏西 5°。前屋面角 60°，后坡仰角 35°，脊高由跨度决定。墙体顶宽 2.5m 以上，棚间距 22m 左右。

2. 安全生产的参数指标

①抗寒性要求：深冬季节晴天外界气温降到 −15℃，室内气温能保持在 8℃ 以上，可种苦瓜、西瓜、丝瓜、豆角等。

②抗热性要求：在气温达到 38～40℃ 时，距地面 40cm 高位置棚温在 35℃ 以下，100cm 高位置棚温在 40℃ 以下，150cm 高位置棚温在 50℃ 以下，可种菜、种果、育苗等。

③材料选用：棚膜要选择 EVA 高保温无滴长寿膜（乙酸乙烯膜）、聚乙烯膜或聚氯乙烯膜三种。另外，为了防寒还要加盖双层帘、二层幕、防雪布，补光灯等。

（二）品种选择

1. 选择优良品种的原则

所谓优良品种，都具有时间性，对环境条件的适应性、抗逆性、抗病虫性、品质适销性、耐储运性和高产优质等相对比较性。也就是说，品种选择是长期的、动态的，是需要不断适应、提高、完善的一项长期任务。

2. 选择优良品种的方法

每个品种都有它的优缺点、局限性和地区性，应该说这个任务由地区的国家服务机构或者是种子销售公司来完成，应该建立地区性的种子示范园，供农民参观和选择。作

为一家一户，主要把握以下几点：

①与市场需要相吻合，就是要做到适销对路；

②与栽培环境相适应，就是要符合当地气候和栽培条件；

③与管理水平相配套，就是要根据自己的经验、栽培习惯来选择适合要求的品种；

④与产量效益相呼应，就是根据种植季节、生长期长短和产量要求来选择。

（三）播种育苗

1. 培育适龄大壮苗

大壮苗的形态指标是苗高 18 ~ 22cm，茎粗 0.4 ~ 0.6cm，多茸毛，节间较短，茎秆挺拔直立，第一花序现大蕾，着生于 6 ~ 8 片真叶间，单株有真叶 7 ~ 9 片，叶片肥厚，叶色深绿，秧苗顶部稍平而不突出，根系发达，乳白色，植株未受病虫危害。

2. 苗床地选择

越冬茬番茄育苗期正处于大暑至霜降之间，应选择当地严冬气温最低时，棚内最低气温达到 8℃ 以上的大棚，棚中间背风向阳地段，东西向作畦（受光均匀）。宽度 1 ~ 1.5m 方便操作，长度以育苗数量而定。

3. 营养土配制及消毒

（1）营养土配制

播种前 7 天左右用 6 份玉米地农田土、4 份腐熟农家肥，每 50kg 营养土加入研细过筛三元复合肥 50g，50% 多菌灵 5g，5% 线净 4g，之后混匀、过筛、装钵，并紧密排列在铺有塑料布的苗床内，然后用 30℃ 温水浇透营养钵待用。

（2）种子处理

先将西红柿种子用 25 ~ 30℃ 温水浸泡 20 ~ 30 分钟，捞出后再放在 10% 磷酸三钠溶液中浸种 15 ~ 20 分钟（秋冬茬、越冬茬），捞出后用清水洗干净放在 50 ~ 55℃ 的热水中再浸种 15 分钟并不停地搅拌，随后再放在 25 ~ 30℃ 的温水中浸泡 3 ~ 4 小时，捞出后放在 25 ~ 28℃ 条件下催芽。每天淘洗 1 ~ 2 次，当多数种子破嘴露白时，即可准备播种。

（3）播种

越冬茬番茄一般在 7 月 20 日至 8 月 10 日播种，苗龄期 50 天左右。播前先用绿亨 1 号 1 袋 + 移栽灵 20mL+30℃ 温水 15kg 喷洒钵内表土消毒一次，然后播种，每穴 1 粒，接着覆盖药土 0.4 ~ 0.8cm，最后覆膜保温保湿。此期白天温度保持在 25 ~ 28℃，夜温保持在 15 ~ 20℃，待幼苗基本出齐时，逐步揭去地膜，进行炼苗。

（四）苗期管理

从出苗到 2 片真叶展开为籽苗期，也是第一花序开始分化期。此期要适当降温和排湿，增加光照，使白天气温控制在 20 ~ 25℃，夜间温度控制在 10 ~ 15℃，昼夜温差为 10℃ 左右。并采取早揭苫晚盖苫的办法延长光照时间，且要根据幼苗生长情况喷施 0.2% 的尿素和 0.1% 的磷酸二氢钾，要及时补充水分。幼苗长到 4 ~ 5 片真叶时，如有徒长趋势，要喷洒 0.1% 或小于 0.1% 的壮助素或多效唑。为防止病毒病还要喷洒 2 ~ 3 次黄化曲叶病毒疫苗。

（五）整地施肥

①有机肥：根据西红柿的需肥特点及当地地区当前产量水平，按照平衡施肥的要求，每亩施肥 15 ~ 20m³，要充分发酵。方法是：按每方粪加入玉米面 1000g，红糖 500g，尿素 500g，青麸水 2500g 的比例，掺匀堆堆儿，之后用塑料封闭，使其温度达到 60℃，保持 7 ~ 10 天即可充分腐熟，然后摊平降温待用。

②化肥：大量元素肥每亩 170kg，其中尿素 20 ~ 30kg，磷酸二铵（N-12-18，P_2O_5-46-52）70kg，硫酸钾（K_2O-48-52）70kg。

③矿物肥、硅钙肥（中微量元素）每亩 40kg。

④生物肥（菌肥）每亩 2kg。

将上述各种肥料混拌均匀后撒于棚土表面，之后将恶霉·福美双 1000g，线净 3000 ~ 5000g，加细土 40 ~ 50kg 掺匀撒于粪肥表面，之后用旋耕机连续耕翻 2 遍，第一遍 20cm 深，第二遍 30cm 深，并整平耙细。

（六）定植覆膜

1. 造墒作畦

定植前 7 天左右放大水将地面全部浇深浇透，待土壤不粘手时以浇水时遗留的水平线为标准整地、作畦，并用 72% 精异丙甲草胺 100mL/ 亩，兑水 50 ~ 60kg 喷洒除草，然后进行全膜覆盖，以待定植。

2. 棚室消毒

棚内裸露表面用 20% 二氯异氰尿酸钠 400 倍液或菌毒清普遍消毒一次。

（七）生长期管理

1. 温湿度管理

①定植后的管理

番茄定植初期，主攻方向是促发新根，加速缓苗。每天保证 8 小时以上的中等光照，白天保持 20 ~ 30℃，夜间保持 12 ~ 18℃，凌晨最低不低于 8℃，棚内相对湿度以 60% ~ 75% 为宜。

②开花结果期管理

主攻方向是促进植株健壮，促进开花坐果和果实膨大。在管理上应以争光、调温、控湿为主。此时白天以 25 ~ 30℃，夜间 15 ~ 18℃，清晨温度最低时不低于 8℃为宜，原则是在保证不低于适温下限的前提下，尽可能争取早揭苫、晚盖苫，增加光照时间，使每天光照时间不低于 8 小时。中午在不低于 25℃ 的前提下，尽可能延长放风时间，以降低棚内湿度。到了盛果期，天气逐渐变冷，日照变短，光照强度变弱，主攻方向是争光、增温、保温、防寒。上午放风的温度线应放宽到 32℃，下午棚内温度降到 27℃

时关窗闭风,下午 4 点前后,棚内温度降到 20 ~ 21℃时落帘保温。遇骤然降温要增加防寒措施,遇阴雪天气连续 5 天以上,要扫积雪,揭花苫,喷施动力 2003。最好利用设置增光灯、反光幕等增温补光措施以提高番茄的生产能力。进入 2 ~ 3 月以后,随着气温的不断回升,应适当加大通风量,使中午棚内气温不超过 35℃,夜间不低于 12℃,白天相对湿度不高于 60%,夜间不高于 75%。有条件的农户可采用温室娃娃实行智能化管理。4 月 20 日之后即可根据天气预报情况在做好保温和防寒工作的基础上将前窗和顶风同时打开,实行昼夜通风,以满足番茄对 CO_2 气肥的需要,但要设置防虫网。

2. 水肥管理

定植前浇足底水,定植后第 5 天浇第 1 次发根提秧水,之后按照"花前补硼、花后补钙、增花补硅"的原则,隔 10 ~ 15 天后结合浇第 2 次促花水随水冲施 NEB 肥,每亩 4kg。第 3 次膨果水每亩加入绿亨 9 号 1000g,NEB4kg(将两种药剂分别稀释后混匀),随水冲施防治土传病害。直到开花坐果期,每隔 15 ~ 20 天用小水洇浇并随水冲施水溶肥(30-10-10+TE)10 ~ 15kg,并保持表土见干又见湿的程度即可。春节前最后一次水还要加入硫酸铜钙和克菌丹各 1000g,以预防土传病害的发生。春节过后,随着温度的升高,浇水的间隔期可缩短到 12 ~ 15 天,但仍需小水洇浇,并连续 2 次随水冲施水溶肥(10-30-20+TE)15kg。进入结果盛期,气温进一步升高,蒸发量加大,根据番茄需水情况,可改为大行间沟浇,8 ~ 10 天浇水一次,此后每隔 15 天冲肥(15kg)一次,每次都不要冲空水,而且每次都要冲 22 ~ 24℃的温水。

7 ~ 10 月以后,可采取大小沟轮浇的办法,每隔 10 ~ 12 天浇一次水。

开花结果期还要补充叶面喷施 KH_2PO_4、叶用 NEB、甘露等 5 ~ 6 次。同时每天要增施 CO_2 气肥 800 ~ 1000ppm(茄子 300ppm CO_2 浓度时单株产量为 735g,3000ppm 时为 2271g,产量是不施 CO_2 的 3 倍),持续时间 3 ~ 4 个月。

3. 植株管理

根据定植密度和品种特性决定采用单干整枝或双干整枝,目的是保证良好的通风透光条件与合理的叶面积系数。一是用吊绳支架等固定分枝,使其分布均匀。二是打掉植株下部的黄叶、老叶、病残叶。三是及时抹去主茎和分枝各节叶腋间的腋芽。四是及时梳理和剪除部分过密的重叠枝、拥挤枝和徒长枝,必要时还要进行疏花、疏果、打顶心,以保证果实发育整齐,单果重增加,提高番茄的商品率。

4. 化学调控

越冬茬番茄常因育苗时夜温偏高导致植株徒长,粪肥发酵不充分造成氨气中毒,开花坐果期棚内夜间低温,影响花器发育,授粉受精不良,造成落花落果现象。目前调控这些不良现象的有效措施是:

(1)防止番茄苗期徒长

一是控制氮肥用量,二是防止夜温过高,三是每亩用 10% 多效唑 20 ~ 30kg 于幼苗 6 ~ 7cm 高时进行叶面喷雾。土温高时也可用矮壮素 2500 倍液浇施秧苗。

(2)防治氨气中毒

用醋精 100 倍液地面喷雾，间隔 3 ~ 4 天，连喷 2 次即可。

（3）防止落花落果

用 0.4% ~ 0.6% 的复硝酚钠叶面喷雾可有效控制。挂果初期用 170ppm 芸薹素内酯药液喷洒全株，可防止第一、第二穗花花柄变黄脱落，使花蕾发育正常，及时现蕾，提高坐果率。也可于番茄定植后按 50kg/ 亩剂量连续喷施 1.8% 复硝酚钠 6000 倍液，每隔 10 天喷施一次，连喷 3 ~ 4 次，不仅能增产 11.9%，还可促进早熟。

（4）防治番茄空洞果、畸形果、青皮果、筋腐果

主要是由于播后 35 天（花芽分化期）冬春季遇 13℃ 以下低温，夏秋季遇 35℃ 以上高温且持续时间过长，导致发育不正常，授粉受精受到影响，果实缺乏生长素所致。可在番茄 2 ~ 4 片叶分苗时用硫酸锌 800 ~ 900 倍液浇根，盛花期再于晴天早晨或傍晚对花喷洒 0.15% 对氯苯氧乙酸（丰产剂 2 号），且防止喷到嫩叶的生长点上。并结合防治病虫害喷洒农者钙、农者硼、农者锌等 2 ~ 3 次。

5. 适时采收

为提高番茄的商品率，果实转红变色后应及时进行分级采收包装。也可以根据市场需求，采收白熟期至转色期的果实，然后放入 350 ~ 700 倍 70% 乙烯利溶液中浸 1 分钟，再放置 20 ~ 25℃ 条件下经 3 ~ 5 天即可转红，但色泽稍差于自然转色。

三、茄果类蔬菜保花保果技术

（一）茄果类蔬菜落花落果的原因

1. 蔬菜本身的原因

一是开花期受外界环境影响，造成花器发育缺陷，不能进行正常授粉而落花。二是因花粉与卵细胞不亲和，导致配子不育，即使授粉也不能进行正常受精而落花。三是因遗传或不适宜的营养条件引起胚珠退化，子房不能正常膨大而脱落。

2. 外界环境原因

一是开花时干旱或雨水过多。干旱易导致离层的形成，导致落花；雨水过多冲洗柱头，不适于花粉发芽，落花增加。二是夜间温度过高或过低。适宜番茄开花结实的夜温为 15 ~ 20℃，如低于 15℃ 或高于 22℃，就会引起花粉发育而落花。三是光照不足。温室栽培的作物开花时遇阴雨天气，植株密度过大相互遮阴，光合作用减弱，雌蕊萎缩，花粉发芽率降低导致落花。

（二）防止落花落果的主要措施

1. 加强环境调控

第一穗果坐住以后，进入营养生长与生殖生长并进时期，尽量调节棚内温度接近茄果类蔬菜生长发育的 25 ~ 28℃ 的最适温度，尤其是夜温不能低于 15℃，白天最高不能超过 33℃，并保证水肥充足，防止过干或过湿。

2. 人工辅助授粉

一是于上午 9：00 ~ 10：00 人工摇动植株，二是用喷雾器喷清水摇动授粉。

3. 应用生长调节剂

于开花前后 1 ~ 2 天进行，待花谢后再处理，花柄离层已经形成效果不好。方法：一是用配制好的丰产剂 2 号直接浸蘸整个花序，二是在每穗花有 3 ~ 4 朵开放时，用装有丰产剂 2 号的小喷雾器对准花穗喷洒，使雾滴布满花朵又不下滴。

注意事项：一是避免使用金属容器配制药液，且现配现用。二是严格掌握使用浓度，一般温度高浓度要低些，温度低浓度可高些。番茄对调节剂敏感浓度应低些，10 ~ 20ppm 即可，茄子不太敏感，可用到 20 ~ 50ppm。植株长势旺的浓度可大些，长势弱的浓度应小些。第一穗果刚刚坐住，第二花序已开放，处理时浓度要小些；第一穗果已膨大，第二花序才开放，处理时浓度要大些。

4. 出现落花落果后的补救措施

①挂果初期用 170ppm 芸薹素内酯药液喷洒全株，可防止门椒、对椒花柄变黄脱落，使花蕾发育正常，及时现蕾，提高坐果率。

②用 0.4% ~ 0.6% 的复硝酚钠叶面喷雾可有效控制。

③定植后按 50kg/ 亩剂量连续喷施 1.8% 复硝酚钠 6000 倍液，每隔 10 天喷施一次，连喷 3 ~ 4 次，不仅能提高坐果率，还可促进早熟，增产 11.9%。

④防治辣椒三落病用动力 2003，5406 细胞分裂素，萘乙酸 +KH_2PO_4 效果理想。

⑤保花保果用 40% 水溶性萘乙酸粉剂 1g+ 水 15L（8ppm），配好后用塑料瓶分装，再加 KH_2PO_4 喷雾，效果很好。

四、大棚韭菜栽培技术

韭菜属百合科植物，是多年生宿根性蔬菜，可一次播种收获。全国各地都有种植，栽培方式也多样各异，温室大棚一年四季均可生产。

韭菜含有丰富的维生素、矿物质、纤维素、蛋白质和糖，并有特殊的辛辣味，营养极为丰富，尚有止汗、补肝、暖腰等药用价值，是深受人们喜爱的美味佳肴。

（一）品种选择

根据区域性、季节性、当地生产条件和市场需求，选择适应性强、产量高、品质优、受消费者欢迎的品种，如寿光独根红、抗寒 791、汉中冬韭、北京大白根、天津大黄苗、寿光大青根、河南胜利雪韭、长春宽叶马莲韭、佳木斯竹竿青等。

（二）整地施肥

韭菜为弦状根系，第一年着生在鳞茎的茎盘基部，分布较深，从第二年开始茎盘基部不断向上增生形成根状茎。鳞茎着生在根状茎上，新的须根着生在茎盘和根状茎的一侧。老根年年枯死，新根年年增生。形成新生的分蘖着生在原有茎盘的上面，新生的须根着生在老根的上侧。如此不断分蘖和着生新根位置不断上移，即"跳根"而露出地面，生产上需要培土保护。因此，选择肥沃、疏松、保水性好，pH 为 5.6 ～ 6.5 的土壤是获取韭菜高产的第一基础。之后亩施充分腐熟的优质有机肥 3000kg，深翻 20cm，整细、耙平、作畦。畦宽 1m 左右，长 6 ～ 10m，播种时再施入磷酸二铵 30 ～ 40kg。

（三）播种

1. 确定播期

韭菜生长适温为 12 ～ 24℃，叶部耐 –6 ～ 7℃的低温，根茎可耐 –40℃的低温。发芽最低温度为 2 ～ 3℃，最适温度 20℃。韭菜为弱光性作物，光照过强影响品质。不管露地或温室大棚，10cm 深土温达 10℃时均可播种（露地 5 月下旬到 6 月初）。

2. 播种方法

播前 4 ～ 5 天进行浸种催芽。方法：选用新种子先在 30 ～ 40℃水中淘洗，捞出秕籽和杂物，浸泡 24 小时后控净水分，将种子放在泥瓦盆中盖上湿布，放在 15 ～ 20℃的地方催芽，每天早晚各用清水投洗一次，种子露白时即可播种。亩用种量 3 ～ 5kg，1m 宽畦子播 4 行，播幅 15cm。也可小垄栽培先开沟，沟距 46 ～ 55cm，深 10cm。不管采用哪种方式，都要做到开沟宽窄、深浅一致，播种均匀，覆土 1.5 ～ 2cm 之后浇水，也可先浇水后播种。出苗前保持土壤湿润，不板结。

（四）田间管理

1. 当年管理

幼苗期苗小抗逆性差，注意浇水、排涝和灌封冻水。为培育壮根壮苗，当年不收割。

2. 两年后管理

化冻前清除地面枯叶，刚化冻时用耙子轻搂畦面浅层表土，促进发根返青。化冻后追肥浇水，每亩追施硝酸铵 15kg，并及时培土。

（五）病虫草害防治

1. 草荒

韭菜最忌草荒，可于播后苗前用 33% 二甲戊乐灵（除草通）150mL/ 亩、48% 地乐胺 200mL/ 亩兑水 50 ～ 60L 于浇第四次水之前 2 ～ 3 天均匀喷洒于地表，药剂持效期可达 25 ～ 30 天，防效达 90% ～ 95%。老根韭菜可在每次割后地面又一次裸露时用同样药剂和方法施药。10.8% 盖草能（氟吡禾灵）100mL/ 亩可有效杀害韭菜地除马齿苋以外的所有单子叶和双子叶杂草，效果比较理想，且对韭菜不产生药害。而乳氟禾草灵（克阔乐）对马齿苋等阔叶杂草有特效。二者减半混用进行茎叶处理效果极好（首次使用先小面积试验）。也可用 25% 辛酰溴苯腈 100mL/ 亩防除一年生阔叶杂草。

2. 根蛆

根蛆主要危害地下鳞茎、根盘，是造成韭菜烂根、减产、缺苗断条和品质差的主要原因，有时甚至绝收。每亩可用5%毒·辛或5%毒死蜱等颗粒剂等3~5kg，于每年春秋各撒施一次，也可用辛硫磷、毒·氯等随水冲施或泼浇。棚内发现蝇类用敌百虫、溴氰菊酯等及时防治成虫。

3. 菌核病、灰霉病

用50%扑海因50~100g/亩，38%施倍健（唑醚·啶酰菌）50~60g/亩，80%艾米尔（嘧霉·异菌脲）30~45g/亩，喷施叶面2~3次，间隔时间为7天。

五、芹菜栽培技术要点

（一）种子处理

用1.4%复硝酚钠5000倍液（1袋加水50L）浸种12~24小时进行催芽处理。

（二）苗床处理

将苗床做成畦埂后，按每亩磷酸二铵20~30kg，大粪干150kg或尿素3.5kg，硼砂1kg，绿亨9号28g的比例，将这些肥全部粉碎成细末均匀撒施畦面，用搂耙等措施与土壤充分混匀于15cm的土层中，以防化肥与种子直接接触造成烧苗，并使畦面土壤上暄下实，畦面细平，无坷垃。

（三）播种方法

先将畦内浇足底墒水，水渗后立即播种。为保证播种均匀，先将种子分成几份，将畦面分区，将种子掺上细沙，分区播种。播种后不要盖土，而用14~16目的铁筛装上细沙筛于畦面，厚度0.5~0.8cm，并覆盖均匀，切忌过厚（1桶种子80g，可育苗55~67m²）为防止畦面草荒，可用48%氟乐灵按每亩120mL兑水50L比例喷洒苗床。

（四）出苗期管理

芹菜播种后在畦面上覆盖苇席、麦秸等遮阴物，使畦面形成花荫，以保湿降温，防止急雨打畦，播后至出土前还要每天揭开遮阴物喷洒一遍清水，再盖上遮阴物。芹菜出土后改为3~4天浇一次小水，并撤去遮阴物。扣上防虫网、遮阳网的小拱棚，以防止蚜虫传毒和大雨袭苗。

（五）幼苗期管理

幼苗出齐后逐渐利用阴天或傍晚时将遮阳物撤掉以增加光照。撤遮阳物时，畦内要先浇水降低苗床温度后再撤，此期要保持苗床湿润，并利用浇水、通风等措施给芹菜降温，使棚内温度白天保持在16~20℃，中午最高不超过25℃，夜间保持在10~15℃，最低不低于7℃。

幼苗1~2片真叶期进行疏苗2~3次，使单株营养面积达到8cm²左右。3~5叶期后冲施苗特力、绿邦168或NEB肥一次。苗龄50天后喷施噻菌酮、清细灵（荧光假单孢杆菌）、苯醚甲环唑和虫啉等各一次，防治病虫。苗龄 60 天后、植株 6 叶期，取苗定植。

（六）定植

一是幼苗 4cm 左右将主根剪断，以免根系太长影响侧根和须根发育，延迟缓苗。二是将苗子分级，按大小分别定植，以保证生长整齐。三是定植深度保证埋颈不埋心，一般为 1 ~ 1.5cm，浇水时不让泥土埋住根茎为宜。四是定植以行距 20cm，株距 15cm 为宜，每穴一株。五是先栽苗后浇水，浇透后将苗扶正直立即可。

（七）定植后管理

定植后到第 1 片新叶长出需 10 ~ 15 天，此期需勤浇水、浇小水，保持土壤湿润。并通过遮阳、放风、浇水等措施，使棚内 5cm 地温维持 14 ~ 20℃，白天棚内气温高于 23℃即放风降温，降至 16℃时关风，夜间棚内气温不低于 7℃为宜。

（八）苗期管理

缓苗后应适当进行短期控水，以促使发根，控制徒长。5 ~ 6 片叶后结合浇水每亩追施尿素 10kg，并进行浇水中耕除草。及时防治软腐病、斑枯病和蚜虫等病虫害。

第二节　水果栽培高产技术

一、大棚草莓优质高产栽培技术

草莓属蔷薇科草莓属，多年生草本植物，我国南北方均可种植。草莓果实艳丽，柔软多汁，酸甜适口，芳香独特，富含多种维生素和微量元素，其中钙、磷、铁含量最高。除鲜食外，还可加工果汁、罐头、果酱、果酒等食品，也可以速冻储藏随时上市。

（一）培育母本苗

母本圃要选择土质疏松、肥沃、排灌方便的砂壤土地块，栽前施足底肥，每 100m² 施充分腐熟的农家肥 600kg 左右。然后深翻 20cm，平整作畦，畦宽 1m。从生产园选品种纯、长势好、无病虫害的优良母株，按株距 0.5 ~ 1m 距离定植，并及时施肥、浇水和松土，以促进母株健壮生长，多出匍匐茎。为扩大育苗率，春季要及时摘除母株上的花序，减少营养消耗，使其多出匍匐茎，并在 4 月下旬喷施 2 次万分之一的赤霉素，间隔 10 天一次，以培育出更多的优质秧苗。

（二）扩繁秧苗

露地栽培可于 7 月下旬至 8 月上旬移栽，保护地可延迟到 8 月中旬。移栽时选 3 ~ 5 片叶、根系良好、无病虫的小苗，按行株距 15cm×12cm 栽植。栽后立即浇定植水，1 ~ 2

天后再浇一次缓苗水，成活后视干旱情况经常浇水，秧苗生出的匍匐茎要及时摘除。进入花芽分化期要减少灌水，以利蹲苗，促进花芽分化。

（三）整地施肥

定植前施足底肥，每 100m² 施有机肥 750kg 和少量三元复合肥，均匀撒施后翻耕耙平，做成高 10cm、宽 0.8m 的高畦或宽 1m 的平畦。

（四）适时定植

栽植时间：露地在 8 月中下旬至 9 月下旬，温室大棚在 10 月中旬至 11 月上旬。畦面宽 0.8m 的栽 2 行，行株距 0.3m×0.15m；畦面宽 1m 的栽 3 ~ 4 行，行株距（0.25 ~ 0.3）m×（0.2 ~ 0.25）m，每平方米 16 株左右。栽植时先开沟浇水，渗完水后栽苗，栽苗时宁浅勿深，苗心不能埋入土中。栽后平整畦面并灌透水，大面积栽植时要边栽边浇水。

（五）田间管理

定植后要保持土壤潮湿，以促进缓苗生长，经常摘除贴地面老叶，松土宜浅以免损伤苗根。当秋季日照达 10 小时左右，气温平均 15 ~ 17℃时，草莓进入花芽分化期，此时要控制水分，土壤含水量在 60% 左右为宜。

温室栽培时，要注意放风调节温度，12 月中旬左右棚内温度控制在 15℃左右，宁低勿高，以不超过 17℃为好。元旦前后可覆盖地膜。1 月室内温度保持 0 ~ 5℃。2 月之后白天温度保持 25 ~ 27℃，最高不超过 30℃，夜间不低于 5℃，以 8 ~ 12℃为宜。进入 3 月要注意放风，现蕾后每 5 ~ 7 天灌水一次，果实膨大至采收期，每 3 ~ 5 天浇水一次，灌水后注意放风调节湿度。同时结合防病喷施 0.3% 的尿素和铁、硼、钙等微量元素。

（六）病虫害防治

草莓常见病虫害为白粉病、灰霉病和蚜虫。发病初期用 12.5% 四氟醚唑 21 ~ 27mL/ 亩或 40% 氟硅唑乳油 7.5 ~ 9.4mL/ 亩防治白粉病，用 38% 唑醚啶酰菌 50 ~ 60g/ 亩或 2 亿个 /g 木霉菌 60 ~ 100g/ 亩防治灰霉病，用 5% 啶虫脒 20 ~ 30g/ 亩或 2.5% 鱼藤酮 2.5 ~ 3g/ 亩或 10% 氟啶虫酰胺 30 ~ 50g/ 亩防治蚜虫。

二、温室薄皮甜瓜高产高甜栽培技术

甜瓜的色、香、味俱佳，果肉清香可口，含糖量高，营养十分丰富，维生素 C 含量高于西瓜，还含有胡萝卜素、维生素 B、铁、钙等，对肾炎、胃病、贫血等疾病有辅助疗效，利用温室种植反季节甜瓜效益极高。如何利用先进技术实现甜瓜口味纯正，甜脆可口，香气四溢和高产高效，则需要进行认真研究。

（一）甜瓜对环境条件的要求

1. 温度

整个发育期 25 ～ 35℃，其中发芽期厚皮甜瓜为 25 ～ 35℃，薄皮甜瓜为 25 ～ 30℃，15℃以下不发芽。幼苗生长温度 20 ～ 25℃，果实发育温度要求 30 ～ 35℃，13℃以下生长停滞，且要求昼夜温差达到 12 ～ 15℃方能保证正常发育。

2. 光照

生长期每天要求 10 ～ 12 小时的光照时间。光补偿点 2500lx，饱和点 40000lx。光照弱影响产量和品质。日照时数不足，生长瘦弱，光合产物减少，坐果困难，果实生长缓慢，含糖及风味降低。

3. 水分

不同发育期水分要求不同。发芽期对土壤水分要求较高，开花坐果期 60% ～ 70% 比较适中，果实膨大期以 80% ～ 85% 为宜，到果实成熟期则以 55% 为好。适宜的空气湿度为 50% ～ 60%，土壤湿度适宜时，空气湿度为 30% ～ 40% 甚至更低一些也可。空气湿度长期在 80% 以上影响光和代谢活动，诱发病害发生。

4. 土壤及其养分

甜瓜的根系比较发达，吸收能力较强，具有一定的抗旱和耐盐碱能力，尤其是厚皮甜瓜。所以对土壤的要求不严格，但以土层深厚、有机质丰富肥沃、通气良好的壤土和砂壤土为好。每生产 1t 甜瓜需纯 N3kg，P1.5kg，K5.6kg。保护地设施栽培只要定植时地温稳定在 13℃，能满足上述这些条件，一年四季均可种植。

（二）确定适宜的播种期和定植期

在我国北方地区利用日光温室栽培，保温性能好的大棚播种期可选择在 12 月下旬到 1 月中下旬，2 月定植，3 月下旬开始采收。保温性能差的大棚或者双膜覆盖的冷棚，可于 2 月中下旬到 3 月上旬育苗，3 月下旬至 4 月上旬定植，5 月上中旬开始采收。也可根据实际情况采用日光温室育苗在冷棚定植的方式。无论采用哪种栽培模式，都应把握住两点：一是在定植前 1 个月播种育苗，二是采收盛期处于市场空白期或者相对高价期。具体可根据自己的栽培设施情况安排确定。深冬生产甜瓜棚内气温保持在 12℃以上，短期内最低气温不低于 10℃即可播种，不低于 8℃即可定植。

（三）品种选择

薄皮甜瓜也叫香瓜，优良品种很多，熟性差异也较大，生产上应根据实际情况有针对性地进行选择。一般早熟品种从开花到采收只需 20 ～ 30 天，全生育期 80 ～ 90 天。中晚熟品种从开花到采收则需 50 ～ 60 天，全生育期 100 ～ 120 天。总的来说，以选择早熟、含糖量高的品种为宜。如哈尔滨香农种业的"丰田 2 号""甜到稍"，绿亨公司的白皮"雪宝""银宝""玉妃"，绿色的"甜玉翡翠"，北京沃瑞亨公司的"绿甜甜""棚甜""顺甜香脆""南美香瓜"等，各方面性状都很突出。

（四）常规育苗

为避开甜瓜膨大期遇上雨季，促进早熟高产，提高含糖量，采用营养钵或穴盘一次育成成龄壮苗，直接移栽于定植穴内的办法，既可解决提早上市，又可解决甜瓜伤根再生能力差、缓苗速度慢的问题。苗龄通常子叶苗为15天，中苗30天，大苗35～40天。

1. 种子处理与催芽

（1）凉水浸种

将晾晒好的种子在12～15℃的凉水中浸泡1小时，使种子慢慢吸水。由于甜瓜种子小，种皮薄，为防止种子炸壳影响发芽，一般不提倡直接用55℃温水浸种。

（2）药剂浸种

用50%多菌灵可湿性粉剂800倍液或80%恶霉·福美双800倍液浸种20分钟可防治根腐病、猝倒病、立枯病、枯萎病、炭疽病等多种病害。

（3）催芽

将处理好的种子用清水洗净后，放在30℃的温水中浸泡4小时，捞出后用湿布或毛巾包好放在28～30℃的温度条件下催芽，18～24小时可全部出芽（露白即可）。当幼芽长到2～3cm时，放在10～15℃的条件下炼芽，以提高幼芽的适应性。

2. 营养土配制

将充分腐熟的农家肥与土按1∶2比例配制，每50kg营养土加入50%多菌灵10g，丁硫·毒颗粒剂（线净）15g，生根菌剂100g，育苗母剂20g，磷酸二铵细末70g，硝酸钾细末15g，正宝硅钙肥细末50g，搅拌均匀过筛后装钵。也可直接采用基质穴盘育苗。

3. 育苗棚消毒

育苗前7～10天用80%DDV 0.25kg+硫黄2kg+适量锯末混匀分堆点燃熏棚一昼夜，或用百菌清烟剂+异丙威烟剂按说明剂量使用。

4. 播种

营养土装钵后无需压实，9×9营养钵每平方米摆放260个，然后浇足水，待水下渗后，摆好种子，用绿亨1号3000倍液加移栽灵消毒的土覆盖1cm厚即可。然后覆盖地膜保温、保湿。苗床温度白天控制在25～30℃，夜间控制在15～20℃，有利于雌花分化发育。待80%以上拱土、出土时揭掉薄膜。

5. 苗期管理

一是温度管理。幼苗60%出土后，及时揭去地膜，防治烤苗并适当降温，白天控制在24～26℃，夜间前半夜控制在18℃，早晨日出前控制在12℃最佳，高于14℃徒长，花芽分化失调，结瓜少，低于6℃停止生长，形成小老苗。二是适时浇水，绝对不能干旱。三是浇施生根壮苗剂。四是喷洒叶面肥和增瓜剂。五是浇施绿亨4号600倍液（一瓶兑水30L浇10～12平方米），防治猝倒病、立枯病。六是育大苗时进行床内摘心，早熟品种于3片真叶时摘心，以促进子蔓早发，早出现雌花，早结瓜。

6. 嫁接育苗

利用日本白籽南瓜与甜瓜嫁接。一是可以有效预防枯萎病等土传病害的发生；二是提高甜瓜的耐寒能力（甜瓜根系生长的最低温度是 12℃，而南瓜为 8℃）；三是可依据南瓜根系入土深、分布广的特点，提高甜瓜的吸水吸肥能力，增强甜瓜的耐旱、耐瘠薄性，增加甜瓜的产量和效益。

（1）催芽

南瓜催芽前要先晒种 1 ~ 2 天（不要放在水泥地上），之后放入 80℃ 水中浸泡 20 分钟，并不断搅拌。捞出后再放入 30℃ 水中浸泡 6 ~ 8 小时，搓掉黏液，取出攥干用纱布包好，放在 32℃ 环境下催芽，30 小时即可出芽。期间用清水清洗一次。甜瓜催芽同前。

（2）播种

嫁接方法分为插接和靠接两种。采用插接法：砧木需先于接穗一周播种。播种时要选择晴天上午，前一天先把苗床浇透水，再划成 4×4 的田字格，每格播 1 ~ 2 粒甜瓜种子，之后覆 1cm 厚的营养土。南瓜种子要播在前一天浇透水的营养钵内，覆盖 1cm 厚的营养土。播种完用薄膜盖好畦面，营养钵放在小拱棚内，晚上覆盖塑料薄膜保温。

采用靠接法：甜瓜要早于砧木 13 天左右播种。砧木可以播在畦内，嫁接时拔出即可。嫁接后把嫁接苗栽于营养钵内。

（3）播种后的幼苗管理

播种后地温要保持在 15℃ 以上（最低不低于 13℃），白天气温保持 30℃，晚上保持 15 ~ 20℃，一般 3 ~ 4 天可出齐苗。甜瓜出苗后 5 天，可适当提高夜温，以促进下胚轴的伸长，使其达到 5 ~ 5.5cm 为宜。而南瓜苗两片子叶展平，带一小心叶时即开始嫁接。此时应适当降低夜温，促进瓜茎增粗。

（4）适时嫁接

当甜瓜苗下胚轴长到 5 ~ 5.5cm，南瓜苗两片子叶展平，有一小心叶出现时，即开始嫁接。嫁接前要准备好工作台、刀片、牙签、消毒液、嫁接夹、营养钵、运苗框、喷雾器、营养土等。嫁接前一天要视苗床干湿情况适当浇水以方便起苗，同时要选择晴天进行。为提高嫁接质量，保证成活率，嫁接前要选择砧木和接穗粗细一致或相近的幼苗进行组合。嫁接方法分为插接法和靠接法两种。

①插接法

插接法的优点是不用重新配制营养土，操作方法简单，成活后没有假接现象，缺点是对嫁接技术要求熟练、严格，否则成活率相对低一些。嫁接时将带有营养钵的砧木苗直接放到操作台上，用刀片从子叶以上 0.5cm 处横切，去掉生长点（即真叶部分），再用消过毒的牙签由切口处顺胚轴向下扎 1cm 深，将甜瓜苗真叶以下去掉，削成 0.8 ~ 0.9cm 长的锥状楔，将甜瓜苗真叶与南瓜苗子叶呈垂直方向插入砧木下胚轴内，用嫁接夹固定好即可。也可以不用牙签，直接用刀片将南瓜苗下胚轴纵切 1cm 深，再把甜瓜苗下胚轴削成 0.8 ~ 0.9cm 的楔形，插入南瓜苗切口内，并使砧木与接穗的一侧对齐，然后用嫁接夹固定牢即可。

②靠接法

靠接法的优点是成活率较高，缺点是嫁接过程相对复杂，成活后有时出现假接现象。嫁接时将甜瓜苗和南瓜苗同时起出来放在操作台上，用刀片去掉南瓜苗真叶，再在距生长点 0.5cm 处的胚轴上由上向下呈 35 度角斜削一刀，刀口长 1cm，深度为胚轴直径的一半。再取稍高于南瓜苗的甜瓜苗，在距生长点 2cm 的胚轴上，用刀片由下向上呈 30 度角斜削一刀，刀口长 0.8 ~ 0.9cm，深度为胚轴直径的 2/3。然后把甜瓜苗切口舌形楔插入南瓜苗切口中，使二者刀口相互衔接吻合，用嫁接夹从甜瓜方向夹好固定，将两根分开 1cm，栽入同一营养钵中，浇足水。

（5）嫁接后的管理

嫁接后，将营养钵放在畦内摆放整齐，并搭建一个小拱棚，盖上塑料膜和遮阳网。前 3 天白天保持在 26 ~ 28℃，夜间保持在 15 ~ 18℃，地温保持在 15℃ 以上，适当放小风。靠接的 12 ~ 13 天断根，之后白天保持 20 ~ 30℃，夜间保持 13 ~ 15℃。每天用喷雾器喷头朝上喷水 2 ~ 3 次，第 1 ~ 3 天使棚内湿度保持 95% 以上，第 4 ~ 6 天使棚内湿度保持 90% 以上。喷水时可加入 800 倍液金雷和 1000 倍液葡萄糖，以补充营养和防病。

在光照方面，第 1 ~ 3 天早晚散射光，中午遮阳，第 4 ~ 6 天早晚正常光照，中午散射光，以后逐渐增加光照，第 6 ~ 7 天后可完全见光。南瓜生长点若生出赘芽应用刀片及时去掉。

（五）定植

定植前结合深翻（30 ~ 40cm），亩施农家肥 2000 ~ 4000kg，三元复合肥 60 ~ 100kg，定植沟内每亩撒施丁硫·毒死蜱 2 ~ 3kg，生物菌肥 1 ~ 2kg，与土壤混匀耙压后整平，按大行距 80cm，小行距 60cm，垄高 20cm 标准起垄覆膜，待地温达到 12℃ 以上时即可定植。

定植时在做好的垄背上按每亩 2500 ~ 3000 株的密度打孔—放苗—浇水—封垵，使垵面与垄面持平。

（六）田间管理

1. 温度管理

从定植到缓苗期间，管理重点是以增温保温为主，使早晨 6 点的温度不低于 8 ~ 10℃ 为基准，白天气温在 30 ~ 35℃，夜间不低于 15℃。当夜间温度不能满足秧苗正常成活和秧苗最低生育指标 8 ~ 10℃ 时，可在土壤、空气具备较高湿度的情况下，采取短期内白天 40 ~ 45℃ 的高温管理。

缓苗后到定植前，要防止夜间温度过高，导致秧苗徒长，白天气温降到 25 ~ 30℃，夜间不低于 12℃ 即可，以促使壮苗，早出子蔓，早坐瓜。对生长过快、不发子蔓的棚室，要加大昼夜温差管理，夜间短期内最低温度可调控到 10℃ 左右。待子蔓发出，见到瓜胎时，再转入正常管理。对因棚内温度低，秧苗长势弱的，要在保证早晨 6 点不低于 8 ~ 10℃的同时，白天夜间都要采取比正常温度高 1 ~ 3℃的办法管理，待植株恢复正常生长后，再转入正常管理。

坐瓜期间，白天 25 ~ 35℃，夜间 13℃以上，有利于甜瓜的糖分积累和早熟。不要为了膨瓜快、早成熟而采取过高温度管理，温度过高会导致根系老化，地上部早衰，影响第二、三茬瓜的正常生长，甚至导致生理障碍情况发生。

2. 光照管理

棚膜尽量选用透光率强的 EVA 高保温无滴长寿膜或聚氯乙烯无滴膜，在保证棚温的前提下，尽可能做到早揭苫晚盖苫，以延长光照时间。

3. 水肥管理

定植后 7 天左右，要足量浇一次透水，以利于扎根发苗。甜瓜开花前，结合浇小水每亩冲施 10 ~ 15kg 溶化好的三元复合肥。大多数瓜长到核桃至鸡蛋大小时再冲 25 ~ 35kg 三元复合肥，以促进膨瓜，迎茬和重茬地块，此时浇一次生物菌肥，以解决土壤盐渍化问题。膨瓜到成熟，可根据长势、墒情参照第一次膨瓜时的用量进行水肥管理。

4. 枝蔓管理

枝蔓管理分为主蔓单杆吊蔓一次掐顶和主蔓单杆吊蔓两次掐顶两种形式。一次掐顶适用于子蔓发育好，植株不徒长，生长正常的棚室，特点是第一茬瓜膨瓜速度略慢，但二、三茬瓜坐瓜较早，植株不易发生老化现象。方法是让主蔓一直缠绕到吊绳顶部，再一次性掐顶。

两次掐顶适用于子蔓发育不良、植株徒长的非正常生长棚室。方法是在主蔓长到 13 片叶左右时，最晚在子蔓刚刚见到瓜胎时就进行第一次掐顶，用顶部第一或第二叶腋生出的子蔓作为龙头替代主蔓继续在吊绳上缠绕，其他子蔓留一片叶掐尖，当龙头长到吊绳顶部时再进行第二次掐顶。这种方法的特点是有利于控制植株徒长，促使子蔓早发、早结果，但由于养分主要供应瓜胎发育，影响了上部子蔓萌发，会导致地下部根系老化，植株早衰，直接影响第二、第三茬瓜的生产。

留瓜时，把第四片叶以下的侧蔓全部去掉，从第五到第十片叶腋间长出的侧蔓上开始，每个侧蔓上留一个瓜，幼瓜以上留一片叶，其余叶片连同子蔓生长点一起去掉。

处理瓜胎时，第一茬瓜可用 0.1% 的吡效隆 +2.5% 适乐时和色素于第一瓜胎开花前一天用小喷雾器从瓜胎顶部连花一起定向喷雾，连续处理多个瓜胎，并做到均匀一致，防止重复处理，弹掉多余药液，以防裂瓜。当瓜胎长到核桃至鸡蛋大小，在膨瓜水肥施用后，植株不徒长现象，坐瓜稳定时进行 1 ~ 2 次疏瓜，去掉畸形瓜、裂瓜和过大过小的瓜，保留瓜型周正，大小一致的瓜，第一茬瓜留 3 ~ 4 个，第二、三茬留 2 ~ 3 个。

（七）病虫害防治

甜瓜病虫害主要有枯萎病、蔓枯病、灰霉病、霜霉病、白粉病、炭疽病、叶斑病、果腐病、病毒病、蚜虫和白粉虱等。具体可采用以下大处方处理。如表 5–1。

表 5-1　温室甜瓜一生病虫害防治大处方（老棚）

步骤	用药品种及方法	持效期	防治对象
第一步	1.80% 绿亨 9 号 800 倍液 + 稼稼乐生根菌剂 500 倍液灌根 150mL/ 株 2.5% 线净 3kg/ 亩均匀撒于定植沟内	15 ~ 20 天	枯萎病、根腐病、地老虎、蛴螬
第二步	1.30% 炭锁 45g/ 亩 +4% 嘧肽霉素 250 倍液喷雾 2.20% 啶虫脒 8g/ 亩喷雾	7 ~ 10 天	蔓枯病、炭疽病、病毒病、蚜虫
第三步	70% 飓风 45g/ 亩 +25% 乙嘧酚磺酸脂 2000 ~ 3000 倍液叶面喷雾一次	6 ~ 7 天	疫病、霜霉病、白粉病
第四步	70% 甲基硫菌灵 800 倍液 + 病毒巧绿 40mL 兑水 15L+ 奇茵 10g 叶面喷雾一次	6 ~ 7 天	叶枯病、病毒病
第五步	25% 施保克 1000 倍液 +20% 噻菌铜 500 倍液喷雾	6 ~ 7 天	炭疽病、软腐病、角斑病
第六步	70% 飓风 45g/ 亩 +12.5% 白克利 25mL/ 亩	7 ~ 10 天	霜霉病、白粉病
第七步	75% 达克宁 800 倍液叶面喷雾	7 ~ 10 天直到采收结束	真菌
说明	①此处方可根据病虫害发生具体时间适当调整喷洒顺序和加配调节剂、烟雾剂 ②用药时间从定植缓苗后开始计算 ③此处方可保甜瓜一生长期青枝绿叶		

三、地膜西瓜高产高甜栽培技术

西瓜为喜温作物，整个生育期间都应在高温季节进行，尤其是果实发育期更需要高温和充足的日照条件。特别要注意的是，幼苗出土和移栽时必须已过当地晚霜期，地温要稳定在 13℃，以免幼苗遭受霜害和冷害，即 5 月上旬育苗，5 月下旬定植，8 月上旬始收。

农业技术推广对农业经济增长的影响

（一）育苗

1. 苗床准备

西瓜根系脆弱，为防止伤根，最好在温室大棚或小拱棚内进行营养钵冷床育苗。种植一亩西瓜需苗床 7m²，播种量 100~200g。

2. 营养土配制

选择肥沃大田土加 70% 腐熟农家肥，再按每立方米营养土加 2kg 磷酸二铵粉末，0.5kg 尿素粉末，每 50kg 土加入 0.5kg 线净（丁硫·毒死蜱）的比例混匀过筛，制成土质肥沃、疏松、保水、通气、湿不散、干不硬状态的营养土。于播种前 15 天左右，装入 8×8 的营养钵内，边装边摆在床面上。

（二）播种

1. 浸种催芽

播前 3~4 天用 50℃ 温水浸种搅拌 10 分钟后，转入室温下继续浸种 8~10 分钟，搓去种皮上的黏液。用清水淘洗干净，控净水后用白纱布包好放在瓦盆里置于 25~30℃ 条件下催芽，经常翻动调温。经 1~2 天 70% 种子萌芽（培根长不超过 3mm），选晴天上午播种。

2. 播种方法

先将营养钵浇透水，渗水后立即扎小孔，芽朝下播下一粒种子，覆盖 2cm 厚的营养土，封床覆盖保温。

（三）苗床管理

出苗前白天揭草苫增温，保持 28~30℃，夜间盖草苫保温不低于 15℃，播后 4~5 天幼苗出土达 80% 以上时，放小风。真叶未出前容易徒长，须降温到 20~25℃，夜间为 15~20℃。待真叶长出后再提温 5~7℃。定植前 5~7 天揭去覆盖物，使秧苗处于自然状态下炼苗，并喷施 3000 倍液绿亨 1 号（恶霉灵）或 400 倍液绿亨 4 号（甲霜·恶霉灵），防治猝倒病、立枯病。发现蚜虫、白粉虱及时用 2.5% 鱼藤酮 100~150mL/亩防治。遇旱则于晴天上午及时补水。

（四）整地施肥及定植

1. 整地施肥

选择土层深厚、肥沃疏松、pH 在 5~7 的沙土或砂壤土。切忌连作，间隔期不低于 10 年。

深翻 30cm，亩施腐熟优质农家肥 2000kg，整平耙细。定植前 15 天按行距 1.5~1.8m 开沟，沟深 30cm，宽 40cm。沟内亩施混拌均匀的优质有机肥或家禽肥 200kg，饼肥 100kg，生物菌肥 2kg，磷酸二铵 30kg，线净 5kg 或噻唑磷 1kg。随即灌水，待地面稍干即可起垄，垄宽 60~70cm，高 10cm，然后将畦面整细搂平，喷洒 48% 地乐胺

150mL/亩，接着覆盖地膜并压牢。

2. 定植

在垄面上按株距 40 ~ 50cm，挖深 10 ~ 12cm 的栽植穴，将营养钵撕下苗坨放入定植穴，使坨面与地面相平并填土、浇水、封埯。

（五）田间管理

1. 浇水、施肥

苗期不旱不浇水，伸蔓前少浇水，伸蔓后期控制浇水促进坐瓜。瓜膨大期连浇 4 ~ 5 次大水，收瓜前一周停止浇水，以提高甜度和品质。

西瓜对 N、P、K 的吸收比例为 2：1：1.5。第一次提苗肥，定植 20 天左右结合浇水冲施三元复合肥 5kg+ 地康食安 10kg/亩。第二次和第三次追肥分别在伸蔓期和催瓜期进行，每次冲施地康食安 10kg/亩。也可浇施腐熟的大粪汤以替代追肥，但要防止烧苗。

2. 压蔓、整枝

瓜蔓伸出后要随时领蔓、压蔓，使之分布均匀，充分利用光照。方法是在瓜苗长出 4 ~ 5 片真叶时，在瓜蔓延伸的根际处压土，迫使瓜蔓按指定方向延伸。定型后顺瓜蔓开 5 ~ 6cm 深沟，将瓜蔓顺沟拉直，埋土并轻轻拍实，瓜蔓长到 30 ~ 35cm 开始埋第一道，以后每隔 5 ~ 6 节压一道，共压 3 ~ 4 道。当瓜膨大后，叶蔓盖满地时停止压蔓。压蔓时防止把坐瓜节前后 2 ~ 3 节压入土中。一般亩产 2000 ~ 5000kg。

根据西瓜品种特性、土壤肥力、种植密度和气候条件，确定适合的整枝方式。

①单蔓式：伸蔓后只留一个主蔓，侧蔓一律及早摘除，在主蔓上留第 1 或第 2 个雌花结瓜。

②双蔓式：每株留出主蔓后，在主蔓 4 ~ 5 节处再选 1 条侧蔓与主蔓并爬，其余侧蔓及所留侧蔓上的孙蔓全部及时摘除。主侧蔓上均可留瓜。

③三蔓式：除主蔓外，在主蔓两侧各留一条侧蔓，三蔓并爬，3 条主侧蔓均可留瓜。整个生育期间需整枝打杈 4 ~ 5 次，待坐瓜后叶蔓生长缓慢后停止。当瓜长到鸡蛋大小时，可在瓜前留 3 ~ 4 叶摘心，并重压一道。

3. 人工辅助授粉

西瓜为单性花，雌雄同株，靠昆虫传粉。开花前遇地温、降雨、喷药等会影响授粉，采用人工授粉产量可提高 30% ~ 40%。方法是：当第 2 ~ 3 雌花开放时，于晴天上午 6：00 ~ 9：00 时，摘取正在开放的雄花 3 朵，将花瓣后翻露出花药，3 朵雄花对准同一雌花柱头轻轻涂抹即可。授粉后 3 ~ 4 小时遇雨需重复进行，以提高坐瓜率。

4. 病虫害防治

常见的西瓜病虫害有地下害虫、蚜虫、炭疽病、枯萎病和蔓割病。

①地下害虫用 5% 毒·辛、3% 辛硫磷颗粒剂 3kg/亩，5% 噻唑磷 1kg/亩，随底肥

基施于土壤。

②蚜虫于点片发生的"窝子腻"阶段及时用生物农药 2.5% 鱼藤酮 100 ～ 150mL/ 亩，0.5% 苦参碱 60 ～ 80g/ 亩喷雾 1 ～ 2 次。

③炭疽病用 32.5% 攻阻（苯甲·醚菌酯）3000 倍液，30% 炭锁（溴菌·咪鲜胺）1000 倍液进行叶面喷施 2 ～ 3 次。

④枯萎病、蔓割病用 0.5% 几丁聚糖 600 倍液，80% 绿亨 9 号（恶霉·福美双）800 倍液，3% 绿亨 4 号（甲霜·恶霉灵）400 倍液，枯萎同灭等，于团棵时开始连续灌根 2 次，间隔 7 天。

⑤白粉病用 0.5% 几丁聚糖 600 倍液，12.5% 白克利（四氟醚唑）750 倍液，8% 氟硅唑 +1500 倍液，1.5% 苦参蛇床素 750 倍液喷雾 3 ～ 4 次。

（六）适时采收

西瓜采收过早过晚都影响产量和品质。适时采收的关键是正确鉴别成熟度。其方法：一是计算开花后的天数，授粉时插标棒作记号，根据所栽品种果实发育天数计算成熟度，分期采收。二是凭经验弹瓜听声，成熟瓜用手摸有光滑感，拍时发出"嘭、嘭"浊音。三是成熟瓜较轻。采收时用剪刀将瓜柄留在瓜上，远距离运输时八成熟采收即可。

第六章 秸秆饲料化、基料化利用技术

第一节 秸秆青贮、微贮技术

一、秸秆青贮技术

（一）青贮机理

秸秆青贮是将新鲜的秸秆（主要是玉米秸秆）切断或铡碎后，紧实堆积于不透气的青贮池或青贮塔内，在适宜的厌氧条件下，利用厌氧微生物的发酵作用，使原料中所含的糖分转化为以乳酸为主的有机酸，使青贮饲料的 pH 值维持在 3.8～4.2，从而抑制青贮饲料内包括乳酸菌在内的所有微生物活动，达到保存饲料和提高秸秆营养价值、适口性的一种方法。该技术适宜于我国一年两熟（小麦—玉米）地区，夏播玉米一般在 9 月中旬前后成熟。此时气温已较低，玉米秸秆趁着收割后青贮最好。适宜在人多地少，饲草、饲料较缺的地区发展畜牧业。

（二）青贮饲料的特点

秸秆青贮饲料不仅气味芳香，而且适口性好，主要有以下几个方面的特点：

1. 青贮秸秆养分损失少，可以最大限度保持青饲料的营养物质

玉米秸秆经青贮后，蛋白质、纤维素保存较多，营养价值得到提高。一般青饲料在

成熟和晒干之后，营养价值降低 30% ~ 50%，但在青贮过程中，由于密封厌氧，物质的氧化分解作用微弱，养分损失仅为 3% ~ 10%，从而使绝大部分养分被保存下来，特别是在保存蛋白质和维生素（胡萝卜素）方面要远远优于其他保存方法。

2. 适口性好，消化率高

青饲料鲜嫩多汁，充分保留了秸秆在青绿时的营养成分，青贮使水分得以保存。青贮饲料含水量可达 70%。同时，在青贮过程中由于微生物的发酵作用，产生大量乳酸和芳香物质，气味酸香，更增强了其适口性和消化率。此外，青贮饲料对提高家畜日粮内其他饲料的消化性也有良好的作用。

3. 可调节青饲料供应的不平衡

由于青饲料生长期短，老化快，受季节影响较大，很难做到一年四季均衡供应。而青贮饲料一旦做成可以长期保存，保存年限可达 2 ~ 3 年或更长，因而可以弥补青饲料利用的时差之缺，做到营养物质的全年均衡供应。

4. 青贮可净化饲料，保护环境

青贮能杀死青饲料中的病菌、虫卵，破坏杂草种子的再生能力，从而减少对畜、禽和农作物的危害。另外，秸秆青贮已使长期以来焚烧秸秆的现象大为改观，使这一资源变废为宝，减少了对环境的污染。基于这些特性，玉米秸秆青贮饲料作为奶牛、肉牛和肉羊的基本饲料，已越来越受到各地的重视。

（三）秸秆青贮方式

秸秆青贮一般有青贮窖（池）、青贮袋和地面堆贮三种形式。目前养殖量大的用户一般采用青贮窖（池），青贮袋适用于养殖规模比较小的养殖户。

1. 青贮窖（池）

（1）窖（池）址

青贮窖（池）址应选在地势高、干燥、土质坚硬、排水良好、避风向阳、距畜舍较近、四周有一定空地的地段。切忌在低洼处或树荫下建窖（池），并避开交通要道、路口、粪场、垃圾堆等。

（2）窖（池）形式

青贮窖（池）有长方体和圆柱体两种，可以是地下式、半地下式或地上式。青贮窖（池）底部应高于地下水位 1m 以上。依据地下水位状况确定窖（池）的形式。地下水位低，采用地下式；地下水位高，可采用半地下式或地上式。

（3）窖（池）形与大小

根据地形，畜群种类、数量和原料情况确定窖（池）形与大小。大型养殖场以地上式、长方体为主，单池规模 1000m3 左右；其他养殖场（户）以半地下式、地下式一端开口斜坡式长方体为主，单窖规模为 30 ~ 500m3，具体大小根据养殖数量确定。若建圆柱体青贮池，径深比一般为 1：1.5 左右，上大下小；若建长方体青贮池，长、宽、高比一般为 4：3：2。要求池壁砌砖，水泥造底。池底应该有一定坡度，不透气，不漏水。

（4）容量

计算公式：长方体池的容量（t）=长×宽×深×青贮玉米秸秆（0.5~0.6）t/m³；斜坡式长方体窖的容量（t）=（窖口长+窖底长）×深/2×宽×（0.5~0.6）t/m³。

（5）建筑结构

地上式采取钢筋混凝土结构，地下式、半地下式可用砖混结构。各种结构在窖底需建渗水池，便于排出多余的青贮渗出液及雨水。

（6）质量要求

窖（池）壁应光滑、不透气、不透水，小型窖（池）四角呈弧形，窖底呈锅底状。

2. 青贮壕

青贮壕是指大型的壕沟式青贮设施，适用于大型饲养场使用。此类建筑最好选择在地方宽敞、地势高燥或有斜坡的地方，开口在低处，以便夏季排出雨水。青贮壕一般宽4.6m，深5~7m，地上至少2~3m，长20~40m，必须用砖、石、水泥建筑永久窖。青贮壕是三面砌墙，地势低的一端敞开，以便车辆运取饲料。

3. 袋装青贮

袋装青贮应选用青贮专用的塑料拉伸膜袋，要求具有抗拉伸、避光、阻气功能。一般选取袋长200cm、宽1500cm左右的圆筒状开口袋子，厚度10~15丝，将玉米秸秆切碎压实后装入青贮塑料袋内的简易青贮方法。该方法主要针对一般养殖农户，因养殖规模小、场地限制、劳动力缺乏、铡草机械较小而设计的一种临时贮存青贮料的方法。袋贮场地应选择较为平坦的场地。

4. 地面堆贮

地面堆贮利用干燥、平坦的地方，堆放揉搓或切碎后的玉米秸秆，压紧、覆盖棚膜，四周密封，适宜于多余玉米秸秆的临时青贮，利用期为秋冬及春初。

（四）青贮工艺技术

1. 技术流程

秸秆青贮工艺流程主要包括原料准备、装填、密封、检查和启用等工艺过程。

（1）原料准备

①选择

青贮时，首先选好青贮原料。在选用青贮原料时，应选用一定含糖量的秸秆，一般不低于2%，选用含糖量超过6%的秸秆可以制成优质青贮饲料。秸秆的含水量也要适中，控制在55%~60%为宜，以保证乳酸菌的正常活动。

②切碎

对秸秆进行切碎处理，将玉米秸秆铡切至2~3cm（饲喂牛）或揉搓成丝（饲喂羊）。切短的目的在于可以装填紧实，取用方便，牲畜易采食；此外，秸秆经切断或粉碎后，易使植物细胞渗出汁液，湿润饲料表面，有利于乳酸菌的生长繁殖。切碎后的秸秆入窖

（池），经压实、密封后贮存。

③调整湿度

将秸秆含水量调整到 65% ~ 75% 之间，用手握紧切碎的玉米秸秆，以指缝有液体渗出而不滴下为宜。若玉米秸秆含水量不足时，可在切碎的玉米秸秆中喷洒适量的水，或与水分较多的青贮原料混贮。若秸秆 3/4 的叶片干枯，青贮时每千克秸秆需加水 5 ~ 10kg；若原料含水量过大，可适当晾晒或加入一些粉碎的干料，如熟皮、草粉等。

④添加剂使用

为了提高青贮玉米秸秆的营养或改善适口性，可在原料中掺入一定比例的添加剂。青贮添加剂主要有以下几类：

微生物制剂：最常见的微生物制剂是乳酸菌接种剂，秸秆中含有的乳酸菌数量极为有限，添加乳酸菌能加快作物的乳酸发酵，抑制和杀死其他有害微生物，达到长期酸贮的目的。乳酸菌有同质和异质之分，在青贮中常添加的是同质乳酸菌，如植物乳杆菌、干酪乳杆菌、啤酒片球菌和粪链球菌等，同质乳酸菌发酵产生容易被动物利用的 L–乳酸。我国近几年用于秸秆发酵的微生物制剂也有很多，大多是包括乳酸菌在内的复合菌剂，如新疆海星牌秸秆发酵活干菌。

酶制剂：青贮过程中使用的酶制剂主要有淀粉酶、纤维素酶、半纤维素酶等。这些酶可以将秸秆中的纤维素、半纤维素降解为单糖，能够有效解决秸秆饲料中可发酵底物不足、纤维素含量过高的问题。

抑制不良发酵添加剂：这类添加剂用得较多的有甲酸、甲醛。添加甲酸对青贮的不良发酵有抑制作用，其用量为 2 ~ 5L/t。甲醛对所有的菌都有抑制作用，其添加量一般为 3% ~ 5%。添加甲酸、甲醛或其混合物的费用较大，在我国目前还难以推广。添加丙酸、己二烯酸、丁酸及甲酸钙等能防发酵中的霉变，这类添加剂的添加量一般为 0.1% 左右。

营养添加物：玉米面、糖蜜、胡萝卜的添加可以补充可溶性碳水化合物，氨、尿素的添加可以补充粗蛋白质含量，碳酸钙及镁剂的添加可以补加矿物质，这类添加物都属于营养添加物。

无机盐：添加食盐可提高渗透压，丁酸菌对较高的渗透压非常敏感而乳酸菌却较为迟钝，添加 4% 的食盐，可使乳酸含量增加，乙酸减少，丁酸更少，从而改善青贮的质量和适口性。

（2）装填

第一，青玉米秸秆收获后，应尽快用机械粉碎后装入青贮窖（池）或用灌装机装压入青贮袋中。要做到边收边运、边运边铡、边铡边贮，要求连续作业，在尽量短的时间内完成装填，避免发热、腐烂，现在一般多用机械化铡草机铡后直接装填窖（池）中。

第二，装料前用大块塑料布将窖（池）底壁覆好，将铡碎的玉米秸秆逐层装入窖（池）内，每装 20 ~ 30cm 厚时可用人踩踏、石夯、履带式拖拉机压等方法将原料压实，特别注意将窖（池）壁四周压实，避免空气（氧气）进入而不能达到厌氧发酵的目的。

第三，装满后原料装至高出窖（池）口 30 ~ 40cm，再用塑料布盖严，覆土 30 ~ 40cm 后拍实成圆顶，使其中间高周边低，长方形窖（池）呈弧形屋脊状，以利于排水。

第四，封窖后，四周1m左右挖好小排水沟，以防雨水渗入窖（池）内。若发现窖（池）顶有裂缝，应及时加土压实，以防漏气。

第五，袋装青贮将袋子打开，压缩成圆圈状，接触地面一端用塑料盖严，然后将切短的玉米秸秆边装边踩实装入袋中。在装填过程中，要注意袋子不能装斜，避免袋子翻倒，浪费人力，同时要防止弄破塑料袋，以免透气。

第六，地面堆贮要求在地面上铺塑料棚膜，逐层装填时不要超出四周底边，最终装填压实，横截面呈圆弧形。

（3）密封

青贮窖（池）密封前，应该用塑料棚膜将玉米秸秆完全盖严。自上而下压一层厚30cm的湿土。袋贮法要在不损坏塑料袋的前提下，尽可能将袋口扎紧，使装袋密闭，并用重物压在扎口处。

（4）检查

青贮完成后要经常检查，若发现下沉或有裂缝，及时填平封严。青贮袋要经常检查袋子有无破损，同时注意防鼠，发现有破洞或袋内起雾时及时封补。

（5）启用

①启用时间

青贮窖（池）厌氧发酵30d，袋贮40d左右后，玉米秸秆即成为青贮饲料，便可启封。开窖前从一头清除盖土，以后随取随时逐段清土。青贮饲料应随取随用，取后随即继续封闭。

②启用方法

一是地面堆贮和袋装青贮饲料应首先利用，其次再启封青贮窖（池）。

二是根据养殖数量确定每次启封面的大小。取用时自上而下剥掉覆土，揭去塑料棚膜，从青贮饲料横断面垂直方向自上而下取到底，以此为起点向里依次取用，直至用完。取后及时盖好棚膜，防止料面暴露，产生二次发酵。

2. 注意事项

（1）排除空气

乳酸菌是厌氧菌，只有在没有空气的条件下才能进行生长繁殖。若不排除空气，就没有乳酸菌生存的余地，而好氧的霉菌、腐败菌会乘机滋生，导致青贮失败。因此，在青贮过程中原料要切到3cm以下，踩实、封严。

（2）温度适宜

青贮原料温度在25～35℃时，乳酸菌会大量繁殖，很快便占主导优势，致使其他一切杂菌都无法活动繁殖，若料温达50℃时，丁酸菌就会生长繁殖，使青贮饲料出现臭味，以致腐败。因此，除要尽量踩实、排除空气外，还要尽可能地缩短铡草装料过程，以减少氧化产热。

（3）水分适当

适于乳酸菌繁殖的含水量为70%左右，过干不易踩实，温度易升高；过湿则酸度大，牛不喜食。70%的含水量相当于玉米植株下边有3～5片干叶；如果全株青贮，砍后可以晾半天；青黄叶比例各半，只要设法踏实，不加水同样可获成功。

（4）原料处理

乳酸菌发酵需要一定的糖分。原料含糖多的易贮，如玉米秸、瓜秧、青草等。含糖少的难贮，如花生秧、大豆秸等。对含糖少的原料，可以和含糖多的原料混合贮，也可以添加3%～5%的玉米面或麦秸单贮，豆科牧草和蛋白质含量较高的原料应与禾本科牧草混合青贮，禾豆比以3：1为宜；糖分含量低的原料应加30%的糖蜜（制糖的副产品）；禾本科牧草单独青贮可加0.3%～0.5%的尿素；原料含水量低、质地粗硬的可按每100kg加0.3～0.5kg食盐。这些方法都能更有效地保存青料和提高饲料的营养价值。

（5）青贮时间

饲料作物青贮，应在作物子实的乳熟期到蜡熟期进行，即兼顾生物产量和动物的消化利用率。利用农作物秸秆青贮则要掌握好时机，过早会影响粮食的产量，过晚又会使作物秸秆干枯老化、消化利用率降低，特别是可溶性糖分减少，影响青贮的质量。玉米秸秆的收贮时间，一看子实成熟程度，乳熟早，枯熟迟，蜡熟正适时；二看青黄叶比例，黄叶差，青叶好，各占一半就嫌老；三看生长天数，一般中熟品种110d就基本成熟，套播玉米在9月10日左右，麦后直播玉米在9月20日左右，就应收割青贮。秸秆青贮应在作物子实成熟后立即进行，而且越早越好。

（五）青贮饲料的品质鉴定

青贮饲料的品质鉴定一般采用感官评定和化学评定两类方法。化学评定中有机酸及微生物的检测是判断青贮饲料品质好坏最关键、最直接的评判指标，但是在实际生产中大多采用感官评定，同时结合在实验室内进行的化学评定，检查青贮饲料的品质，判断青贮饲料的营养价值及是否存在安全风险。

1. 取样

为了准确评定青贮饲料的质量，对饲料的取样必须具有代表性。首先清除封盖物，并除去上层发霉的青贮物料；再自上而下从不同层分点均匀取样。采样后立即把青贮饲料填好，密封，以免空气混入导致青贮饲料腐败。样品采集后若不能立即评定，应将饲料置于塑料袋中密闭，4℃冰箱保存。

2. 感官评定

感官评定主要是通过感官评定青贮饲料的颜色、气味、口味、质地和结构等指标，来判断青贮饲料的品质好坏，此方法简便迅速，但是不能定量。

（1）色泽

青贮饲料越接近于作物原先的颜色越好。若青贮前作物秸秆为绿色，青贮后仍为绿色或黄绿色最佳。秸秆青贮发酵温度是影响青贮饲料色泽的最主要因素，温度越低，青贮饲料的颜色越接近于青贮前的颜色。

（2）气味

若青贮饲料具有酸味和水果香味，则饲料品质优良；若饲料具有刺鼻的酸味，则饲料中醋酸较多，品质较次；若饲料具有臭味且腐烂腐败，则为劣等，不宜饲喂家畜。

（3）质地

作物秸秆经过青贮后，农作物的茎叶结构应当能清晰辨认，柔软松散，茎叶花保持原状，容易分离的青贮饲料为上等；青贮饲料茎叶部分保持原状，柔软，水分稍多为中等饲料；若饲料非常黏滑，腐烂，分不清原有结构，则为劣等青贮饲料。

3. 化学分析评定

青贮饲料评定中常用化学分析测定方法分析青贮饲料的 pH 值、有机酸含量、微生物种类和数量、营养物质含量变化、青贮饲料可消化性及营养价值等。

（1）pH 值

pH 值是衡量青贮饲料品质好坏的重要指标之一。若在实验室测定 pH 值，用精密酸度计。在生产现场，可用精密 pH 试纸测定。

（2）氨态氮与总氮的比值

氨态氮与总氮的比值能反映青贮饲料中蛋白质及氨基酸分解的程度，比值越大，说明蛋白质分解越多，青贮饲料的质量越不好。

（3）有机酸含量

有机酸总量及其构成可以反映青贮发酵过程的好坏，有机酸主要包括乳酸、醋酸和丁酸，乳酸所占比例越大越好。若青贮饲料中含有较多的乳酸和少量醋酸，不含丁酸，则说明饲料品质好。若青贮饲料中含丁酸多而乳酸少，则饲料品质差。

（4）微生物指标

微生物种类及数量也是影响青贮饲料品质的关键因素，主要检测的微生物指标有总菌数、乳酸菌数、霉菌数及酵母菌数，霉菌及酵母菌过多，会降低青贮饲料的品质以及引起二次发酵。

（六）青贮饲料饲喂方法

1. 不能长期堆放

青贮饲料不能长时间堆放在圈舍内，尤其是气温较高的季节，取出后应尽快饲喂家畜。

2. 逐渐适应

开始饲喂青贮饲料时，家畜不习惯，要坚持由少到多的原则，待适应后喂足。

3. 不宜单一饲喂

青贮饲料的饲喂量一般不应超过日粮总量的 1/2。各种家畜的参考饲喂量如下：奶牛 15～20kg，育成牛 9～20kg，育肥牛初期 12～14kg，犊牛 5～9kg，马 7～10kg，羊 5～8kg。

4. 避免气味进入奶中

挤奶的家畜在挤奶后 2h 再喂青贮饲料，以减少气味附到奶中，影响奶的风味口感。

二、秸秆微贮技术

众所周知，秸秆青贮和秸秆氨化技术是世界公认的秸秆饲料加工的有效方法，但是，秸秆青贮季节性强，存在着与农争时的矛盾。目前，农业生产以粮食为主，这种矛盾十分尖锐。秸秆氨化处理后的粗蛋白质可提高 1 倍左右，消化率可提高 20%，在低精料饲养的情况下，4kg 的氨化秸秆可节约 1kg 的精料，这无疑是一种秸秆处理的好方法，但氨源（尿素、液氨等）价格高，饲喂氨化秸秆的效益增值部分被氨源涨价所抵消，秸秆氨化与农争肥的矛盾比较突出，在这种情况下，发展秸秆微贮技术就有比较重要的现实意义。

（一）微贮技术与机理

1. 技术原理与应用

秸秆微贮技术是把农作物秸秆按比例添加一种或多种有益微生物菌剂，在密闭和适宜的条件下，通过有益微生物的代谢与发酵作用，使农作物秸秆转变成柔软多汁、气味酸香、适口性好、消化率高的粗饲料。

秸秆微贮技术中的微生物菌株除了乳酸菌外，还有纤维素分解菌、酵母菌、霉菌和其他细菌等。在自然界中，能够分解纤维素、半纤维素的微生物有霉菌（丝状真菌）、担子菌等真菌中的一些菌种，也有一些放线菌和原生动物。

2. 微贮技术的优点

（1）制作成本低

每吨秸秆制成微贮饲料只需用 3g 秸秆发酵活干菌（价值 10 余元），而每吨秸秆氨化则需要 30 ~ 50kg 尿素，在同等条件下秸秆微贮饲料对牛、羊的饲喂效果相当于秸秆氨化饲料。

（2）消化率高

秸秆在微贮过程中，由于高效复合菌的作用，木质纤维素类物质大幅度降解，并转化为乳酸和挥发性脂肪酸（VFA），加之所含酶和其他生物活性物质的作用，提高了牛、羊瘤胃微生物区系的纤维素酶和解脂酶活性。麦秸微贮饲料的干物质体内消化率可提高 24.14%，粗纤维体内消化率提高 43.77%，有机物体内消化率提高 29.4%，干物质代谢能为 8.73mJ/kg，消化能为 9.84mJ/kg。

（3）适口性好

秸秆经微贮处理，可使粗硬秸秆变软，并且有酸香味，可刺激家畜的食欲，从而提高采食量。

（4）秸秆来源广泛

麦秸、稻秸、干玉米秸、青玉米秸、土豆秧、牧草等，无论是干秸秆还是青秸秆，都可用秸秆发酵活干菌制成优质微贮饲料，且无毒无害、安全可靠。

（二）秸秆微贮饲料的特点

1. 秸秆微贮饲料适口性好，消化率高

作物秸秆经微贮后，秸秆质地柔软，具有酸香气味，适口性明显增强，可使家畜采食速度提高 43%，同时，由于秸秆中的部分纤维素、木质素被微生物降解，秸秆的消化率提高，可使牲畜采食量提高 20% ~ 40%。

2. 秸秆营养价值提高

秸秆经发酵后，秸秆中的木质素、纤维素被降解成低聚糖、乳酸、挥发性脂肪酸，因而提高了秸秆的营养价值。此外，由于微生物的繁殖，使秸秆中的菌种蛋白质含量增加。

3. 秸秆微贮成本低，经济效益好

采用微贮方法，1t 秸秆仅需要 8 ~ 15 元微生物菌剂原料，而氨化处理 1t 秸秆需要尿素投入 108 ~ 135 元，相当于微贮饲料的 12 倍。

4. 制作季节长，易于推广

秸秆微贮技术简单易行，且采用干秸秆和无毒的干草植物，不存在与农争时的问题。在气温 10 ~ 40℃都可以制作微贮饲料，北方地区春、夏、秋三季都可以进行，南方一年四季都可以进行。

5. 原料来源广

秸秆微贮对原材料的要求低，无论是干秸秆还是青秸秆都可用秸秆发酵活干菌制成优质微贮饲料。常用的微贮原料有麦秸秆、稻草、干玉米秸秆、土豆秧、山芋秧、青玉米秸秆、无毒野草及青绿水生植物等。

6. 保存期长

秸秆发酵菌在秸秆中产生大量的挥发性脂肪酸，其中的丙酸与乙酸未离解分子具有强力抑菌作用，因此，秸秆微贮饲料不易发霉腐败，可以长期保存。

7. 制作简单

制作简单与青贮饲料技术相比，秸秆微贮技术制作简单，易学易懂，容易普及推广。

（三）微贮工艺

1. 技术内容

根据采用容器的不同，微贮方法有水泥窖微贮法、土窖微贮法、塑料袋窖内微贮法、压捆窖内微贮法等几种。

（1）水泥窖微贮法

秸秆铡切后进入水泥窖，然后分层喷洒菌液，压实，窖口用塑料薄膜盖后覆土密封。这种方法经久耐用，密封性较好，适合大中型微贮工程。

（2）土窖微贮法

在土窖的底部及四周铺上塑料薄膜，秸秆铡切至一定长度入窖，喷洒菌液，压实，窖口盖膜覆土密封。这种方法成本较低，简便易行，适于较小量的微贮。

（3）塑料袋窖内微贮法

依据塑料袋大小挖一个圆形窖坑，然后将塑料袋放入窖内，再在袋内放入秸秆并分层喷洒菌液，最后将塑料袋口扎紧，覆土密封。这种方法适合处理少量的作物秸秆，一般为 100～200kg。

（4）压捆窖内微贮法

秸秆首先经压捆机打成方捆，喷洒菌液后放入窖坑，封窖发酵，出窖时将成捆秸秆粉碎饲喂。这种方法的优点是开窖取用方便。

2. 操作要点

一是秸秆微贮的工艺流程非常简单，秸秆铡切后入窖，然后分层喷洒菌液，再分层压实，窖口用塑料薄膜盖好，然后覆土密封发酵，出窖时揉碎饲喂。

二是菌液配制应根据要处理的秸秆数量，按照比例称取所需活干菌，加入 200～500mL 水充分溶解，然后在常温下放置 1～2h，使菌种复活。

三是秸秆微贮前一定要用铡草机、秸秆揉搓机或秸秆粉碎机铡切或揉碎，若用于饲羊则需铡切到 3～5cm，若用于饲牛可铡切到 5～8cm。

四是操作时，先在窖底铺放 20～30cm 厚的作物秸秆，然后均匀喷洒菌液，经压实后再铺放 20～30cm 秸秆，再喷洒菌液压实，直到高于窖口 40cm，最后再封口。

五是稻麦秸秆用于微贮时，为了在发酵初期为菌种提供一定的营养物质，可加入 0.5% 的大麦粉或玉米粉、麸皮之类以提高微贮饲料的质量。

3. 适宜条件

秸秆微贮饲料可避开农忙季节，不误农时。发酵活干菌处理秸秆的温度为 10～40℃，北方地区除冬季外，春、夏、秋三季均可制作。微贮窖应选择在土质坚硬、排水容易、地下水位低、距畜舍近、操作方便的地方。可以是地下式或半地下式，最好砌成永久性的水泥窖。窖的内壁光滑坚固，并应有一定的斜度，这样可保证边角处的贮料能被压实。窖的大小应根据秸秆和牲畜的多少来定：其宽度要保证拖拉机往复行走压实的重叠度。一般 $1m^3$ 可容纳微贮稻麦秸秆 250～300kg、青玉米秸秆 500～600kg。

4. 注意事项

一是秸秆微贮饲料一般需在窖内贮藏 21～23d 才能取喂，冬季则需时间长些。

二是取料时要从一角开始，从上到下逐段取用。

三是每次取出量应以当天喂完为宜。

四是每次取料后必须立即将口封严，以免雨水浸入引起微贮饲料变质。

五是每次投喂微贮饲料时，要求槽内清洁，对冬季冻结的微贮饲料应化开后再用。

六是霉变的农作物秸秆不宜作微贮饲料。

七是微贮饲料由于在制作时加入了食盐，这部分食盐应在饲喂家畜日粮中扣除。

（四）微贮饲料品质鉴定

秸秆微贮经 21～30d 即可完成发酵过程，气温较低的冬季则需要时间长些。微贮饲料主要依靠看、嗅和手感的方法鉴定饲料的好坏。

1. 看

微贮青玉米秸秆饲料色泽呈橄榄绿色为优质，微贮稻麦秸秆呈金黄色为优质。若变成褐色或墨绿色，则饲料品质较差。

2. 嗅

若微贮饲料具有醇香味和果香气味，则饲料品质优良；若有强酸味，表明由于水分过多和高温发酵生成醋酸过多，品质中等；若有腐臭味、发霉味，则说明由于压实程度不够和密封不严，大量有害微生物发酵，因此这种饲料不能饲喂。

3. 手感

若饲料拿到手中感到很松散，且质地柔软湿润，则为优质微贮饲料。若饲料拿到手里感到发黏，或者粘成一块，说明微贮饲料品质一般，属于不良饲料。

此外，微贮饲料用 pH 试纸测试时，pH < 4.2 为上等，pH=4.3～5.5 为中等，pH=5.5～6.2 为下等，pH > 6.3 为劣质品。

（五）饲喂方法

秸秆微贮饲料以饲喂草食性家畜为主，饲喂时可以与其他草料搭配。饲喂时应坚持循序渐进的原则，饲喂量从少到多，逐步增加。微贮饲料的日饲喂量参考如下：奶牛、育成牛、肉牛 15～20kg，马、驴、骡 5～10kg，羊 1～3kg。取料时从一角开始，从上到下逐段取用，当天取用当天用完，取完料后立即封严取料口，以免空气和雨水进入引起饲料变质。

第二节　秸秆碱化、氨化处理技术

一、秸秆碱化处理技术

（一）技术原理

碱化处理技术就是在一定浓度的碱液（通常占秸秆干物质的 3%～5%）的作用下，打破粗纤维中纤维素、半纤维素、木质素之间的醚键或酯键，并溶去大部分木质素和硅酸盐，从而提高秸秆饲料的营养价值。

（二）碱化技术分类

碱化处理技术目前主要有氢氧化钠碱化法、生石灰碱化法和加糖碱化法三种。

1. 氢氧化钠碱化法

（1）湿法处理法

将秸秆浸泡在 1.5% 氢氧化钠溶液中，每 100kg 秸秆需要 1000kg 碱溶液，浸泡 24～48h 后，捞出秸秆，淋去多余的碱液（碱液仍可重复使用，但需不断增加氢氧化钠，以保持碱液浓度），再用清水反复清洗。这种方法的优点是可提高饲料消化率 25% 以上。

（2）干法处理法

用 4%～5%（占秸秆风干重）的氢氧化钠配制成浓度为 30%～40% 的碱溶液，喷洒在粉碎的秸秆上，堆积数日后不经冲洗直接饲喂反刍家畜，秸秆消化率可提高 12%～20%。此方法的优点是不需用清水冲洗，可减少有机物的损失和环境污染，并便于机械化生产。但牲畜长期喂用这种碱化饲料，其粪便中的钠离子增多，若用作肥料，长期使用会使土壤碱化。

（3）快速处理法

将秸秆铡成 2～3cm 的短草，每千克秸秆喷洒 5% 的氢氧化钠溶液 1kg，搅拌均匀，经 24h 后即可喂用。处理后的秸秆呈潮湿状，鲜黄色，有碱味。牲畜喜食，比未处理的秸秆采食量增加 10%～20%。

（4）堆放发热处理法

使用 25%～45% 的氢氧化钠溶液，均匀喷洒在铡碎的秸秆上，每吨秸秆喷洒 30～50kg 碱液，充分搅拌混合后，立即把潮润的秸秆堆积起来，每堆至少 3～4t。堆放后秸秆堆内温度可上升到 80～90℃，温度在第 3 天达到高峰，以后逐渐下降，到第 15 天恢复到环境温度。由于发热的结果，水分被蒸发，使秸秆的含水量达到适宜保存的水平，即秸秆含水量低于 17%。

（5）封贮处理法

用 25%～45% 的氢氧化钠溶液，每吨秸秆需 60～120kg 碱液，均匀喷洒后可保存 1 年。此法适于收获时尚绿或收获时下雨的湿秸秆。

（6）混合处理法

原料含水量 65%～75% 的高水分秸秆，整株平铺在水泥地面上，每层厚度 15～20cm，用喷雾器喷洒 1.5%～2% 的氢氧化钠和 1.5%～2.0% 的生石灰混合液，分层喷洒并压实。每吨秸秆需喷 0.8～1.2t 混合液。经 7～8d 后，秸秆内温度达到 50～55℃，秸秆呈淡绿色，并有新鲜的青贮味道。处理后的秸秆粗纤维消化率可由 40% 提高到 70%。或将切碎的秸秆压成捆，浸泡在 1.5% 的氢氧化钠溶液里，经浸渍 30～60min 捞出，放置 3～4d 后进行熟化，即可直接饲喂牲畜，有机物消化率提高 20%～25%。

2. 生石灰碱化法

生石灰碱化法是把秸秆铡短或粉碎，按每百千克秸秆 2～3kg 生石灰或 4～5kg 石灰膏的用量，将生石灰或石灰膏溶于 100～120kg 水制成石灰溶液，并添加 1～1.5kg 食盐，沉淀除渣后再将石灰水均匀泼洒搅拌到秸秆中，然后堆起熟化 1～2d 即可。注意：

冬季熟化的秸秆要堆放在比较暖和的地方盖好，以防止发生冰冻。夏季要堆放在阴凉处，预防发热。

另外，也可把石灰配成6%的悬浊液，每千克秸秆用12L石灰水浸泡3～4d，浸后不用水洗便可饲喂。若把浸好的秸秆捞出控掉石灰水踩实封存起来，过一段时间再用将会更好。据有关测定，该方法的优点是成本低廉、原料广泛，可以就地取材，但豆科秸秆及藤蔓类等饲草均不宜碱化。碱化饲料，特别是像小麦秸秆、稻草、玉米秸秆等一类的低质秸秆，经过碱化处理后，有机物质的消化率由原来的42.4%提高到62.8%，粗纤维的消化率由原来的53.5%提高到76.4%，无氮浸出物的消化率由原来的36.3%提高到55.0%。适口性大为改善，其采食的数量也显著增加（20%～45%）。同时，若用石灰处理，还可增加饲料的钙质。

3. 加糖碱化法

加糖碱化法就是在秸秆等材料碱化的基础上进行糖化处理。加糖碱化秸秆适口性好，有酸甜酒香味，牛、马、骡、猪均喜欢吃，且保存期长，营养成分好，粗脂肪、粗蛋白质、钙、磷含量均高于原秸秆。加糖碱化秸秆收益高，简单易行。加糖碱化法的工艺流程如下：

（1）材料准备

①双联池或大水缸

双联池一般深0.9m、宽0.8m、长2m，中间隔开，即成2个池（用砖、水泥，用水泥把面抹光），单池可容干秸秆108kg。池建在地下、半地下或地面上均可。

②秸秆粉

干秸秆抖去沙土，粉碎成长0.5～0.7cm。秸秆可用玉米秸、麦秸、稻草、花生壳和干苜蓿等。

③石灰乳

将生、鲜石灰淋水熟化制成石灰乳（即氢氧化钙微粒在水中形成的悬浮液）。石灰要用新鲜的生石灰。石灰与水作用后生成氢氧化钙，氢氧化钙容易与空气中的二氧化碳化合，生成碳酸钙。碳酸钙是无用的物质，因此不能用在空气中熟化的或熟化后长期放置空气中的石灰。

④玉米面液

玉米面用开水熟化后，加入适量清水制成玉米面液。玉米面熟化要用开水，以便玉米面中的糖分充分分解。

⑤器具

脸盆、马勺、塑料布和铁铲。

⑥用料比例

秸秆、石灰、食盐、玉米面、水的比例为100∶3∶0.5∶3∶270。

（2）加工处理

将石灰、食盐、玉米面按上述比例组成混合液喷淋在秸秆粉上，边淋边搅拌，翻2

次后停 10min 左右，等秸秆将水吸收后再继续喷淋、搅拌，这样反复经过 2 ～ 3 次，所用混合水量全部吸收后，秸秆还原成透湿秸秆，用手轻捏有水珠滴下为止。

（3）入池或缸贮存

将处理好的秸秆加入池或缸内，边入池边压实，池边、池角部分可用木棒镇压，越实越好。此时上层出现渗出的少量水。秸秆应层层铺设直至装满，也可超出一点小顶帽。后用塑料布覆盖封口，上压沙土为 0.4 ～ 0.5m 厚。池缸封口后，夏季 4 ～ 7d、冬季 10 ～ 15d 便可开口饲喂。

二、秸秆氨化技术

（一）氨化技术简介

1. 氨化原理

秸秆氨化就是在密闭条件下向粉碎的农作物秸秆中加入一定比例的氨水、无水氨或尿素等，破坏木质素与纤维素之间的联系，促使木质素与纤维素、半纤维素分离，使秸秆细胞膨胀、结构疏松，从而使秸秆消化率提高、营养价值和适口性改善的加工处理方法。秸秆氨化技术原理主要包括三个方面：

（1）碱化作用

秸秆中的纤维素、半纤维素能够被食草牲畜消化利用，但木质素基本上不能被利用，而且秸秆中一部分纤维素和半纤维素会与木质素紧紧结合在一起,妨碍牲畜的消化吸收。碱可以使木质素和纤维素之间的酯键断裂，破坏其镶嵌结构，溶解半纤维素、一部分木质素及硅酸盐，从而使反刍家畜瘤胃中的瘤胃液易于渗入，消化率提高。

（2）氨化作用

在发酵能量不足的情况下，饲料不能被微生物充分利用，多余的氨可能被瘤胃壁吸收，从而使反刍动物中毒。通过氨化作用处理秸秆，可以减缓氨的释放速率，促进瘤胃微生物的活动，进一步提高秸秆的营养价值和利用率。

（3）中和作用

氨能够与秸秆中的有机酸结合，中和秸秆中的潜在酸度，形成适宜瘤胃微生物活动的微碱性环境，从而使瘤胃内的微生物大量增加，形成更多的菌体蛋白。

2. 氨化技术优点

氨化秸秆饲料的优点如下：

一是由于氨具有杀灭腐败细菌的作用，氨化可防止饲料腐败，减少家畜疾病的发生。

二是氨化后秸秆的粗蛋白质含量可从 3% ～ 4% 提高到 8% 甚至更高。

三是秸秆饲料的适口性大为增加，家畜的采食量可提高 20% ～ 40%。

四是因为氨化使纤维素及木质素那种不利于家畜消化的化学结构破坏分解，使秸秆饲料的消化率大为提高，氨化秸秆比未氨化的消化率提高 20% ～ 30%。

五是提高了秸秆饲料的能量水平，因为氨化可分解纤维素和木质素，可使它们转变为糖类，糖就是一种能量物质。

六是氨化秸秆饲料制作投资少、成本低、操作简便、经济效益高，并能灭菌、防霉、防鼠、延长饲料保存期。

七是家畜尿液中含氮量提高，对提高土地肥力还有好处。

八是提高了家畜的生产能力。原因：第一，节约了采食消化时间，从而减少了因此而消耗的能量；第二，提高了秸秆单位容积的营养含量，从而有利于家畜生产能力的发挥。

（二）氨化技术分类

1. 根据氨源分类

（1）尿素氨化法

秸秆中存有尿素酶，加进尿素，用塑料膜覆盖，尿素在尿素酶的作用下分解出氨，对秸秆进行氨化。方法是按秸秆质量的 3% ~ 5% 加尿素。首先将尿素按 1 :（10 ~ 20）的比例溶解在水中，均匀地喷洒在秸秆上。即 100kg 秸秆用 3 ~ 5kg 尿素，加 30 ~ 60kg 水。逐层添加堆放，最后用塑料薄膜覆盖。用尿素氨化处理秸秆的时间较液氨和氨水处理要求稍长一些。

（2）液氨氨化法

液氨是较为经济的一种氨源。液氨是制造尿素和碳铵的中间产物，每吨液氨的成本只有尿素的 30%。但液氨有毒，需高压容器贮运、安全防护及专用施氨设备，一次性投资较高。

具体方法：将秸秆打成捆或不打捆，切短或不切短，堆垛或放入窖中，压紧，盖上塑料薄膜密封；在堆垛的底部或窖中用特制管子与装有液氨的罐子相连，开启罐上压力表，通入秸秆质量 3% 的液氨进行氨化，即 1t 秸秆用 30kg 液氨。氨气扩散相当快，短时间即可遍布全垛或全窖，但氨化速度很慢，处理时间取决于气温，通常夏季约需 1 周，春、秋季 2 ~ 4 周，冬季 4 ~ 8 周甚至更长。液氨处理过的秸秆，喂前要揭开薄膜 1 ~ 2d，使残留的氨气挥发。不开垛可长期保存。

液氨处理秸秆应注意秸秆的含水量，一般以 25% ~ 35% 为宜。液氨必须采用专门的罐、车来运输。液氨输入封盖好的秸秆中要通过特制的管子，一般利用针状管。针状管用直径 20 ~ 30mm、长 3.5m 的金属管制成，前端焊有长 150mm 的锥形帽，从锥形帽的连接处开始，每隔 70 ~ 80mm 要钻 4 个直径 2 ~ 2.5mm 的滴孔，管子的另一端内焊上套管，套管上应有螺纹。可以用来连接通向液氨罐的软管。如果一垛秸秆为 8 ~ 10t，只要一处向垛内输送液氨即可；如果为 20 ~ 30t，则可多选 1 ~ 2 处输送。

（3）碳铵氨化法

碳铵是我国化肥工业的主要产品之一，年产量达 800 多万吨，由于用作化肥需深施，所以长期处于积压滞销状态。碳铵在常温下分解但又分解不彻底，在自然环境条件下，相同时间内，尿素在脲酶的作用下可完全分解，碳铵却仍有颗粒残存，然而其在 69℃ 时则可完全分解。碳铵的使用方法与尿素相同。

（4）氨水氨化法

与液氨相比较，氨水不需专用钢罐，可以在塑料和橡皮容器中存放和运输。用氨水处理秸秆时，要根据氨水的浓度，按秸秆干物质质量加入 3% ~ 5% 的纯氨。由于氨水中含有水分，在处理半干秸秆时可以不向秸秆中洒水。在实际操作时，可从垛顶部分多处倒入氨水，随后完全封闭垛顶，让氨水逐渐蒸发扩散，充分与秸秆接触发生反应。或按比例在堆垛或装窖时把氨水均匀喷洒在秸秆上，逐层堆放，逐层喷洒，最后将堆好的秸秆用薄膜封闭严实。

值得注意的是：只能使用合成氨水，焦化厂生产的氨水因可能含有毒杂质不能应用；含氨量少于 17% 的氨水也不宜使用，因为在这种情况下秸秆的水分可能过高，长期贮存比较困难。在处理过程中，因人与氨的接触时间较长，要注意防毒和腐蚀污染身体等。

2. 根据氨化设施分类

（1）堆垛法

堆垛法，是指在平地上将秸秆堆成长方形条垛，用塑料薄膜覆盖，注入氨源进行氨化的一种作物秸秆处理方法。该方法不需要建造基本设施，投资较少，适于大量制作，堆放与取用方便，适于气温较高的季节采用。主要缺点是塑料薄膜容易破损，使氨气逸出，影响氨化效果。秸秆堆垛氨化的地址，要选地势高燥、平整，排水良好，雨季不积水，地方较宽敞且距畜舍较近处，有围墙或围栏保护，能防止牲畜危害。麦秸、稻草等比较柔软的秸秆，既可铡成 2 ~ 3cm 的碎段，也可整秸堆垛。但较高大的玉米秸秆，应铡成 1cm 左右的碎秸。当用液氨作氨源时，秸秆含水量应该调整到 20% 左右；用尿素、碳铵作氨源时，含水量应调整到 40% ~ 50%。

（2）小型容器法

氨化容器有窖、池、缸及塑料袋之分。氨化前可用铡草机把秸秆铡碎，也可整株、整捆氨化。若用液氨，先将秸秆加水至含水量 30% 左右（一般干秸秆含水量约 9%）装入容器，留个注氨口，待注入相当于秸秆质量 3% 的液氨后密封。如果用尿素，则先将相当于秸秆质量 5% ~ 6% 的尿素溶于水，与秸秆混合均匀，使秸秆含水量达 40%，然后装入容器密闭。小型容器法适宜于个体农户的小规模生产。

采用窖、池容器氨化秸秆时，若用尿素，每吨秸秆需尿素 40 ~ 50kg，充分溶解于 400 ~ 500kg 清水中，用喷雾器均匀喷到秸秆表面，分批装入窖内，踩实。原料需高出窖口 30 ~ 40cm，然后用塑料薄膜覆盖，之后在四周填压泥土，封闭严实。

采用塑料袋法时，塑料袋一般采用无毒、韧性好、抗老化的聚乙烯薄膜，颜色为黑色，厚度在 0.12mm 以上，袋口直径 1 ~ 1.2m，长 1.3 ~ 1.5m。一般用相当于干秸秆质量 3% ~ 4% 的尿素或 6% ~ 8% 的碳铵，溶在相当于秸秆质量 40% ~ 50% 的清水中，然后与秸秆搅拌均匀装入袋内，袋口用绳子扎紧，放在向阳背风处。平均气温在 20℃ 以上时，经 15 ~ 20d 即可完成秸秆氨化过程。此法的缺点是塑料袋易破损，需经常检查粘补，而且塑料袋的使用寿命较短，一般只能用 2 ~ 3 次，成本相对较高。

（3）氨化炉法

氨化炉既可以是砖水泥结构的土建式氨化炉，也可是钢铁结构的氨化炉。

土建式氨化炉用砖砌壁，水泥抹面，一侧安有双扇门，门用铁皮包裹，内垫保温材料如石棉。壁厚24cm，顶厚20cm。如果室内尺寸为3.0m×2.3m×2.3m，则一次氨化秸秆量为600kg。在左、右侧壁的下部各安装4根1.2kW的电热管，合计电功率为9.6kW。后壁中央上、下各开一风口，与壁外的风机和管道连接。加温的同时开启风机，使室内氨浓度与温度均匀。亦可不用电热器加热，而将氨化炉建造成土烘房的样式，例如两炉一囱回转式烘房。用煤或木柴燃烧加热，在加热室的底部及四周墙壁均有烟道，加热效果很好。

钢铁结构的氨化炉可以利用淘汰的发酵罐、铁罐或集装箱等。改装时将内壁涂上耐腐蚀涂料，外壁包裹石棉、玻璃纤维以隔热保温。如果利用的是淘汰的集装箱，则在一侧壁的后部装上8根1.5kW的电热管，共计12kW。在对着电热管的后壁开上、下两个风口，与壁外的风机和管道相连，在加温过程中开动风机，使氨浓度与温度均匀。集装箱的内部尺寸为6.0m×2.3m×2.3m，一次氨化量为1.2t秸秆。

氨化炉一次性投资较大，但它经久耐用、生产效率高，综合分析是合算的（堆垛法所用的塑料薄膜只能使用两次）。特别是如果增加了氨回收装置，液氨用量可以从3%降至1.5%，则能进一步提高经济效益。

（三）工艺过程

1. 技术内容

用氨化炉或氨化池将秸秆用液氨、尿素、碳铵等氮素物喷洒混拌后进行密封氨化处理，使秸秆经氨化后成为优质饲料的过程。

2. 操作要点

（1）技术要点

①液氨氨化

将秸秆打捆堆成垛，再用塑料薄膜覆盖密封，注入相当于秸秆干物质质量3%的液氨进行氨化。氨化时间夏季约需1周，春、秋季2~4周，冬季4~8周，甚至更长。若采用氨化炉氨化，由于温度较高，1d即可完成整个氨化过程。

②尿素氨化

秸秆经切碎后置于氨化池中，加入相当于秸秆干物质质量5%的尿素溶液，均匀喷洒到秸秆上，氨化池装满、踩实后用塑料薄膜覆盖密封。

③碳铵氨化

碳铵氨化的方法与尿素氨化相同，只不过由于碳铵含氨量较低，其用量应相应增加。

④氨水氨化

方法同液氨氨化，由于氨水含氨量也较低，用量亦需相应增加。

（2）氨化影响因素

①秸秆的质量

氨化的原料主要有禾本科作物及牧草的秸秆。所选用的秸秆必须无发霉变质。最好将收获籽实后的秸秆及时进行氨化处理，以免堆积时间过长而霉烂变质。一般说来，品质差的秸秆氨化后可明显提高消化率，增加非蛋白氮的含量。

②氨源的用量

根据具体的氨源种类来确定使用量。用量过小，达不到氨化的效果；用量过大，会造成浪费。氨的用量，一般以秸秆干物质质量的 3% 为宜。

③秸秆含水量

含水量过低，水都吸附在秸秆中，没有足够的水充当氨的"载体"，氨化效果差。含水量过高，不但开窖后需延长晾晒时间，而且由于氨浓度低会引起秸秆发霉变质。水是氨的"载体"，氨与水结合成氢氧化铵，其中 NH_4 和 OH^- 分别对提高秸秆的含氮量和消化率起作用。因而，必须有适当的水分，一般以 25% ~ 35% 为宜。

水在秸秆中是否均匀分布，也是影响氨化结果的因素，如上层过干、下层积水，都会妨碍氨化的效果。

④氨化温度

氨化温度越高，完成氨化所需时间越短；相反，氨化温度越低，氨化所需时间就越长。

⑤秸秆的粒度

用尿素或碳铵进行氨化，秸秆铡得越短越好，用粉碎机粉碎成粗草粉效果最好。用液氨进行氨化时，粒度应大一点，过小则不利于充氨。麦秸完全可以不铡。

3. 注意事项

（1）注意防止爆炸

液氨遇火容易引起爆炸，因此，要经常检查贮氨容器的密封性。在运输、贮藏过程中，要严防泄漏、烈日暴晒和碰撞，并远离火源，严禁吸烟。

（2）操作要迅速

氨化时操作要快，最好当天完成充氨和密封，否则将造成氨气挥发或秸秆霉变。

（3）及时排除故障

要经常检查，如发现塑料膜的破漏现象，应立即粘好。

（4）做好防护工作

氨水和液氨有腐蚀性，操作时应做好防护，以免伤及眼睛和皮肤。

（四）品质鉴定

秸秆氨化一定时间后就可开窖饲用。通常采用感官鉴定法来评定秸秆氨化的质量。若秸秆氨化后呈棕色，或为深黄色，发亮，则氨化质量较高；氨化好的秸秆质地柔软，具有糊香味。如果氨化秸秆变白、发灰、发黑或者有腐烂味，则说明秸秆已经变质，秸秆不能用于饲喂牲畜，原因可能是秸秆氨化过程中漏气跑氨。

（五）饲喂方法

取喂时，按需求量从氨化池取出秸秆，放置 10 ~ 20h，在阴凉处摊开散尽氨气，至没有刺激的氨味即可饲喂。开始时应少量饲喂，待牲畜适应氨化秸秆后逐渐加大饲喂量，使其自由采食，亦可以与其他饲草混合饲喂，剩余的仍要封严，防止氨气损失或进水腐烂变质。

第三节　秸秆栽培草腐生菌类技术

一、秸秆栽培双孢菇技术

（一）双孢菇栽培技术简介

双孢菇栽培模式主要有传统双孢菇简易栽培模式和集中发酵栽培模式。

1. 传统双孢菇简易栽培模式

传统的双孢菇一次发酵通常在菇房周围的室外场地中进行。发酵场地要求向阳、避风、地势高、用水方便；菌料场的地面除原料贮备区外，都应该采取水泥硬化，并且设计完善的给排水系统。料堆在堆肥场中应该铺成龟背形，并在堆场四周开沟，一角建设蓄水池，以回收、利用料堆流失水，既可避免雨天料堆底部积水，也可以避免培养料养分流失，还能很好地解决堆肥过程中的废水污染问题。建堆前一天，用石灰水或漂白粉等对堆肥场地进行消毒，并做好场地周边的环境卫生工作。

2. 双孢菇集中发酵栽培模式

双孢菇集中发酵栽培模式又称为工厂化生产模式。工厂化生产模式采用的是集中发酵工艺技术，是把大容积的蘑菇培养料放在特别的隧道设施中进行自动控制的发酵方式，这种发酵方式是意大利发明的。集中发酵技术科学，操作简单，管理容易、可靠，对提高蘑菇产量、促进蘑菇生产的发展具有积极意义。集中发酵的另外优点是节省人力、节省能源、简化环境控制等操作，利用传送带很容易进行机械化装床、出料和接种工作等。在原来的二次发酵中，为了通过扩散作用供给氧气和进行代谢气体的交换，菇床料温和室温之差也要达到15℃，但在集中发酵中菇床料温和室温温差不超过1℃，这对维持高温菌最适条件 48 ~ 53℃是最有效的。

双孢菇培养料集中发酵工艺技术可实现蘑菇培养料工厂化、专业化生产，解决农民小规模生产培养料养分配比不合理，操作不规范，发酵不均匀，培养料成熟度差，杂菌、虫卵污染严重等问题，改变小而全的落后的培养料制备方式。可将制备好的培养料供应给农民，并配套推广蘑菇高产栽培技术，这对减轻农民栽培蘑菇的劳动强度，提高培养料的质量，提高单位面积的产出率和鲜菇的品质，改变蘑菇生产对农村环境的影响，增强栽培蘑菇的市场竞争能力具有积极意义。

（二）双孢菇工厂化栽培技术流程

双孢菇工厂化栽培工艺流程主要包括基料配方、培养料隧道发酵、巴氏消毒、基料上床发菌管理、覆土后发菌管理、搔菌、出菇及采收转潮管理。

1. 一次发酵

目前，原料的一次发酵都是在自行设计的两层板式隧道中完成的，上层用于堆放原料，下层用于通风装置（风速压力为 5500 ~ 8000Pa，风速流量为 10 ~ 18m3/h）。经过均匀搅拌处理过的培养料送入隧道后要堆成高 2.5m，堆顶的宽度和堆底部的宽度视隧道的宽度而定，但在隧道与料堆结合部两侧都要留出 10cm 的空隙；另外，在隧道的另一侧要留出 5m 长的空间以便翻料使用。

在自然环境下培养料温度达到 80℃（春季需要 60 ~ 72h，夏季需要 48h，冬季则要输送蒸汽提速加温），当料堆表面温度达到 70℃（堆的中心温度已达 80℃）时，可用叉车适当振压料堆使其处于半缺氧状态，堆温 80℃维持 24h。然后再用隧道顶部的升降电动叉车进行倒堆翻料，翻过的料堆形状要同前状。此后要依次升温、焖堆、翻堆进行 3 次即可达到第一次发酵效果。

2. 二次发酵（巴氏消毒）

二次发酵有两个主要作用：一是通过巴氏消毒，杀灭培养料中的有害微生物及虫卵；二是进一步发酵，使其转化成有利于双孢菇菌丝生长需要的营养物质。

二次发酵是氨态氮转化为菌体蛋白的过程，它是由嗜热微生物（细菌、放线菌和霉菌）对培养料进行分解和转化。嗜热微生物的生长和繁殖除了营养、湿度和 pH 值外，更需要 55℃的最适生长温度和新鲜空气。培养料中最容易利用的碳水化合物的转化首先由假单孢菌、奈瑟球菌、黄单胞杆菌、微杆菌属、芽孢杆菌等细菌来完成。在二次发酵前 60h 左右，嗜热放线菌迅速利用由蛋白质、多肽的氮素化合物转变来的氨合成菌体蛋白，完成氮素的固定作用。培养料表面呈现灰白色嗜热真菌的菌落（放线菌），嗜热性放线菌具有更强的纤维降解能力。嗜热性真菌产生的高温又触发焦糖化反应和美拉德反应，这两个反应的进行使糖类化合物聚合形成一般微生物难以利用的多聚化合物，脂类化合物相对地减少了 50%，脂肪酸的成分也发生改变，后发酵中嗜热微生物的生长繁殖使亚麻酸的含量几乎增加了 1 倍。微生物菌体、多聚焦糖化合物、多聚糖胺化合物以及亚麻酸组合了菌丝易于利用又具有选择性的碳素营养。

3. 发菌

（1）准备

播种前结合上一个养殖周期用蒸汽将菇房加热至 70 ~ 80℃维持 12h，撤料并清洗菇房，上料前控制菇房温度在 20 ~ 25℃，要求操作时开风机保持正压。

（2）上料

用上料设备将培养料均匀地铺到床架上，同时把菌种均匀地播在培养料里，每平方米大约 0.6L（占总播种量的 75%），料厚 22 ～ 25cm，上完料后立即封门，床面整理平整并压实，将剩余的 25% 菌种均匀地撒在料面上，盖好地膜。地面清理干净，用杀菌剂和杀虫剂或二合一的烟雾剂消毒一次。

（3）发菌

料温控制在 24 ～ 28℃，相对湿度控制在 90%，根据温度调整通风量。每隔 7d 用杀虫杀菌剂消毒一次。14d 左右菌丝即可发好，上覆土前 2d 揭去地膜，消毒一次。

（4）病虫害防治

此期间病虫害很少发生。对于出现的病害，要及时将培养料清除出菇房做无害化处理；虫害在菇房外部设立紫外线灯或黑光灯进行诱杀，效果明显。菇房内定期结合杀菌用烟雾剂熏蒸杀虫一次即可。

4. 覆土及覆土期发菌管理

（1）覆土的准备

草炭粉碎后加 25% 左右的河沙，使用福尔马林、石灰等拌土，同时调整含水量在 55% ～ 60%，pH 值在 7.8 ～ 8.2，覆膜闷土 2 ～ 5d，覆土前 3 ～ 5d 揭掉覆盖物，摊晾。

（2）覆土

把土均匀铺到床面，厚度 4cm。上土后用杀虫杀菌剂消毒一次。环境条件同发菌期一致；菌丝爬土后开始连续加水，加到覆土的最大持水量；打一次杀菌剂。

（3）搔菌

菌丝基本长满覆土后进行搔菌。2d 后将室温降到 15 ～ 18℃，进入出菇阶段。

5. 出菇

（1）降温

进入出菇阶段后 24h 内将料温降到 17 ～ 19℃，室温降到 15 ～ 18℃，湿度在 92%。

（2）出菇湿度

保持上述环境到菇蕾至豆粒大小，随蘑菇的生长降低湿度至 80% ～ 85%，其他环境条件不变，之后随蘑菇的增长增加加水量。

（3）采摘

蘑菇大小达到客户要求后即可采摘，每茬菇采摘 3 ～ 4d，第 4 天清床，将所有的蘑菇不分大小一律采完，完毕后清理好床面的死菇、菇脚等；采摘期间加水量一般为蘑菇采摘量的 1.6 ～ 2 倍。清床后根据覆土干湿情况加水并用杀菌剂消毒一次。二、三茬菇管理同第一茬菇。三茬菇结束后菇房通入蒸汽使菇房温度达到 70 ～ 80℃，维持 12h，降温后撤料，开始下一周期的养殖。

（4）病虫害防治

此期间对于出现的病害，要及时将培养料清除出菇房做无害化处理，病害菌落周围用漂白粉或生石灰粉掩盖防止蔓延；虫害在菇房外部设立紫外线灯或黑光灯进行诱杀，效果明显。

（三）双孢菇栽培技术操作要点

1. 栽培时间的确定

双孢菇是中低温型食用菌，最适发菌温度为 22 ~ 26℃，生长最适温度为16 ~ 18℃。在自然气候条件下栽培双孢菇，栽培时间的确定非常关键。由于秋季由高到低的气温递变规律与双孢菇对温度的反应规律较为一致，双孢菇的播种一般选择在秋季。

2. 原料配方

由于农作物秸秆种类不一，营养成分也不尽相同，在实际生产中应根据实际需要改变培养料配方。不论何种类型的培养料、何种配方，其营养成分含量必须遵循共同的原则和要求，建堆前培养料的碳氮比（C/N）应该为 30：1 ~ 33：1，粪草培养料的含氮量以 1.5% ~ 1.7% 为好，无粪合成料的含氮量以 1.6% ~ 1.8% 为好。目前在双孢菇栽培中常用的配方如下：

（1）常见粪草培养料配方

配方 1：干麦草 40kg、干鸡粪 50kg、豆秸 4kg、饼肥 3kg、尿素 0.4kg、过磷酸钙1kg、石灰 2.5kg、石膏 1kg、生物吸附剂 20kg。

配方 2：干稻草 40kg、干鸡粪 50kg、饼肥 5kg、尿素 0.45kg、过磷酸钙 1kg、石灰2kg、石膏 1kg、生物吸附剂 20kg。

配方 3：豆秸 40kg、干鸡粪 35kg、干牛粪 10kg、饼肥 5kg、麦麸 5kg、尿素 0.25kg、过磷酸钙 1kg、石灰 2kg、石膏 1kg、生物吸附剂 20kg。

配方 4：干麦草 40kg、干牛粪 50kg、饼肥 5kg、尿素 0.3kg、石灰 2.5kg、石膏 1.5kg、过磷酸钙 1kg、生物吸附剂 20kg。

（2）无粪合成料配方

配方 1：干稻草 88%、尿素 1.3%、复合肥 0.7%、菜籽饼 7%、石膏 2%、石灰 1%。配方 2：干稻草 94%、尿素 1.7%、硫酸铵 0.5%、过磷酸钙 0.5%、石膏 2%、石灰 1.3%。

3. 原料准备

在实际生产中，依据生产规模和培养料配方贮备原料。所用草料应当选用新鲜稻草、干、黄、无霉、无杂质。麦草最好选用轧碾草，使其茎秆破裂变软有利于吸水和发酵，在稻草资源丰富的地区大多采用前一年贮备的晚稻草。由于吸水速度较慢，堆制时直接浇淋容易流失，也不容易均匀，因此在建堆前一天进行预湿。一般将稻麦草先碾压或对切至 30cm 左右，摊在地面，撒上石灰，反复洒水喷湿，使草料湿透。对于粪料，国外多采用马粪，马粪呈纤维状，养分较高，发热量较高，建堆后能够维持较长时间的高温。国内多采用鸡粪或牛粪，鸡粪选用蛋鸡鸡粪，湿度 ≤ 40%，无泥沙、木屑等。无论采用哪种粪便，一般不采用鲜粪，均必须暴晒足干。

4．预湿

（1）选择堆料场地

堆料场地选择地势高、靠近菇棚和水源的地方，要求平整、坚实、避风、远离畜禽饲养场地以及垃圾堆存场地。

（2）草料预湿

将麦草边铲入搅笼，边加粪、水，使草、粪、水通过搅笼后混合均匀，将混合好的培养料用铲车堆成大堆使草料软化，同时均匀地加入辅料；预湿时间一般为 3d，其间注意在料堆顶部加水。

5．一次发酵（前发酵）

一次发酵料的颜色为浅褐色，可见少量放线菌，用手握紧可在指缝流出 2～3 滴水滴，手指揉搓稍感发黏，臭味小，氨味明显，含氮量 1.8%～2.0%，含氨量 0.4% 左右，pH 值为 7.2～7.5，含水量 70%～72%。

（1）一次发酵技术要点

①料温控制

料温的变化是依靠通气调节来实现的。进入发酵隧道时，当温度达到 70℃ 以上就应停止通气，每次翻堆后必须保证氧气的足量供给，防止厌氧发酵。试验数据表明：每通气 10min 停 20min 为宜。

②水分调节

水分在第一次翻堆时必须加足，使水分含量保持在 70%～72%。

（2）一次发酵异常现象处理

①料内酸臭味较大

原因是原料水分偏大和堆中心部位缺氧严重，这类原料的颜色呈乳黄色，水分较大。处理方法是加大底层送风量，4～6h 后，酸臭味就会自然消失。

②原料黏性过大

发黏的原料多呈水红色或棕色、气味偏酸。原因有：辅料水分偏大；料内有少量的泥土料；原料处理过程中被水淋过。处理方法：增加一次翻料；料色发水红的黏料，要适当添加 3% 的稻壳和麦麸，放在料堆中心部位再次发酵；雨淋料和水分不均匀的原料，加入吸湿料（如玉米芯、细木屑）。

③料堆上有菌蛆

原因：隧道周围污水的积聚招致苍蝇在料堆表面产卵繁殖成菌蛆。处理方法：搞好拌料场地周围的环境卫生，隧道的外部墙壁上要喷洒杀菌杀虫剂防苍蝇和蚊虫。

6．后发酵（二次发酵）

二次发酵的主要技术参数：水分 65%，pH 值为 7.5，氨气 80×10^{-6}ppm，碳氮比（15～16.5）：1。二次发酵后的感官和理化指标如下：颜色为深褐色，可见大量放线菌，手握有水但不下滴，不粘手，料有弹性，闻有面包香味，含水量在 65%～70% 之间，春、秋季可高些，冬、夏季低一些，含氮量在 2.2% 左右。

（1）二次发酵技术要点

①填料

一次发酵的培养料在运入二次发酵隧道前要将生物吸附剂均匀地加入。经过一次发酵的培养料需要运入二次发酵隧道进行中低温发酵（巴氏灭菌），整个发酵过程需要8d时间。运入的一次发酵料要呈蓬松状堆在地面上，高度2.2m，其宽度和长度同一次发酵料的堆形，堆料密度约1000kg/m³。

②通风升温

填料后4h左右才可关闭隧道舱门进行均衡升温，使不同层次的料温趋于一致。料层温度稳定一致后，以150m3/h的循环风的速度将料温逐步升到58℃。

③巴氏灭菌

当料温升至58℃时，要恒温保持8～10h，严禁料温高于60℃或低于55℃，否则会影响巴氏灭菌效果。巴氏灭菌结束后，再逐渐将料温降到48～50℃，此期间的恒定期为9h。当培养料发酵呈深棕色或褐色，料内拌有35%左右的灰白色放线菌等有益微生物的色斑，没有氨味或其他刺鼻的异味，并略带有甜面包的香味，培养料柔软富有弹性，没有粘连现象，培养料容易被拉断时发酵工艺全部结束，打开隧道舱门将料温降至25℃以下播种备用。

（2）二次发酵异常现象处理

①培养料底端和隧道的两侧偏干

原因是底层风量过大或隧道空间温度超过70℃。处理方法：对于偏干的培养料要喷洒人工加温至80℃的热水（内加1%石灰），切忌喷洒生冷水。

②原料呈片状粘连

原因是培养料发酵期间的温度低于45℃引起的细菌污染。处理方法：在发酵期间要加大通风量，40～45℃的停留期不得超过8h。

③培养料氨味偏重

原因是巴氏灭菌温度超过65℃，导致培养料的过度发酵，同时还会影响到氨气的吸附效果。处理方法：迅速将温度降至52℃，恒定3～5h，也可向隧道空间喷洒5%甲醛溶液，及时清除隧道空间的游离氨。

7. 品种选择、播种与发菌管理

二次发酵结束后要及时进行翻动拌料、播种。应彻底翻动整个料层、抖松料块，使料堆、料块中的有害气体散发出去。当料温降至28℃左右时进行播种。播种前应全面检查培养料的含水量，并及时调整。

优良的菌种是保障高产的关键，应当选择正规的有生产资质的菌种生产单位购买。各地应根据当地的气候条件和市场需求选择。

播种所用工具应该清洁，并用消毒剂进行消毒。播种后的整个发菌期的管理主要是调节控制好菇房内的温度、湿度和通风条件。播种后，菌种萌发至定植期，应关紧菇房门窗，提高菇房内二氧化碳浓度，并保持一定的空气相对湿度和料面湿度，必要时地面浇水或在菇房空间喷石灰水，增加空气湿度，促进菌种萌发和菌丝定植；同时要经常检查料温是否稳定在28℃以下，若料温高于28℃，应在夜间温度低时进行通风降温，以防烧菌。播种3～5d后，开始适当通风换气，通气量的大小要根据湿度、温度和发菌情况决定。在发菌过程中，应该经常检查杂菌情况，一旦发现应及时采取防治措施。在适宜条件下，播种后20～23d菌丝便可长满整个料层，菌丝长满培养料后应及时进行覆土。

8. 覆土及覆土后的管理

优良的覆土材料应具有高持水能力、结构疏松、孔隙度高和稳定良好的团粒结构。目前多采用以草炭为主的新型覆土材料，有自然草炭土和人工配制草炭土，覆土经严格消毒后方可采用。当菌丝长满整个料层时，才能进行覆土，一般是播种后12～14d。过早覆土，菌丝没有吃透料层，生长发育未成熟，不利于菌丝爬土，甚至不爬土，影响产量。覆土厚度一般为料床的1/5。

9. 出菇管理

从播种起大约35d进入出菇阶段，产菇期3～4个月。出菇期，菇房的温度应该控制在16～18℃，适宜的相对湿度为90%左右，并应该经常保持新鲜，经常开门窗通风换气，温度低于13℃时应选择午间气温高时通风。菇房内温度高于20℃时，禁止向菇床喷水，每天在菇房地面、走道的空间和四壁喷雾浇水2～3次，以保持良好的空气相对湿度。在整个出菇期管理的核心是正确调节好温、湿、气三者的关系，满足蘑菇生长对温度、水分和氧气的要求。

10. 采收与贮运

菌盖未开，菌膜未破裂时，及时采收。采收时，应轻采、轻拿、轻放，保持菇体洁净，减少菇体擦伤。采收结束后，应该及时清理废料，拆洗床架，进行全面消毒。栽培蘑菇的废料可以作为有机肥料用于蔬菜和花卉育苗的基质及肥料。

二、秸秆栽培草菇技术

我国北方地区是传统作物小麦、玉米的主产区，每年有大量的农作物秸秆因得不到合理利用而被浪费掉。利用秸秆栽培高温型食用菌草菇，使作物秸秆成为一种可开发利用的生物再生资源，既降低了草菇的生产成本，丰富了人民的菜篮子，又解决了夏季食用菌产品严重缺乏的难题。

（一）草菇栽培方法

草菇的栽培方法很多，下面就一些常用的方法做具体介绍。

1. 坏块式草菇栽培法

（1）配方

干稻草100kg，稻糠5kg，干牛粪粉5～8kg，草木灰2kg，石灰1kg，碳酸钙1kg。

（2）养料堆制

选用金黄色（或绿色）、足干、无霉变的稻草，铡成 1～2cm 的小段，置入 1% 石灰水中浸泡 24h，捞出沥干建堆，堆宽 1.5m、高 1.5m，堆长视情况而定，一般以不超过 10m 为宜。先铺 20cm 厚稻草，然后撒上牛粪（牛粪粉要提前 2～3d 预混）、米糠、碳酸钙、草木灰、石灰（石灰加量调制 pH 值以 7～8 为宜）。这样一层稻草一层辅料，一直到建好堆为止。3d 后进行翻堆，翻堆时要把辅料与稻草混合均匀，再过 2d 便可制作坏块。

（3）坏块制法

将木框置于平地上，在木框上放一张薄膜（长、宽约 1.5m，中间每隔 15cm 打一个 10cm 直径的洞，以利于通水、通气）。向框内装入发酵好的培养料，压实，面上盖好薄膜，提起木框，便制成草坏块。

（4）灭菌与接种

制好的草坏块要进行常压灭菌（100℃保持 8～10h）。灭菌后搬入栽培室（栽培室事先要进行清洗，用 1500 倍的敌敌畏喷雾杀虫，再用福尔马林或硫黄粉按常规用量熏蒸），待料温降至 37℃以下进行接种。接种时先把面上薄膜打开，用撒播法播种，播后马上盖回薄膜，搬上菇床养菌。

（5）栽培管理

接种后 5d，把面上薄膜解开，盖上 1～2cm 厚的火烧土，再过 3d 便可喷水，保持空间湿度在 85%～90%，再过 2d 现原基。此时要求一定的光照和适当的通气换气。菇房的相对湿度可提高到 90%～95%，以促进原基的生长发育。一般现蕾后 5d 就可采菇。第一茬菇采完后，须检查培养料的含水量，必要时可用 pH 值为 8～9 的石灰水调节。然后提高菇房温度，促使菌丝恢复生长。再按上述方法进行管理，直到栽培结束，一般整个栽培周期为 30d，可采 3～4 茬菇。

2. 泡沫棚种植草菇

泡沫棚种植草菇是近几年发展起来的一种栽培模式，它改变了传统栽培模式和季节的限制，打破草菇只能在夏季 7～9 月份栽培的历史，利用加温等措施达到草菇全年生产。

现将其栽培技术介绍如下：

（1）泡沫棚草菇栽培房的结构和特点

栽培房宜选择地势高爽的宅前屋后空地进行搭建。一般每只棚占地 11m²，长 5m，宽 2.2m，高 2.2m。房内架子用木板或角铁搭置，设 4 层床架，床宽 0.7m，靠两边搭置，中间留 0.8m 走道，层距 0.45m，每边 3 层，共 6 层，实际栽培为（5m×0.7m×6层）=21m³。

地上排设通风管道，并浇筑水泥地面，泡沫板里面衬上一层薄膜，以利于保温，走道两边距地面一定高度开设两个换气窗，门只开一面。这种棚体积小，床架高度适中，易于保温及种植户管理。

因草菇是高温结实菌，低温时要进行加温才能正常出菇。可通过煤炉加热，一间菇房用 1 ~ 2 只煤炉，来创造草菇适宜的生长环境。

（2）栽培季节安排和适宜使用的菌种

栽培季节可以全年种植，一间菇房一年可种植 12 茬。适宜使用的菌株为 V23 系列草菇。

（3）培养料处理

选用新鲜、无霉变废棉和棉纺厂下脚料，使用前在太阳下暴晒 2d。每只棚一次投料在 150kg。把所需的废棉在 pH 值 > 12 的石灰水中浸 1d，然后捞起，预堆 3d，中间翻堆 1 次；如堆制时温度低，可盖上薄膜，让废棉软化均匀才可进房。二次发酵时培养料含水量控制在 60% ~ 70%，即捏一把料指缝间有水珠滴下，搬到床架上再进行二次发酵，加温到 60 ~ 62℃维持一天一夜，然后降温，准备播种。

（4）播种及播种后管理

①播种

温度下降至 33 ~ 38℃时即播种，每棚用种量（17cm×33cm 聚丙烯袋）12 ~ 15 包，撒播，播后轻轻拍一下料面。盖上地膜或清洁的蛇皮袋。

②播种后管理

料温控制在 36℃，菇房温度在 33℃左右为好。36h 后，菌丝基本封面，即拿掉薄膜或蛇皮袋，保湿；菌丝基本发到底时补水 1 次，用量 1 ~ 1.2kg/m²，当边上有小白点形成时就用水来刺激出菇，分 2 次补水，用量 1.5 ~ 2kg/m²，并降温至 30 ~ 32℃，加大通气量。出菇时空气湿度要求在 85% ~ 90%，补水时水温要与室温一样。9 ~ 10d 后，可采收第 1 茬菇。采收后，进行大通风，第 2 天用石灰水补水，用量 1.5 ~ 2kg/m²，紧闭门窗，加大换气量，促其出第 2 茬菇。

3. 草菇袋式栽培技术

草菇袋式栽培是一种较新的栽培方式，是一种草菇高产栽培方法，单产较传统的堆草栽培增产 1 倍左右。生物效率可达到 30% ~ 40%。

（1）浸草

将稻草切成 2 ~ 3 段，有条件的可切成 5cm 左右，用 5% 的石灰水浸泡 6 ~ 8h。浸稻草的水可重复使用 2 次，每次必须加石灰。

（2）拌料

将稻草捞起放在有小坡度的水泥地面上，摊开沥掉多余水分，或用人工拧干，手握抓紧稻草有 1 ~ 2 滴水滴下，即为合适水分，含水量在 70% 左右。然后加辅料拌和均匀，做到各种辅料在稻草中分布均匀和黏着。拌料时常用的配方有以下几种：

配方 1：干稻草约 86.9 份 + 麸皮 10 份 + 花生饼粉或黄豆粉 3 份 + 磷酸二氢钾 0.1 份。

配方 2：干稻草约 84.8 份 + 米糠 10 份 + 玉米粉 3 份 + 石膏粉 2 份 + 磷酸二氢钾 0.2 份。

配方 3：干稻草 83.5 份 + 米糠 10 份 + 花生饼粉 3 份 + 石膏粉 2 份 + 复合肥 1.5 份。

配方 4：干稻草 56.5 份 + 肥泥土 30 份 + 米糠 10 份 + 石膏粉 2 份 + 复合肥 1.5 份。

（3）装袋

经充分拌匀的料，选用 24cm×50cm 的聚乙烯塑料袋，把袋的一端用粗棉线活结扎紧，扎在离袋口 2cm 处。把拌和好的培养料装入袋中，边装料边压紧，每袋装料湿重 2～2.5kg。然后用棉线将袋口活结扎紧。

（4）灭菌

采用常压灭菌，装好锅后猛火加热，使锅内温度尽快达到 100℃ 并保持 6h 左右，然后停火出锅，搬入接种室。

（5）接种

采用无菌或接种箱接种。无菌室或接种箱的消毒处理与其他食用菌相同。接种时，解开料袋一端的扎绳，接入草菇菌种，重新扎好绳子。解开另一端的扎绳，同样接入菌种，再扎好绳子。一瓶（或一袋）菌种可接种 12 袋左右。

（6）发菌管理

将接种好的菌袋搬入培养室，排放在培养架上或堆放在地面上。菌袋堆放的高度应根据季节而定，温度高的堆层数要少，温度低的堆堆放的层数可以适当增加。一般堆放 3～4 层为宜。培养室的温度最好控制在 32～35℃。接种后 4d，当菌袋菌丝吃料 2～3cm 时，将袋口扎绳松开一些，增加袋内氧气，促进菌丝生长。在适宜条件下，通常 10～13d 菌丝就可以长满全袋。

（7）出菇管理

长满菌丝的菌袋搬入栽培室，卷起袋口，排放于床架上堆叠 3～5 层，覆盖塑料薄膜，增加栽培室的空气相对湿度至 95% 左右。经过 2～3d 的管理，菇蕾开始形成，这时可掀开薄膜。当菇蕾长至小纽扣大小时，才能向菌袋上喷水，菇蕾长至蛋形时就可采收。一般可采收 2～3 茬菇。

4.温室草菇麦草栽培新技术

草菇富含蛋白质，低脂肪、低热值、肉质细嫩、味道鲜美，具有抗癌、降压等多种保健作用，在市场上颇受欢迎。但室外栽培草菇，受自然气候的影响较大，温度与湿度不易人工控制，很难达到理想的产量。近年利用日光温室夏、秋季高温休闲期栽培草菇，取得了很好的效果，并且为小麦秸秆腐化还田提供了一条有效途径，较好地解决了困扰农村多年的小麦秸秆焚烧问题。现将其主要栽培技术简介如下：

（1）栽培季节

草菇菌丝体生长的适温范围为 15～40℃，最适宜温度为 30～35℃，子实体生长的温度范围为 26～34℃，最适宜温度为 28～30℃，从堆料到出菇结束只需 1 个多月的时间，是目前人工栽培的食用菌中需求温度较高、生长周期较短的类型。根据草菇对温度的要求及各地不同的栽培条件，可分别选择适当的栽培时期。

（2）菌种选择

由于各地的品种编号不同，根据各地的实际情况因地制宜地选择优质高产的品种非常重要。品种的选择标准是高产、优质、抗逆能力强。

（3）培养料处理

①栽培原料配方

栽培草菇的原料非常广泛，有稻草、谷秆、麦秸、杂草等。

②培养料处理

无论选用哪种原料，均应干燥无霉变，并在生产前暴晒 2 ~ 3d。新收获的麦秸、稻草要彻底干燥，否则容易因料酸而失败。

栽培前在温室附近挖一个水池，将麦秸和石灰按比例一层麦秸一层石灰层层交替地在水池中铺好，铺草时要踩实，铺满水池以后，用重物将草压住，将水池灌满。麦秸浸泡 24 ~ 48h 后，捞出后沥去明水，喷洒占干料总量 0.1% ~ 0.2% 的 50% 多菌灵可湿性粉剂及 0.1% 的 80% 敌敌畏乳油水溶液，处理后的麦秸 pH 值在 9 ~ 12 之间。

③培养料的发酵

将上述处理好的麦秸捞出堆成垛，垛高 1.5m，宽 1.5m，长度不限。堆好后，覆盖塑料薄膜，保温保湿，以利于发酵。当麦秸堆中心温度上升到 60℃左右时，保持 24h，然后翻堆，将外面的麦秸翻入堆心，里面的麦秸翻到外面，以使麦秸发酵均匀。翻堆后中心温度又上升到 60℃时，再保持 24h，重复 3 ~ 4 次发酵即可终止。发酵时间一般为 10d 左右，发酵时间长短的关键是发酵温度是否合格。

发酵结束后，要检查发酵麦秸的质量。优质发酵麦秸的标准：质地柔软，一拉即断，表面脱蜡，手握有弹性感，金黄色，有麦秸香味，有少量的白色菌丝，含水量 65% ~ 70%，pH 值为 9 左右。

（4）栽培方法

①菇棚处理

清除日光温室内的前茬秸秆，深翻暴晒室内土壤后，疏松土层，整平地面，一次性灌足底水，同时喷洒 5% 甲醛及 50% 辛硫磷乳油 800 倍液。

②波浪式覆土栽培

草菇栽培不覆土也能正常出菇，但在料面上盖土有利于保湿，供应草菇生长所需的水分，覆土栽培是提高草菇产量的有效方法。用于覆盖的土壤要求肥沃、疏松、保水性能良好。自配营养土配方：优质菜园土或地表 15cm 以下土壤，打碎后，每 110kg 土加入草木灰 4kg、尿素 0.5kg、磷肥 1kg、石灰 2kg。

波浪式覆土栽培方法：先在地面喷 5% 石灰水，再铺上 1 层栽培料（充分发酵的麦秸不必切碎，栽培料为栽培原料的充分混合），压实，宽 60 ~ 80cm，厚约 20cm，长度根据日光温室的宽度而定，以留出便于管理的走道为宜。然后均匀撒播第 1 层菌种，在铺第 2 层料时开始起垄，料垄厚 15 ~ 20cm，垄沟料厚 10cm，可增加出菇面积和提高产量。料垄做好后即可撒播第 2 层菌种。两次用量分别占菌种总量的 30% ~ 40% 和 60% ~ 70%。菌种用量占干料重的 5% ~ 10%。菌种播好后，在料垄上再覆一层略能盖好菌种的薄草，用干净木板将麦秸垄拍实，形成四周低中间凸的龟背形状，然后覆盖营养土 1 ~ 2cm，盖上地膜即可。两料垄间留 30cm 间距作走道。

③温度控制

草菇是高温恒温结实性菌类，忽冷忽热的气候对生长极为不利。播种后 3 ~ 4d，以保温为主。以后随着料温的升高，特别是当料温高于 40℃时，要揭膜降温，使料温控制在 35 ~ 38℃，气温控制在 30 ~ 32℃为宜。子实体形成与菇体发育时，料温保持在 30 ~ 35℃，气温保持在 28 ~ 32℃。

④湿度控制

一般采取灌水和喷水相结合的形式。播种前先将畦床灌水湿透，播种后头几天料垄上的地膜一般不要揭开，以便使培养料含水量保持在 65% ~ 70%。空气相对湿度应控制在 85% ~ 90%，湿度不够时可向垄沟灌水或喷水。灌水时，一定注意不能浸湿料块，喷水时尽量不要喷向料面。出菇期间，空气相对湿度应提高到 90% ~ 95%。一般是向垄沟内灌水，使畦床湿润，以维持培养料内的含水量。向空间喷雾，以提高空气相对湿度。喷雾要用清水，水温与气温接近，做到轻喷、勤喷。不宜直接向料块喷水，尤其是刚现菇蕾时，严禁向菇蕾喷水。

⑤通风与光照

草菇是一种好氧性真菌，菌丝生长期需氧少，出菇阶段需氧较多，温室栽培须注意通风，但不能通风过急，否则会引起温度骤变，不利于草菇生长，一般以空气缓缓对流较好。出菇期通风还要与喷水保湿相结合，具体做法是菌丝生长期间每天中午少部分掀开盖在料垄上的地膜，打开菇棚 15 ~ 20min。菌丝布满畦面后，除去地膜。出菇期间，通风前先向地面、空间喷雾，然后通风 20min 左右，每天 2 ~ 3 次。

光照宜用散射光。发菌初期光线宜弱，栽种后 4 ~ 5d，直至出菇结束，应适当加强光照。光照强度以能阅读报纸为宜，忌阳光直射。

（5）适时采收

一般播种后 10 ~ 12d，当菇蕾有鹌鹑蛋大小时，即可采收。早、中、晚各采 1 次，防止开伞降低商品价值。每茬菇可连续采收 20d 左右。每茬在采后可在料面上喷洒菇宝和各种营养液，以延长采收期和提高产量。

（二）草菇栽培技术要点

1. 品种特性与栽培时期

草菇为夏季栽培的高温速生型菇类，从种到收只要 10 ~ 15d，生产周期不过 1 个月。根据草菇对温度的要求及各地不同的栽培条件，可分别选择适当的栽培时期。

2. 原料选择

适合草菇栽培的原料广泛，麦秸、玉米秸、玉米芯、棉籽壳及花生壳等均可作为栽培基质用于草菇生产，栽培料应选用颜色金黄、足干、无霉变的新鲜原料，用前先暴晒 2 ~ 3d。根据草菇对营养物质需求量的多少，培养料分为主料和辅料两大类。

（1）主料

有稻草、麦秸、棉籽壳、废棉、甘蔗渣、豆秸、玉米芯等，废棉最佳，棉籽壳次之，麦秸、稻草等稍差。栽培过平菇、金针菇的废料亦可用来栽培草菇。

①棉籽壳

要选用绒毛多、存放时间短的优质、新鲜棉籽壳。栽培前，先在日光下暴晒2～3d。

②废棉

废棉保温、保湿性能好，含有大量纤维素，是栽培草菇的优质培养料，但透气性较差。栽培前，先将其放入pH值为10～12的石灰水中浸泡一夜，捞出沥干后堆积发酵。

③麦秸

要选用当年收割、未经过雨淋和未变质的麦秸，麦秸的表皮细胞组织含有大量硅酸盐，质地较坚硬且蜡质多，不易吸水及软化。栽培前须经过破碎、浸泡软化和堆积发酵处理。

④稻草

应选用隔年优质稻草，要足干、无霉变，呈金黄色。这种稻草营养丰富，杂菌少。栽培前，将稻草暴晒1～2d，然后放入1%～2%的石灰水中浸泡半天，用脚踩踏，使其柔软、坚实并充分吸水，捞出即可用于栽培。

⑤甘蔗渣

新鲜干燥的甘蔗渣呈白色或黄白色，有糖芳香味，碳氮比为84：1，与麦秸、稻草相近，是甘蔗主产区栽培草菇较好的原料，用时要选新鲜、色白、无发酵酸味者，一般应取糖厂刚榨过的新鲜蔗渣，及时晾干，贮藏备用。

⑥栽培过平菇、金针菇的废料

将废料从菌袋中倒出，趁湿时踩碎，去掉霉变和污染的部分，为减少营养消耗，应及时晒干后贮存备用。

（2）辅料

用于栽培草菇的稻草、麦秸等原料中，往往碳素含量高、氮素含量低，配制养料时必须添加适量的营养辅料才能满足草菇生长发育所需要的营养条件。

常用的营养辅料有麦麸、米糠、玉米粉、圈肥、畜禽粪、尿素、磷肥、复合肥、石膏粉、石灰等。

营养辅料的用量要适当，麸皮等一般不超过25%。培养料中氮素营养含量过高会引起菌丝狂长，推退出菇；另外，容易引起杂菌生长，造成减产。麦麸、米糠和玉米面均要求新鲜、无霉变和无虫蛀。

生石灰是不可缺少的辅料之一，除补充钙元素外，还可以调节培养料的pH值，并可去除秸秆表面的蜡质等，使秸秆软化。

畜禽粪一般多用马粪、牛粪和鸡粪等，是氮素的补充营养料。使用畜禽粪时要充分发酵、腐熟、晾干、砸碎、过筛备用。

（3）常用配方

配方1：稻草500kg+石灰粉10kg。

配方2：稻草500kg+麦麸35kg+石灰粉10kg。

配方3：稻草500kg+干牛粪粉40kg+过磷酸钙5kg+石灰粉10kg。

配方 4：小麦秸碎段 65%，菌糠 25%，麦麸 5%，尿素 0.3%，石膏粉 1%，生石灰 3.7%。

配方 5：玉米秸 73%，棉籽壳 15%，麦麸 6%，尿素 0.3%，过磷酸钙 1%，石膏粉 1%，生石灰 3.7%。

配方 6：玉米芯碎块 80%，麦麸 8%，棉籽饼（粕）粉 3%，石膏粉 1%，石灰 8%。

配方 7：豆秸粗粉 60%，棉籽壳 34%，石膏粉 1%，过磷酸钙 1.5%，生石灰 3.5%。

配方 8：花生茎蔓粗粉 70%，菌糠 20%，麦麸 5%，石膏粉 1%，生石灰 4%。

上述配方栽培料均须堆制发酵处理，发酵前料水比调至 1 ：1.8 左右，pH 值 8.5 ~ 9.0。

3. 场地选择与处理

栽培草菇的场地既可是温室大棚，也可在闲置的室内、室外、林下、阳畦、大田与玉米间作、果园等场地。大棚要加覆盖物以遮阴控温，新栽培室在使用前撒石灰粉消毒，老菇棚可用烟熏剂进行熏蒸杀虫灭菌。

4. 原料的处理

原料采用石灰碱化处理，即在菇棚就近的地方挖一长 6m、宽 2.5m、深 0.8m 左右的土坑（土坑大小可根据泡秸秆多少而定），挖出的土培在土坑的四周以增加深度至 1.5m，坑内铺一层厚塑料膜，然后一层麦秸、一层石灰粉，再一层麦秸、再一层石灰粉，如此填满土坑，最上层为石灰粉，石灰总量约为麦秸总量的 8%。再在麦秸上面加压沉物以防止麦秸上浮。最后，往土坑里灌水，直至没过麦秸为止，或者逐层淋水至每层有水滴下为度。稻草吸足水分是取得高产的关键。

秸秆上架后马上加温，可用蒸汽发生炉，也可用废汽油桶。让热蒸汽从床架底层向菇棚疏松扩散，使菇棚内室温达到 66 ~ 75℃，中层料温达到 63℃ 左右，维持灭菌时间 8 ~ 10h。

5. 入棚、建畦、播种

把泡过的麦秸挑出，沥水 30min 后入棚。按南北方向建畦，畦宽 0.9 ~ 1.0m。先铺一层厚 20cm 左右的秸秆，并撒上一层处理过的麸皮。用手整平稍压实后播第一层种。按 0.75kg/m² 的播种量，取出 1/3 的菌种，掰成拇指肚大小，再按照穴距和行距均为 10cm 左右播种，靠畦两边分别点播两行菌种，中间部位因料温会过高而灼伤菌种故不播。之后再铺一层厚为 15cm 左右的草料和麸皮，把剩余 2/3 的菌种全部点播整个床面，然后再在床面薄薄地撒一层草料，以保护菌种且使菌种吃料块。最后用木板适当压实形成弧形，以利于覆土。料总厚度为 30 ~ 300cm，畦间走道宽 30cm。

6. 覆土、盖膜

把畦床整压成弧形后，在料面上盖一层 2 ~ 4cm 的黏性土壤，可在走道上直接取土，使之形成蓄水沟和走道。最好在覆土内拌入部分腐熟的发酵粪肥。覆土完毕，在畦面盖一层农膜以保温保湿，废旧膜要用石灰水或高锰酸钾消毒处理。覆膜完毕，在料内插一支温度计，每天观察温度，控制在适宜的温度之内，料温不超过 40℃。如超过 40℃，应立即撤膜通风，在畦床上用木棍打眼散热。

7. 发菌、支拱

覆膜 3d 后，每天掀膜通风几次，每次 10 ~ 30min。一般到第 7 ~ 8 天，菌种布满床面，等待出菇，此时应在畦面上支拱，拱上覆薄膜。两头半开通风，两边不要盖得太严。因草菇对覆土及空气湿度要求较严，拱膜可保持温度和湿度稳定，如温度、湿度适宜，也可不用拱棚。

8. 出菇管理

播种后 10d 左右，便开始出菇，此时要注意掀膜通风。待出菇多时，在走道内灌水保湿或降温。如温度、湿度适宜则要撤膜通风换气，保持菇床空气新鲜，温度不宜超过36℃，以防止高温使菇蕾死亡；若畦床过干，不可用凉水直接喷洒原料或菇蕾，而要在棚边挖一小坑，铺上薄膜，放入凉水，预热后使用。整个出菇过程要严格控制温度、湿度，并适当通风。草菇对光照无特别要求，出菇期给予散射光即可保证子实体正常发育。草菇虫害主要有螨类、菇蝇和金针虫等，可在铺料前用 90% 敌百虫 700 ~ 800 倍液处理土壤或用 80% 敌敌畏乳油 800 ~ 1000 倍液喷雾防治。

9. 采收

草菇子实体发育迅速，出菇集中，一般现蕾后 3 ~ 4d 采摘，每茬采收 4 ~ 5d，每天采 2 ~ 3 次。隔 3 ~ 5d 后，第二茬又产生；一般采 2 ~ 3 茬，整个采菇期15d 左右，第一茬菇约占总产量的 80% 以上。当子实体由基部较宽、顶部稍尖的宝塔形变为蛋形，菇体饱满光滑，由硬变松，颜色由深入浅，包膜未破裂，触摸时中间没空室时应及时采摘，通常每天早、中、晚各采收 1 次，开伞后草菇便失去了商品价值。

（三）草菇栽培中杂菌和害虫防治

1. 鬼伞菌

尽量选用新鲜培养料，使用前暴晒 2d，或用石灰水浸泡原料；控制培养料的含氮量发酵料或发酵栽培时麦麸或米糠添加量不要超过 5%，畜禽粪以 3% 为宜。无论用何种材料栽培，最好二次发酵，可大大减少鬼伞菌的污染；发酵时控制培养料的含水量在70% 以内，以保证高温发酵获得高质量的堆料，同时，培养料拌料时调节培养料的 pH值至 10 左右。

2. 霉菌

常见的有绿色木霉、毛霉和链孢霉。防治霉菌常用的药液有 5% 的石炭酸、2% 的甲醛、1：200 倍的 50% 多菌灵、75% 甲基托布津、pH 值为 10 的石灰水。此外，往污染处撒石灰面，防治效果也很好。

3. 菇螨

将棉球蘸敌敌畏，放在床架底料面上，然后用塑料布覆盖床面，利用药物挥发熏蒸料面，毒死螨虫；用 50% 的氧化乐果 1000 倍液、菊乐合酯 1500 倍液、螨特 500 倍液喷雾杀螨；用洗衣粉400倍液连续喷雾2～3次，也有很好的杀螨效果；将新鲜猪骨放在菇螨出没危害的床面上，相间排放，待螨虫群集其上时，将骨头置开水中片刻即可杀螨虫，反复进行几次，直到床面上无螨为止。

4. 菇蝇

在菇场四周设排水沟，排除积水，并定期用0.5%敌敌畏喷杀；培养料进行二次发酵，杀死料内幼虫和卵；用黑光灯诱杀。

第四节　秸秆栽培木腐生菌类技术

一、技术原理与应用

木腐生菌类是指生长在木材或树木上的菌类，如香菇、木耳、灵芝、平菇、茶树菇等。玉米秸、玉米芯、豆秸、棉籽壳、稻糠、花生秧、向日葵秆等均可作为栽培木腐生菌的培养基料。目前，棉籽壳价格持续上涨，利用秸秆进行平菇类的栽培已经成为首选。木腐生菌种类较多，对生长环境的要求并不相同，但是栽培环节比较相似。下面以平菇栽培为例进行详细介绍：

（一）栽培时间的确定

平菇发菌时间一般是30d左右，发菌期的核心环节是控温。生产者应该根据当地的气候条件安排播种时间，以发菌完成后60d内白天菇棚温度在8～23℃为宜。

（二）场地选择

平菇抗杂能力强，生长发育快，可利用栽培的环境较多，如闲置平房、菇棚、日光温室、塑料大棚等。可因地制宜，以利于发菌、易于预防病虫害、便于管理、能充分利用空间、提高经济效益为基本原则。

（三）原料准备

可用来栽培平菇的培养料种类很多，所有农林废弃物几乎都可以作为平菇栽培的主料，包括各类农作物秸秆、皮壳、树枝、刨花、碎木屑等。平菇栽培的氮源添加物主要包括麦麸、米糠、豆饼粉、花生饼粉等辅料。常用配方如下：

配方1：玉米芯80kg，麦麸18kg，石灰2kg。
配方2：玉米芯80kg，麦麸15kg，玉米粉3kg，石灰2kg。
配方3：玉米芯40kg，棉籽壳40kg，麦麸18kg，石灰2kg。
配方4：棉秆粉40kg，棉籽壳40kg，麦麸18kg，石灰2kg。
上述配方均要求料水比为1：（1.3～1.4）。

（四）品种选择

由于平菇栽培种类多，商业品种也很多，性能各异，可以依据不同用途划分品种类型。栽培者应当按照市场需求选择品种。一般来说，依据色泽可以将平菇划分为黑色种、浅色种、乳白色种和白色种四大品种类型。依据子实体形成的温度范围可以分为低温品种、中低温品种、中高温品种、高温品种和广温品种。

（五）培养料的预处理和发酵

首先将麦秸、玉米芯等秸秆物料粉碎至适宜大小，然后与辅料混合均匀，加水搅拌至含水量适宜后上堆，加覆盖物保温、保湿，每堆干料 1000 ~ 2000kg。堆较大时中间要打通气孔。一般发酵 48 ~ 72h 后料温可以升至 55℃以上，此后保持 55 ~ 65℃，24h 后翻堆，使料堆内外交换，再上堆，水分含量不足时可加清水至适宜。当堆温再升至 55℃时计时，再保持 24h 翻堆，如此翻堆 3 次即发酵完毕。发酵好的培养料有醇香味，无黑变、酸味、氨味和臭味。

二、常见平菇栽培方式

一般说来，平菇的栽培方式有很多种。按栽培场所分，有室内大床栽培、阳畦栽培、地道栽培、塑料大棚栽培等。按栽培方式分，有瓶栽、块栽、床栽、袋栽、畦栽、箱栽等。按培养料处理情况分，有熟料栽培（不发酵、灭菌）、生料栽培（不发酵、不灭菌）和发酵料栽培（发酵、不灭菌）。下面将详细描述一些常见的栽培方式：

（一）地面块栽

将培养料平铺于出菇场所的地面上，用模具或挡板制成方块。大块栽培一般长 60 ~ 80cm，宽 100 ~ 120cm。小块栽培一般长 40 ~ 50cm，宽 30 ~ 40cm。这种栽培方式适用于温度较高的季节。优点是功效高，透气性好，散热性好，发菌快，出菇早，周期短。不足之处是空间利用率低。

具体做法是将调制好的培养料装在布包里，包与包之间有一定间隙，在高压灭菌下保持 1.5h。有的地方采用蒸锅消毒，锅中水开后保持 6 ~ 8h，趁热出锅。在接种箱（室）里把培养料装入铺有塑料薄膜的箱中，压实包紧。待温度降到 30℃以下时接种，然后排去薄膜中的气体，卷好接缝口，放在架上或堆成品字形，在低温条件下培养。另外，生料也可栽培，方法是将培养料消毒后装箱筐培养。可采用 1% ~ 3% 的高锰酸钾或 1% 的生石灰进行消毒。

当菌丝长满整个培养基后，即可除去盖在箱筐上的塑料薄膜，培养出菇。也可除去箱筐，将栽培块移到培养室架子上，进行管理，促其出菇。一般可收 3 ~ 4 茬菇。

（二）塑料袋栽培

这一方法是将培养料分装于塑料袋内，生料栽培或熟料栽培。这种方法栽培出菇期将菌袋码成墙状，打开袋口出菇。塑料袋一般选用聚丙烯或农用塑料薄膜，制成 23cm×45cm 或 28cm×50cm 规格的袋子，装入培养料后，用橡皮筋扎口。消毒时，袋与袋之间可用纸或其他东西隔开。聚丙烯耐压性能好，可用高压灭菌法。聚乙烯耐温、耐压性能差，宜用常压灭菌。常压灭菌时，锅盖要盖好，冒气后维持 6h 以上；高压灭菌时，袋料要压紧。中间打洞，袋与袋之间有空隙，以利于灭菌彻底。温度上升或消毒后放气速度要缓慢，以免袋子破损。

生料塑料袋栽培：常用的方法是袋内先装一层 10cm 厚的浸拌好的培养料，用手按实；铺一薄层菌种后，再装料，共数层，至满为度。然后，把袋口扎好，培养 30d 左右，待菌丝长满、菌蕾出现时解开扎口。注意喷水，可连收 2 次。

塑料袋栽培方式的优点是空间利用率高，便于保湿，出菇周期长。不足之处是透气性能差，散热性能差，发菌慢，出菇晚。因此，在栽培过程中要多给予通风，菌袋刺孔通气。

（三）室内大床栽培

室内大床栽培，菇房要坐北朝南，要求明亮，有保温、保湿、通风换气等优良条件。床架一般南北排列，四周不要靠墙，床面宽 1m 左右，过宽不利于菌丝发育。每层相距 67 ~ 83cm。床架间留走道，宽 67cm，上层不超过玻璃窗，以免影响光照。床底铺竹竿或条编物，要铺严；防止床上床下同时出菇，分散营养。室内床架栽培比露地栽培更易控制温度、湿度，受自然条件的影响较小。

调制培养料时，要求水分适当，干湿均匀，不宜过夜，料面平整，厚薄一致。如棉籽壳栽培，料厚 13 ~ 17cm，天暖季节可薄一些。培养料调好后应立即上床。床上先垫一层报纸，再将棉籽壳平铺到床上，点菌种时可层播、面播。播后稍加拍实，然后立即用塑料薄膜覆盖。播种后，如薄膜上凝集大量水珠，应将薄膜掀去 1 ~ 2d，防止表面菌丝徒长，以后根据情况可适当通风，直至出菇。

床架栽培多在室内，也可以在半地下室或地下室内进行。半地下室或地下室栽培平菇，要注意以下几点：一是防止杂菌污染，地下室一般湿度很高，杂菌多，连年多次栽培更应注意消毒工作；二是地下室不利于菌丝发育，因温度低，应采用地上发菌，即把培养料装入木模内点好菌种，用塑料纸包严，置 25℃ 左右处培养，待菌丝充分发育后去掉薄膜，再移入地下室；三是出菇期间加强通风，注意光照，促进子实体的分化。

（四）阳畦栽培

平菇的阳畦栽培是近年来创造和推广的一种大规模栽培的方法。阳畦栽培不需要设备。成本低，产量高，发展很快。

建造阳畦时，应选背风向阳、排水良好处。挖成坐北朝南的阳畦，规格各有不同，一般畦长 10m、宽 1m、深 33cm，畦北建一风障，畦南挖一北高南低的浇、排水沟，床底撒些石灰。垫上薄膜，然后铺料。畦上自西向东每隔 15cm 设一个竹架，以便覆盖塑料薄膜，防风、遮阳、避雨。春末、秋初温度高的加盖苇席等遮阴。

阳畦栽培，春、秋可种两次。春播一般在 2 月下旬至 3 月中旬，秋播在 8 月下旬至 9 月。春播要早，秋季适晚播，温度低，菌丝发育慢，但健壮。播种后紧贴畦面覆盖一层无色塑料纸或地膜，在畦上做一弓形竹架，加盖一层薄膜，压好四周，以利于保温保湿。有条件时用黑色薄膜遮盖。春末秋初，在畦上用苇席或秸秆等搭明棚，避免阳光直射。

（五）段木栽培

段木栽培树种应选择材质较松、边材发达的阔叶树，不采用含松脂、醚等杀菌物质的针叶树。

平菇对单宁酸较敏感，如壳斗科的栗树等不大适于种平菇。较适宜的树种是胡桃、柳树、法桐、杨树、榆树、蜜柑、枫杨、梧桐、枫香、无花果等。适宜砍伐期一般从树木休眠期到第二年新芽萌发之前。截段后立即接种，按 2 寸 × 3 寸的距离打孔。段木含水量保持在 50% ~ 70%。接种孔的大小要一致，接种后洞孔用树皮盖塞严。这样菌种接入后不易脱落，否则在发菌过程中由于水分散失，菌种干燥收缩，翻堆时容易脱落，造成缺穴。菌丝长满木墩后，可将墩按 7cm 的距离放入浅土坑内，覆土一层，木段略外露一点，让菌丝向土中生长，吸取水分和养料，但需用茅草遮盖。当温度适宜时，培养管理。一般春季点菌，秋季可出菇，这样可出菇 2 ~ 3 年。

三、平菇栽培技术流程

（一）地面块栽工艺流程

地面块栽工艺流程主要包括发酵、进料、播种、覆盖、发菌、出菇期管理和采收几个环节。

1. 发酵

按前述方法进行培养料的发酵。

2. 进料

进料前要将发菌场地清理干净，灭虫和消毒。将地面灌湿，以利于降温。发酵完毕后，将料运进菇棚，散开，使料降温。

3. 播种

当料温降至 30℃ 左右或自然温度即可准备播种。操作开始前要做好手和工具的消毒。播种多为层播，即撒一层料播一层种，三层料三层种，播种量以 15% 左右为宜，即每 100kg 干料用 15kg 菌种（湿重）。播种时表层菌种量要多一些，以布满料面为宜。这样既可以预防霉菌的感染，又可以充分利用料表层透气性好的优势，加快发菌，可有效缩短发菌期，从而早出菇。

播种时要注意料的松紧度要适宜。过松时影响出菇；过紧则影响发菌，造成发菌不良或发菌缓慢，甚至滋生厌氧细菌。

4. 覆盖

播种完毕后，将菌块打些透气孔，在表面插些木棍，以将薄膜支起，便于空气的交换。再将薄膜覆盖于表面，注意边角不要封严，以防透气不良。

5. 发菌

地面块栽均为就地播种、就地发菌。发菌期应尽可能地创造避光、通风和温度适宜的环境条件。发菌的适宜环境温度为 20 ~ 28℃，发菌期每天要注意观察、调整。温度较高的季节要特别注意料温，料中心温度不可超过 35℃，发现霉菌感染，及时撒石灰粉控制蔓延；表面有太多水珠时，要及时吸干。要通风透气，最好每天换气 30min 左右。温度较高的季节可夜间开窗或者掀开地脚；高温季节要严防高温烧菌和污染，采取的措施是夜间通风降温，白天加强覆盖和遮阴。

6. 出菇管理

在较适宜的环境条件下，经 20 ~ 30d 的培养，即可见到浓白的菌丝长满培养料。当表面菌丝连接紧实、呈现薄的皮状物时，表明菌体已经具备出菇能力，应及时调整环境条件，促进出菇。促进出菇的具体方法如下：一是加大温差，夜间拉开草帘；二是加大空气相对湿度，每天喷雾状水 3 ~ 5 次；三是加大通风，每天掀开塑料薄膜 1 ~ 2 次；四是加强散射光照，每天早晚掀开草帘 1 ~ 2h；五是当原基分化出可明显区别的菌盖和菌柄后，将塑料薄膜完全掀开。根据栽培品种的适宜温度，控制菇房条件。一般而言，应该保持温度在 12 ~ 20℃、空气相对湿度 85% ~ 95%、二氧化碳低于 0.06%、光照 50lx 以上。

7. 采收

在适宜的环境条件下，子实体从原基形成到可采收需 5 ~ 6d。子实体要适时采收，以市场需求确定采收最佳时期。如果市场需求的是小型菇，就要提早采收。采收时要整丛采下，注意不要带起大量的培养料，尽可能减少对料面的破坏。采菇后，要进行料表面和地面的清理。之后，盖好塑料表面薄膜养菌。一般养菌 4 ~ 6d 后，即可出二茬菇。

（二）平菇墙式袋栽工艺流程

平菇墙式袋栽是目前平菇栽培中最常见的栽培模式，分为生料栽培和熟料栽培两种。

1. 平菇熟料栽培工艺

（1）制袋

通常采用聚乙烯或聚丙烯塑料袋，以直径 20 ~ 27cm、长 45cm 左右、厚度 0.04cm 左右为宜，袋两头均开口。

（2）灭菌和接种

分装后菌袋应该立即灭菌，一般不使用高压锅，使用自砌的蒸锅进行常压灭菌，要求锅内物料 100℃至少 10h。灭菌后要冷却至料温 30℃以下时方可接种。在菇棚接种，可以两头接种，也可以打孔接种。

（3）发菌

发菌期要求的条件与地面块栽大致相同。不同的是，由于菌袋不易散热，低温季节可以密度大些，以利于升温，促进发菌；高温季节要密度小些，不可高墙码放，要特别注意随时观察料温并随时控制在适宜的温度范围内。发菌期的管理要点：每天观察温度，以便及时调整。温度较高的季节要特别注意料温，中心温度不可以超过 35℃，超过 35℃要及时散堆，并通风换气及时降温。菌丝长到料深 3cm 左右后要翻堆，以利于菌袋发菌均匀。菌丝长至 1/3 ~ 1/2 袋深时要刺孔透气。培养菌袋通常采用单排叠堆的方式排放，亦可"井"字形排放，亦可搭床架排放，可充分利用空间。

（4）出菇管理

当菌丝长满全袋后，要适当增加通风和光照，温度控制在 15 ~ 20℃，空气相对湿度保持在 85% ~ 95%。当子实体原基成堆出现后，松开袋口，增加塑料薄膜保湿。出菇可以采取就地出菇或搬至出菇场地出菇。就地出菇时，原先排放较密集的应重新排放，排与排间的距离以采摘方便为标准。出菇前要给予一定的散射光，增加通风，适当增大日夜温差，增加空气相对湿度，从而刺激子实体的形成。

（5）采收

采收平菇要适时，一般七成熟即菇体颜色由深变浅、菌盖边缘尚未完全展开、孢子未弹射时采收最好。如果菌盖边缘充分展开，不但菇体纤维增加，影响品质，而且释放的孢子会引起部分人过敏，同时还会影响下一茬菇的产量。采摘时一手按住培养料，一手抓住菌柄，将整丛菇旋转拧下，将菌柄基部的培养料去掉。每采完一次菇后，都应及时打扫卫生。正常情况下，秋末、冬季、春初的料袋可收 4 ~ 5 茬菇，春末、夏季、秋初只能收 2 ~ 3 茬菇，如果管理不善，杂菌害虫严重者只能收一茬菇，甚至无收成。平菇越嫩越好吃，幼菇口感良好，既滑又爽。如果管理得当，可采收 6 ~ 8 茬菌盖 3cm 左右的幼菇。

（6）清场、废料处理

通常情况下，采收 5 茬菇后，大多数菌袋内的营养已消耗殆尽，为了充分利用场地，应及时清场。清场后认真打扫卫生、消毒，供下次使用。采后清理包括三个方面：一是清理菇体，去除污染；二是清理料面，去除菇根；三是清理地面，清除残渣废料。采收完的料袋有多种处理方法：一种是将所有的料袋去掉，废料作为有机肥，用于种菜、种果或养花；另一种是将菌丝仍较好的料袋脱去塑料袋，搬至塑料大棚或果林下，覆盖营养土，适当喷水，可出 1 ~ 2 茬菇，出菇后废料直接作肥料；还有一种方法是将未受污染的料集中晒干或直接用作鸡腿菇等食用菌的栽培原料。

2. 平菇生料袋栽工艺

（1）栽培时间的选择

平菇生料袋栽在温度较低的北方较易获得成功。如果在气温较高、湿度较大的地方，要进行生料栽培平菇，除要求栽培者有丰富的经验外，还要选择在气温较低的 1 月底至下年的 3 月初，通常在 11 月底至 1 月初接种，12 月底至 3 月初出菇。在海拔高、温度较低的山区，生料袋栽的时间可适当提前和延长。

（2）制袋

平菇生料袋栽的塑料袋通常采用长 40cm 左右、宽 24cm 左右、厚 0.03cm 的聚乙烯塑料袋。

（3）栽培基料

原料用棉籽壳、质量相对好的废棉渣，有时也用稻草。辅料通常用磷肥、石膏粉、石灰，很少用麸皮等营养丰富的辅料。此外，还要适当添加多菌灵或克霉素剂等杀菌剂。

（4）菌丝培养

生料袋栽在菌丝培养时，料袋的排放方式与熟料栽培有些不同。培养料袋的排放方式主要有两种：一种是将料袋单层横放在培养架上，另一种是单层竖放在水泥地面上，袋与袋间的距离视气温高低而定，气温高时相距远些，气温低时相距近些。一般接种后2～3d即可看到菌丝从菌种块上萌发。室温会逐渐上升，若气温超过28℃时，要加强通风。可用铁丝在接种层部位打孔供通气换气，一般每个接种层等距离打5～6个孔，孔深3cm左右。若接种后气温低于10℃，可用薄膜覆盖保温，但必须在气温相对较高的中午掀开薄膜，20d左右菌丝即可长满全袋。

（5）出菇管理

生料袋栽出菇管理时，温度、湿度、光照、通风等管理与熟料袋栽出菇管理相同，但生料袋栽的出菇方式有所不同。在培养架出菇时，通常将料袋的单层排在培养架上，相距约2cm，待菌丝长满即将出菇时，在料袋上方用消毒的锋利小刀划4个"X"口，划的"X"长2cm左右。但划口时不要伤及子实体原基。待子实体成熟采收后，将料袋上下翻转，用同样的方法划"X"口即可。采菇后，上下调转，再划3个"X"口，出完4茬菇后，营养已基本消耗完，可参照熟料袋栽的后期处理方法处理。

若在地面竖直排放出菇，就先调整好料袋间的距离，一般每4袋一排，袋与袋之间的行距约35cm，袋距2cm左右，两排之间的人行过道以60cm为宜。在调整位置的过程中，用消毒的锋利小刀在接种处划"X"口，每层等距离划3个口，靠地面底层暂不划。菇采完后，将料袋上下调转，用同样的方式划"X"口，位置与第1次的错开。两次划口并采收菇后，可将料袋横排，并将袋纵向剪开，但不要去掉，很快又会出一茬菇。

（6）采收

生料袋栽的采收及废料处理与熟料袋栽的方法相同。

四、阳畦栽培工艺流程

（一）菇床选择

应选择避风向阳、近水源、排水畅、家禽家畜危害少的空地或耕地或果园的林间空地挖制菇床。菇床畦南北向，深10cm左右，宽1m，长任意。床中央留一条10cm左右宽的水泥埂或留一条小沟即成。挖好菇床后，再用1%的石灰水或石灰粉消毒。

（二）培养料配制

平菇培养料资源丰富，棉籽壳、麦秸、稻草、木屑、甘蔗渣、玉米芯、油菜籽壳均可培养，但以棉籽壳的产量最高，经济效益好。棉籽壳培养料的配制：一般用干燥新鲜无霉变的棉籽壳95.98份，先暴晒1～2d，堆放在水泥场上，加入石膏2份、过磷酸钙

2份，再加 0.02 份多菌灵或托布津农药，以防培养时杂菌污染。在此基础上还可加入少量尿素，但不能过多，否则菌丝生长好而子实体发育差，产量反而不高。培养料拌匀后加水，随拌随加，使棉籽壳吸足水分和营养液。一般每 50kg 棉籽壳加水 60 ～ 75kg，用手紧捏培养料，以指缝间有水滴下为度，此时约含水 68%。由于很多杂菌喜偏酸性环境，在生产上常将培养料配成中性或偏碱性，以抑制杂菌生长。

（三）播种

培养料拌好后即可铺入菇床。一般每平方米铺料 10 ～ 15kg，厚 10 ～ 15cm。铺好弄平，再接上平菇菌种，接菌量为每平方米 4 ～ 6 瓶。播种时铺一层料，下一层菌种，如此一般 2 ～ 3 层为宜。播后用木板轻轻地把菌种和培养料拍实，成龟背形。料面铺上旧报纸和塑膜，以保温保湿，最后在膜面上盖上草帘即可。

（四）床面管理

床面覆盖塑膜、草帘后，平菇菌丝就会在料内很快生长。一般经 20 ～ 30d 菌丝就会长满在整个培养料上。当菌丝已发到床底时，表明料面上的菌丝已成熟。当菌丝开始在料面上形成一堆堆小米粒状的小黄珠时，表明子实体已开始形成。此时要去掉报纸，待有 60% 以上床面有小菇蕾时，即可架起塑膜，方法是用竹片弧形撑于畦的两边，上盖塑膜。平菇为好气性真菌，在子实体发育阶段需散射光，因此，在架膜后每天应揭膜通气 1 ～ 2 次。当菇盖长至 5 分硬币大小后，要在畦沟灌水或畦面多次少量喷水，使畦内空气湿度保持在 80% ～ 90%，菇蕾就会迅速长大，并很快成为一朵朵的平菇。

在子实体生长阶段若发现床面出现青绿色或黄黑色的小点，这是杂菌，应立即增加通风次数和延长通风时间，然后用生石灰覆盖或用 0.2% 多菌灵液浇灌病点。

（五）采收

当平菇菇体颜色成灰白色或深灰色、菌盖有光泽时即可采收。平菇的采收应及时，若不及时采收，就会"散孢"，即弹射出大量的孢子繁殖，菇体很快老化，从而失去食用价值。采收时，用利刀割取整丛菇体，或转动菌体收割，防止平菇破碎或料面拨散。平菇采收后，菇床要揭膜通风，并停水 1 ～ 2d，然后盖膜保温保湿，进行下一茬菇的管理。

第七章 设施农业技术

第一节 温室大棚

一、温室大棚简介

中国是农业大国，国家一直致力推进农村改革，发展现代农业。设施农业是现代化农业的显著标志，是现代化农业的重要组成部分，是农业高新技术的象征，而温室工程又是设施农业的重要组成部分，是现代农业最重要的载体。

温室大棚是采用透光或半透光覆盖材料为全部或部分围护结构，具有一定环境调控设备，用于抵御不良天气条件，给作物提供正常生长发育环境条件的农业设施。温室大棚综合了应用工程装备技术、生物技术和环境技术等，按照植物生长发育所要求的最佳环境，进行作物的现代化生产。

（一）温室大棚分类

温室大棚是温室和大棚的统称。温室比大棚在功能上有所提升，设施结构复杂，冬天能够保温，而大棚本意指有支撑结构和透光、半透光覆盖材料地栽保护设施，设施结构相对简单，夜间保温性差，建造成本较低。但由于我国纬度跨度大，这类设施形式变化多样，现在对两者并不严格区分。

温室大棚按连接形式与规模可分为单栋温室与连栋温室，按建造材料可分为竹木结构大棚、水泥架结构大棚、钢结构大棚、有机材料结构大棚等，按用途可分为塑料大棚、塑料中小拱棚、日光温室和玻璃温室等。

1. 单栋温室与连栋温室

温室根据平面布局和结构组合形式分为单栋温室和连栋温室。单栋温室又称单跨温室，指仅有一跨的温室，部分塑料棚、日光温室等都属于单栋温室，通常采用单层薄膜覆盖。两跨及两跨以上，通过天沟连接中间无隔墙的温室，称为连栋温室。

连栋温室具有土地利用率高、室内机械化程度高、单位面积能源消耗少、室内温光环境均匀等优点，更适合现代化设施农业的发展要求，满足未来设施农业融入高科技发展的需求，也是现代机械化农业必然发展趋势。

2. 塑料棚、日光温室与现代连栋温室大棚

习惯上温室大棚常按用途进行分类，包括塑料棚、日光温室、玻璃温室等。

（1）塑料棚

塑料棚按高度分为塑料大棚、塑料中棚与塑料小棚。

塑料小棚：也称小拱棚，由拱棚架和塑料薄膜组成，棚高一般 0.6m 左右，棚宽 1.2 ~ 1.4m，拱棚架材料为竹条、竹竿等。小拱棚矮小，升温快，但棚内温度和湿度不能调节，一般用于春冬季育苗和春提早瓜类、蔬菜的栽培。小拱棚建造成本低，待温度升高后可拆除。小拱棚的拱架也可用钢管或 PVC 管等材料制作成永久结构，温度升高后只需拆除塑料薄膜。小拱棚内可铺设地膜和加温电线提高地温。

塑料中棚：一般棚高 1.5m 左右，棚宽 4m 左右，适于育苗与栽培，人可以在里面操作，性能优于小拱棚。

塑料大棚：塑料大棚的尺寸根据场地进行设计，一般棚长 20 ~ 30m，棚宽 6 ~ 8m，多为半圆拱形，肩高 1m 以上，棚高 2m 以上，拱架间距 0.6 ~ 0.8m。塑料大棚的密闭性较好，保温性能好，冬季可增加保温设施，人可在里面方便操作，适合育苗、春提早和秋延后蔬菜栽培。

塑料大棚也可以做成双栋和多栋的连栋形式。每栋的建造规格与单体大棚相似，两栋间以棚肩相连。塑料连栋大棚的面积大，温度和湿度比单体大棚更稳定，在里面进行生产操作比单栋大棚更方便。

（2）日光温室

日光温室是在我国北方地区使用较多的简易温室设施，又称为"暖棚"。日光温室为节能型单栋温室，是由我国独创的具有鲜明中国特色的种植设施，是我国北方地区独有的越冬生产的主要设施，也是目前我国北方农村庭院建造的主要温室类型之一。日光温室由采光的前坡面、后坡面和维护墙体组成。日光温室的三面为维护墙体，前坡面的覆盖材料一般为玻璃或塑料薄膜，前坡面日落后用保温被或草帘等柔性材料覆盖，日出后收起。日光温室最突出的优点是保温性能好，冬季不需要使用加温设施，节能效果显著，建造投资较低，有些材料可就地取材，总体经济效益较好，但是土地利用率较低，

管理不太方便。

（3）现代温室连栋大棚

现代温室连栋大棚的尺寸较大，一般采用钢架支撑结构，围护结构采用玻璃、PC板等，覆盖材料为 EVA、PE、PVC 膜，单跨 8～16m，开间 4～8m，棚高 5m 左右，滴水高度 3m 左右，宽度可达到 80m，长度可达 100m。

现代温室连栋大棚具有风机水帘系统，通过排风机、通风机和水帘降温设施利用水蒸发散热的原理降温；还具有内外双层遮阳控制系统，夏季能够使直射阳光转化成漫射光，避免强光灼伤作物；智能化的大棚具有基于物联网的控制系统，能够实时远程获取各种环境参数，通过专家系统模型分析，调控温度、湿度、CO_2 浓度、光强度等，并能通过远程 PDA、PC 或手机监控。

（二）温室大棚的结构

1. 塑料温室大棚基本构造

塑料大棚可采用竹木、水泥、钢管为支撑件，其中钢筋结构大棚为目前的主流，耐用性和采光能力超过前两类。南方地区塑料大棚有的还在侧面开窗，以便夏季高温时通风与降温。

2. 现代温室连栋大棚基本构造

（1）基本构造

此类大棚为玻璃板、PC 板铺设的高档大棚，采用钢架结构。这类大棚结构较为复杂，目前没有统一的配件标准，由各大棚厂家自行设计，使用各自标准的配件。

目前通常的做法是厂家设计单跨大棚，单体大棚栋栋相连成为连栋形式，内部可分开也可连通。这样简化了设计与施工，降低了建造成本。

这种温室大棚的空间大，采用钢架结构和硬质围护结构抗雨雪等恶劣自然气候的能力强，使用寿命长，而且能够设计成智能型大棚，大棚内气象环境条件可控，大棚内适合蔬菜瓜果等作物的种植，还能够做生态餐厅用。其缺点是造价较高，如果施工质量不高的话大棚内接缝较多，保温效果并不十分理想。这类温室大棚比较适合我国南方地区偏暖的气候条件，用于育苗、生态景观展览和生态餐厅等方面。

（2）常见术语

现代温室大棚虽不属于严格意义上的建筑物与构筑物，但结构与设计均与一般民用和工业建设规范相同，国家对其术语制定了行业标准。但由于新的工艺不断出现标准相对滞后，设计者和使用者往往借用民用与工业建筑的术语。这些术语最初来自民间，较"土气"，各地说法不尽相同，存在同一物品多种名称的现象。以下列出一些常见术语。

基础：承受温室荷载的底脚，常用钢筋混凝土浇筑或用砖砌成。

天沟：屋面与屋面连接处的排水沟，常用冷轧镀锌板压制。

温室跨度：两相邻天沟中心线之间的距离。

脊高（顶高）：封闭状态下温室的最高点至室内地平面的距离。

肩高（檐高）：温室屋面与侧墙交线至室内地平面的高度，即滴水高度，立柱底板到天沟下表面的高度。

开间：天沟方向相邻两根承重立柱之间的距离。

拱架：垂直于大棚轴线的拱形骨架。

拱距：相邻两个拱架之间的距离。

棚头：大棚主体结构的两端部分。

横梁（横向拉杆）：屋架的下弦，与地面平行，与天沟垂直的长条形杆件。

立柱：温室中支撑屋面的直立构件，常用型钢制作。

斜撑：倾斜支撑两平行或垂直杆件的长条形杆件。

（3）温室大棚内常见设施

①通风降温系统

通风降温系统包括风扇、风机、降温水帘等。

②增温加热系统

增温加热系统采用锅炉加热供暖或燃气加热供暖的方式。采用锅炉加热供暖污染较大，采用燃气供暖的方式燃气成本较高。

③移动育苗床、多层育苗床

移动育苗床是现代温室大棚内常见的育苗设施，能够使育苗床之间有足够的作业空间；多层育苗床能够充分利用设施空间。

④其他设施

补光设施：可在温室大棚的相应位置安装补光用的灯，一般采用大功率碘钨灯。

图像采集：安装摄像头，可用终端实时监控温室大棚内部情况。

物联网控制器：对温室大棚的温度、湿度、CO_2浓度、光照强度、图像等参数的数据进行采集与处理的装置，管理者能现场控制或通过远程终端管理温室大棚。

二、温室大棚设计基本要求

（一）规划布局

1. 场地

应选择地势平坦开阔和地下水位低的地方建造温室大棚，四面一般应在 30m 内无高大遮阴物体，如树木、森林、高大建筑物等，也不能在风口建造。须供水、供电方便，交通便利，水源的水质达到国际标准，周围无其他污染源。

2. 方位

东西延长的温室大棚比南北延长的温室大棚透光率高，特别在我国南部，东西延长的温室大棚比南北延长的温室大棚透光率可高 5% ~ 25%。但这种布局会造成光照分布不均匀，温室大棚内的气候环境难以调控，连栋时会出现明显的弱光带，对育苗的一致性和果实大小造成影响。而南北延长的温室大棚室内采光均匀，但当光照较弱，不利于冬季使用。我国南方一般采用东西延长的温室大棚布局，北方在春夏秋三个季节使用的大棚为了使上下午光照均匀也有采用南北延长方式的做法。

3. 温室大棚群的规划布局

应针对场地大小设计温室大棚个数、排列方式，还应考虑排水、工具间、配电房等设施的布局。

大棚棚头与棚头间至少应留5m宽的主干路；大棚之间的棚肩距离至少应为1 ~ 2m宽，最好留出5m以上的间距，防止积雪和减少大棚与大棚的相互遮阳影响。大棚周围设置合适排水沟。

4. 连栋温室大棚的规划布局

连栋温室大棚可采取南北延长布局，也能采取东西延长的方式，可南偏东5° ~ 10°或南偏西5° ~ 10°。方位偏东有利于上午升温，偏西有利于下午保温。但无论偏东或偏西，方位偏差均不能超过10°。

（二）温室大棚建造

确定温室大棚的选址、方位和选择好温室大棚的结构后，应确定温室大棚的各项结构参数。温室大棚的基本结构参数包括面积、高跨比、长度、肩高等。温室大棚的结构和荷载的计算与建设施工和工业与民用建筑规范相同。

温室大棚的荷载包括恒载、雪荷载和风荷载。恒载指温室大棚骨架自身重量和覆盖物的重量；雪荷载指雪覆盖温室屋面形成的垂直荷载，一般20cm厚的雪荷载为$0.3kN/m^2$；风荷载指风从侧面、端面使大棚构件受力的荷载，一般八级大风的风荷载为$0.4kN/m^2$。

温室大棚的设计与施工由专业化的大棚厂家承担。自2001年以来，国家对于温室大棚的建设规范逐步制定了一系列标准，虽然仍不完善，但也起到了一定的规范作用，标准的制定尤其对温室大棚的建设方起到了保护作用。目前温室大棚的建设技术与方法日新月异，各厂家采用的构件也不统一，而规范标准相对滞后，温室大棚的建设方在策划与建设时应加强学习、研讨与论证，合理规划，避免设计规划缺陷，特别是要避免由二次重复建设造成的巨大投资浪费。

三、温室大棚应用简介

（一）育苗与炼苗

连栋温室大棚空间大，温度高，内部气候条件可人工调控，在高温、寒冷、阴雨、干旱等不利气候下，能按时保质育出各种种苗，优势明显，克服了传统露天育苗方式的缺点。特别是在严寒的气候条件下，连栋温室大棚育苗的优越性更能充分显现。在温室大棚内进行育苗移栽，能够保护作物幼苗的根系。

由于在温室大棚中能够方便地人工控制条件实现无土栽培，近年来不少企业、大专院校和科研单位纷纷采用温室大棚对名贵中药材、花卉等进行组培苗的炼苗试验，开展了石斛、射干、蝴蝶兰等药材和名贵花卉的组培实验和温室育苗试验，均取得了成功并实现了产业化，获得了较好的经济效益。

（二）科学研究

随着智能连栋温室大棚建造技术的成熟，这类温室大棚在科学研究方面也获得了广泛的应用。在智能连栋温室中能进行栽培实验、植物检验检疫隔离实验、生物测定和教学实验等，这类用于科研的智能温室可称为科研温室。科研温室比人工气候室的面积大，较大的科研温室也可做成连栋形式，但一般比生产型的连栋温室大棚面积小，其密闭性和自动控制精度要高于普通的生产型温室，温室建造成本高于生产型的温室大棚，是近年来出现的"超大型"人工气候室，解决了室内建造的人工气候室面积过小和建设成本过高的问题。

（三）生态旅游景观与生态餐厅

现代温室连栋大棚一般采用热镀锌轻钢作为主体骨架，采用镀锌螺杆件进行无焊接连接，覆盖材料一般采用塑料薄膜、玻璃、PC板等，有内外遮阳、通风系统、增温系统等，大棚内气候环境稳定，能给客户提供舒适满意的体验，适合用于生态旅游景观展示和生态餐厅。用作生态旅游景观展示的连栋温室大棚面积较大，可作为较大的生态园区的一个景点；用作生态餐厅的温室大棚相对于农业生产型的温室大棚而言，一般面积较小，可采用连栋的方式，经营规模较小的商户也可采用跨度为10m左右的单栋方式。生态餐厅中采用的冬季加热方式一般为锅炉加热管道供暖，降温系统与生产型温室大棚相同。

第二节　基质栽培技术

一、基质栽培

（一）无土栽培与基质栽培

无土栽培技术是指不用天然土壤采用基质或营养液进行灌溉与栽培的方法，可以有效利用非耕地，人为控制和调整植物所需要的营养元素，发挥最大的生产潜能，并解决土壤长期同科连作后带来的次生盐渍化，是避免连作障碍的一种稳固技术。

无土栽培可以分为无固体基质栽培和固体基质栽培，其中无固体基质栽培是指将植物根系直接浸润在营养液中的栽培方法，主要包括水培和雾培两种。固体基质栽培就是通常人们所指的基质栽培。基质栽培按照基质类型区分，可以分为无机基质栽培、有机基质栽培、复合基质栽培三种。其中，无机基质中的惰性材料基质在我国研究和应用相对成熟，石砾、珍珠岩、陶粒、岩棉、沸石等均可作为无机基质。有机基质一般取材于农、林业副产物及废弃物，经高温消毒或生物发酵后，配制成专用有机固态基质。用这种方式处理后，基质的理化性质与土壤非常接近，通常具有较高的盐基交换量，续肥能力相对较强，如草炭、树皮、木屑等都属于有机基质。复合基质是指按一定比例将无机基质和有机基质混合而成的基质，克服了单一物料的缺点，有利于提高栽培效率。

（二）基质栽培的特点

基质栽培是目前我国无土栽培中推广面积最广的一种方法，是将作物的根系固定在有机或无机的基质中，通过滴灌或微灌方式灌溉，供给营养液，能有效解决营养、水分、氧气三者之间的矛盾。

基质栽培的作用特点如下所示。

1. 固定作用

基质栽培的一个很重要的特点是固定作用，能使植物保持直立，防止倾斜，从而控制植物长势，促进根系生长。

2. 持水能力

固体基质具有一定的透水性和保水性，不仅可以减少人工管理成本，还可以调节水、气等因子，调节能力由基质颗粒的大小、性质、形状、孔隙度等因素决定。

3. 透气性能

植物根系的生长过程需要有充足的氧气供应，良好的固体基质能够协调好空气和水分两者之间的关系，保持足够的透气性。

4. 缓冲能力

固体基质的缓冲能力是指可以通过本身的一些理化性质，将有害物质对植物的危害减轻甚至化解，一般把具有物理化学吸收能力、有缓冲作用的固体基质称为活性基质；把无缓冲能力的基质称为惰性基质。基质的缓冲能力体现在维持 pH 和 EC 值的稳定性。一般有机质含量高的基质缓冲能力强，有机质含量低的基质缓冲能力弱。

二、基质栽培的优点

（一）克服土壤连作障碍

基质栽培不受土地的限制，虽然需要定期更换基质和配制营养液，但能克服土壤连作障碍，适用范围广。由于植物根系不需要与土壤接触，从而避免了土壤中某些有害微生物的侵害，生长环境接近天然土壤，缓冲能力强，肥料利用率高；同时消毒的基质减少了病虫害的发生率，降低了农药使用量和残余量。在温室大棚中采用基质栽培，克服了温室大棚土传疾病发生严重的问题，能克服土壤同科连作带来的减产问题。

（二）营养充足、成活率高

固体基质不含不利于作物生长发育的有害有毒物质，可以根据作物的特定需求配制营养液，且营养液不循环，可避免病毒传播，因此用基质栽培培育出的作物具有良好的植物根系生长环境系统，可保障作物所需营养，微量元素丰富，成活率高。对于培育幼苗，在移栽时不会伤害作物根系，也会提高成活率。

（三）节约资金

节约资金与雾培、水培等栽培方式相比，基质栽培的设备投资低，大幅度降低了无土栽培设施系统的一次性投资。由于不直接使用营养液，一般情况下可全部取消配制营养液所需的设施设备，降低成本，并且栽培效果良好，性能稳定，是一种节约型的栽培方法。

三、设施农业中基质栽培的常见方式

（一）袋式栽培

将一种或几种按不同比例配制好的基质装入塑料袋中，塑料袋宜选用黑色耐老化不透光薄膜防水布袋，制成筒状或长方形枕头开口栽培袋，平放在地上，在袋表层开栽培小孔，装好滴管装置，栽好苗后把滴管上的滴头插入基质。

（二）立柱式栽培

立柱由盆钵、底盘、支撑管、分液盒、滴箭五个部分组成，立柱使各栽培钵贯穿于一体。一般做法是将基质装入四瓣栽培钵内，每一瓣栽培钵栽种一株作物，营养液通过滴箭从顶部渗透至底盘，再回流至营养液储液池。立柱式柱子一般为石棉水泥管或 PVC 自制塑料管，内充满基质，在其四周开口，作物定植在孔内的基质上。

（三）控根容器栽培

控根容器又称控根快速育苗容器，其侧壁凹凸相间，里面覆盖一层特殊的薄膜，外壁突出，开有气孔。其特点是：①可以调控根系生长，防止根腐病；②侧根形状粗而短，能有效克服常规容器育苗带来的根缠绕的缺陷；③四季都适合移栽，且移栽时不伤根，苗木成活率达到 98% 以上，次年便可大量结果，解决果园快速更新换代的技术难题；④容器的成本低，使用寿命可长达 10 ~ 15a，可反复使用。

（四）盆钵式栽培

盆钵多以 ABS 塑料制成，用盆钵组装成的栽培方式是阳台农业的主角，可灵活摆设，最大限度地利用光能来增加光合作用，从而提高经济价值。

（五）育苗盘式栽培

采用育苗盘基质栽培方式，可以使苗根部充满营养，移栽时养分不会快速散开，分苗时不伤根，栽后苗根部能迅速正常生长，且群体分布合理。但植物长期置于育苗盘中易干旱，要注意浇水，防止高温烧苗。

四、其他栽培方式

除以上几种栽培方式外，基质栽培中还有苗床栽培、模具栽培、槽式栽培、岩棉栽培、苗床－育苗盘栽培等方式。

（一）苗床栽培

苗床是为作物幼苗提供必要生长条件的一个环境，苗床最底下铺盖一层碎石或者破碎木屑，也可在苗床上再铺一层塑料布，塑料布上有许多孔隙，用于排水通气和控制杂草。在废木屑缺乏的地区，可因地制宜选用煤渣、木片等硬质材料。苗床的宽度是根据作物整形修剪方法、施肥、喷灌、病虫害防治方式等共同决定的，苗床上方一般使用价格实惠又透水透气良好的遮阳网覆盖。苗床铺好底后，施入充分腐熟的秸秆、树叶、麦糠、稻壳等，使苗床富含有机质，大约25cm厚度，在畦面撒施有机肥，大约5cm厚度，随后加入氮磷钾复合肥，充分搅匀，形成土粪混合层。此时的苗床营养丰富，疏松透气，且拔苗时不易伤根，方便管理，费用较低。

苗床须完全与土壤隔离，彻底除草，并在底部安装排水管。苗初期时注意保温防冻，才能早出苗、出齐苗，中期时要调节温湿度，防止烧苗、闪苗，后期时加强幼苗锻炼，防止徒长，提高幼苗适应性和抗逆性。

（二）模具栽培

模具是指播种容器，可由环保性好的陶土、木质、石质等材料制成，模具内填入的栽培基质可以用芦苇末、玉米秸、菇渣等原料堆置发酵而成，基质一般充满模具的三分之二，以防浇水时溢出。模具栽培外观可人为设计，因此大多具有较高的观赏性是景观与农业相结合的表现。

（三）槽式栽培

槽式栽培中的栽培槽用水泥或木板根据需要砌成永久或半永久式槽，槽宽为40～95cm、高度为15～20cm，也可根据作物特性调整大小形状。槽底铺上一层塑料膜，填入粗炉渣、煤渣等栽培基质，一般可在槽的一端设置1个储液池，另一端设置回收液池，方便排水和回收营养液。

温室内简易育苗槽：用泡沫或木板搭设，槽底可铺设加温电线提高温度，槽内部与壁铺塑料薄膜，一般可在槽内灌营养液，用PVC育苗穴盘进行育苗。为了保温，还可将槽置于临时搭设的简易小拱棚内。该装置成本低，一次性使用，一般用于冬天低室温条件下的育苗。

（四）苗床－育苗盘栽培

苗床－育苗盘栽培是指以育苗为主，先全部在苗床上育苗，苗床要杀菌消毒，把基质铺在苗床上，播种，到了苗龄后用育苗盘移栽。该栽培方式是苗床栽培与育苗盘栽培两种栽培方式的结合，综合两者的优点，并且该栽培方式下的根系较单一栽培方式下的根系更发达，生长更健壮，可达到增产、增收的效果，是一种新型的基质栽培方法。

（五）岩棉、砂砾等栽培方式

岩棉栽培是一种以岩棉为基质的新型栽培方式，农用岩棉由 60% 的玄武岩、20% 的焦炭和 20% 的石灰石经 1600℃ 高温提炼，基质具有亲水、保水、透水能力强和无毒无菌的优点，适合于工厂大规模生产，是在国际上应用面积较大的无土栽培形式。

砂砾能够很好地通气、保水与排水，是景观、园林、室内栽培的很好的基质。选择砂砾时，应选较粗的颗粒，持水不可过多。

珍珠岩栽培适合除禾本科外的其他作物，一般用来无性繁殖扦插，不需要使用生根剂，枝条插入基质的 1/3 ~ 1/2 处即可。生根前采用细水浇灌，浇灌次数根据气温与季节确定，生根后酌情减少浇灌次数。

椰壳糠栽培是近年来兴起的基质栽培技术，椰壳糠是将椰壳粉的纤维高温消毒后生产出的纤维粉末状物质，具有通气、保水、无公害的特点，pH 在 5.5 ~ 6.5 之间，适于花卉与蔬菜的育苗、组培苗栽培等。

为了便于运输与使用，椰壳糠常加工成砖状，称为椰壳砖。也可将椰壳糠加工成粉状，用长形的塑料袋包装，包装袋直接铺设在温室的土层上用于隔离椰壳糠基质与温室土壤。

陶粒栽培是温室中和家庭中盆景、蔬菜等的常见栽培方式。陶粒由营养陶土烧制而成，陶粒上带有大量离子，能够释放微量元素并与培养液进行离子交换。陶粒美观卫生，可制作成各种颜色的彩色陶粒。陶粒孔隙大，具有保水、吸水、通气、保肥等作用，并具有一定的缓冲能力，清洁卫生。一般营养液的液面高度达到基质的 1/3 ~ 1/2 的高度即可。

干苔藓、干水苔、松树叶、树皮等有机基质栽培：此类基质纯天然，具有保湿保鲜、通气等功能，特别适合肉质兰科植物和一些花卉的培养。

五、常用基质配方

市售基质可分为育苗基质和栽培基质两大类，由草炭、珍珠岩、蛭石、椰糠、菇糠、树皮等配比而成，栽培基质的草炭、菇糠比育苗基质的比例高。也可采用食用菌的废菌棒、废菌渣等废料发酵，配以菇糠、珍珠岩、锯木屑等，加入少量磷酸二氢钾。

（一）基质配比的原则

1. 经济性

基质的原料能够就地取材，原料成本低廉。

2. 营养丰富

良好的基质成分多样，含盐低，碳氮比适当，能够保水保肥。

3. 性质稳定

化学性质稳定，pH 稍偏酸性。

4. 干净

应注意消毒，无病虫害和无草种。

（二）常用的基质配方

以下介绍几种在生产中常用的基质配方。

1. 商品育苗基质配方 1（夏季）

①草炭（体积）：4 份。

②椰糠（体积）：2 份。

③珍珠岩（体积）：2 份。

④蛭石（体积）：2 份。

⑤ 50% 多菌灵：0.2g/L。

均匀混合加水至含基质水量 60% 后，堆置 3 ~ 4d 即可装盘育苗。

2. 商品育苗基质配方 2（冬季）

①草炭（体积）：4 份。

②椰糠（体积）：2 份。

③珍珠岩（体积）：3 份。

④蛭石（体积）：1 份。

⑤ 50% 多菌灵：0.2g/L。

均匀混合加水至基质含水量 60% 后，堆置 7 ~ 10d 即可装盘育苗。

3. 商品育苗基质配方 3

①草炭（体积）：3 份。

②砻糠（体积）：2 份。

③椰糠（体积）：2 份。

④珍珠岩（体积）：1 份。

⑤蛭石（体积）：2 份。

搅拌均匀加水至基质含水量 60%，堆置 3d 即可填充于栽培容器，栽植各种花卉蔬菜。

4. 自制栽培基质配方

①腐熟农家肥（体积）：2 份。

②腐熟废菌棒（体积）：4 份。

③锯木屑或切碎植物秸秆（体积）：3 份。

④谷壳灰（体积）：1 份。

搅拌均匀堆放加水至含水量 60% 即可用于无土栽培，也可再加 3 份消毒后的细熟土。

5. 农家基质育苗配方

①充分腐熟鸡粪（体积）：1 份。

②充分腐熟牛粪（体积）：1 份。

③曝晒后过筛细熟土（体积）：1份。

④ 50% 多菌灵：0.2g/L。

搅拌均匀，浇水至基质含水量 50%，堆放 2d 后即可装盘育苗。

第三节　水培技术

一、水培技术简介

水培技术是指不采用天然土壤，采用营养液通过一定的栽培设施栽培作物的技术。营养液可以代替天然土壤向作物提供合适水分、养分、氧气和温度，使作物能正常生长并完成其整个生活史。水培时为了保证作物根系能够得到足够的氧气，可将作物的一部分根系悬挂生长在营养液中，另一部分根系裸露在潮湿空气中。水培技术是目前设施农业中常采用的作物栽培技术之一。

（一）营养液配比原则

营养液配方是水培技术的核心。

1. 营养液配比的理论依据

目前确定营养液组成的配比理论依据来自以下三种配方。

（1）标准园试配方

由日本园艺试验场提出的配方，依据植物对不同元素的吸收量确定营养液的各元素组成比例。

（2）山崎配方

由日本植物生理学家山崎肯哉根据园试配方研究果菜类作物水培而提出的配方，其原理是水、肥同步吸收，由作物吸收的各元素的量与吸水量之比（表观吸收浓度）确定营养液的各元素组成比例。

（3）斯泰纳配方

由荷兰科学家斯泰纳提出，原理是作物对不同离子具有选择性的吸收，营养液中阳离子 Ca^{2+}、Mg^{2+}、K^+ 的总摩尔数与阴离子的总摩尔数相等，但阳离子中各元素的比例和阴离子中各元素的比例有所不同，其比例值由植株的成分分析得出。

2. 营养液的配比原则

（1）营养元素应齐全

营养液中的营养元素应齐全，除碳、氢、氧外的 13 种作物必需营养元素由营养液提供。

（2）营养元素应可被根部吸收

配制营养液的盐须溶解性良好，呈离子状态，不能有沉淀，容易被作物的根系吸收和有效利用。营养液一般不能采用有机肥配制。

（3）营养元素均衡

营养液中各营养元素的比例均衡，符合作物生长发育的要求。

（4）总盐分浓度适宜

总盐分浓度一般用 EC 值表示，不同作物在不同生长时期对营养液的总盐分要求不一样，总盐分浓度应适宜。

（5）合适的 pH

一般适合作物生长的营养液 pH 应为 5.5 ~ 6.5，营养液偏酸时用一般 NaOH 中和，偏碱时用一般硝酸中和。各营养元素在作物吸收过程中应保持营养液的 pH 大致稳定。

（6）营养元素的有效性

营养液中的营养元素在水培的过程中应保持稳定，不容易氧化，各成分不能因短时间内相互作用而影响作物的吸收与利用。

（二）水培技术的优势

1. 节水节肥

水培能够节约用水、节省肥料，水培过程中，一般 1 ~ 5 个月才更换一次营养液，水培蔬菜在定植后不需要更换营养液。

2. 清洁卫生

水培法生产的农产品无重金属污染，还能降低农药的使用量，也可以通过绿色植物净化空气。

3. 避免土传病害

根系与土壤隔离，可避免各种土传病害，避免了土壤连作障碍。

4. 经济效益高

与传统的作物栽培方式相比，水培的空间利用率高，作物生长快，而且一年四季能反复种植，极大地提高了复种指数，经济效益明显。水培法尤其适合叶菜类的蔬菜栽培。

二、水培设施主要类型

（一）水培设施基本条件

水培不同于常规土壤栽培和基质栽培，水培作物的根系不是生长在土壤和固体基质中，而是生长于营养液之中。因此，水培设施必须具备如下四项基本条件。

①种植槽能盛装营养液，不能有渗漏。

②能固定植株使植物的部分根系浸润在营养液中，植株的根颈部露在空气中。

③植物根系能够获得足够的氧气。

④植物根系和营养液处于黑暗中，利于植物根系生长，防止营养液中滋生绿藻。

（二）主要水培设施类型

水培设施主要适合我国南方地区各省，已推广的水培技术的类型主要有深液流技术、浮板毛管技术和营养液膜技术等。其中，深液流技术在广东推广得最好，而长江附近地区则以推广浮板毛管技术和营养液膜技术为主。

1. 深液流技术

深液流技术是指植株根系生长在较深厚且流动的营养液层的一种水培技术，是最早开发成的可以进行农作物商品生产的无土栽培技术。世界各国在其发展过程中做了不少改进，是一种有效实用、具有竞争力的水培生产类型。深液流技术在日本普及面广，我国的台湾、广东、山东、福建、上海、湖北、四川等省市也有一定的推广面积，尤其在广东省有较大的使用面积，能生产出番茄、黄瓜、辣椒、节瓜、丝瓜、甜瓜、西瓜等果菜类以及菜心、小白菜、生菜、通菜、细香葱等叶菜类，是比较适合我国现阶段国情，特别是适合南方热带亚热带气候特点的水培类型。

（1）技术特征

深液流水培的技术特征为"深、流、悬"。

①"深"是指营养液种植槽较深和种植槽内的营养液层较深。作物的根伸入较深的营养液层中，营养液总量较多，水培过程中营养液的酸碱度、成分、温度、浓度等不会剧烈变化，给作物提供了稳定的生长环境。

②"流"是指水培过程中营养液循环流动。营养液的循环流动能增加营养液的溶氧量，消除营养液静止状态下根表皮与营养液的"养分亏竭区"，降低根系分泌的有害代谢产物，使失效沉淀的营养物质重新溶解。

③"悬"是指作物悬挂种植在营养液面上。作物的根颈不浸入营养液中，防止烂根；作物的部分根系浸入营养液中，部分根系暴露在定植板和液面间的潮湿空气中，保证了根部氧气供应的充足。

（2）设施结构

深液流水培设施一般由种植槽、定植板（定植网框）、储液池、营养液循环流动系统等四大部分组成。由于建造材料不同和设计上的差异，已有多种类型面世，如在日本有两大类型，一类是全用塑料制造，由专业工厂生产成套设备投放市场供用户购买使用，用户不能自制（日本 M 式与协和式等）；另一类是水泥构件制成，用户可以自制（日本神园式）。目前在我国南方地区推广使用的是改进型神园式深液流水培设施，原神园式种植槽是用水泥预制板块加塑料薄膜构成，为半固定的设施，而后改成了水泥砖结构永久固定的设施。

种植槽：在平整的地面上铺上一层 3～5cm 厚的河沙，夯实后抹一层水泥砂浆成为槽底，槽框用水泥砂浆砖砌成，宽度一般为 80～100cm，槽深 15～20cm，槽长 10～20cm，砌好后槽的内外用高标号耐酸水泥抹面防止渗水。种植槽的槽底建造时可加钢筋，槽四周可考虑做一层防水涂料。

定植板：用硬泡沫聚苯乙烯板制成，板面开若干个孔，放入与定植板的孔直径相同的定植杯。定植杯的杯口有 0.5 ~ 1cm 宽的唇，用于卡在定植板上。定植杯的中下部有小孔。

储液池：设置于地下，用于提供营养液、调节营养液和回收营养液。储液池体积大，使营养液的成分与性质不会发生剧烈变化。储液池的建造须考虑防渗漏，池的顶部应高于地面和设置盖子，防止雨水流入。

营养液循环流动系统包括营养液供液系统和回流系统两部分。供液系统包括供液管道、水泵、定时器、流量阀等，回流系统包括回流管道和液位调节器。管道采用硬质聚乙烯（PE）管，不能采用镀锌管和其他金属管，设计时应还考虑供液管道和回流管道的直径，防止回流速度慢导致液面升高使营养液溢出。

（3）种植管理

新的种植设施先浸泡 2 ~ 3d，抽掉浸泡液后用清水清洗，再加入清水浸泡，反复操作多次。也可加入稀酸（硫酸或磷酸）浸泡，缩短浸泡清洗的时间。

采用无土栽培的方式育苗，然后移栽定植。刚移栽时，种植杯的杯底应浸在营养液中，随作物的长大逐渐降低种植槽液面，使部分根毛暴露在定植板和营养液液面之间的空气中。换茬时需要对定植杯、种植槽、储液池和循环管道等设施清洗、消毒。

2. 营养液膜技术

（1）技术特征

①营养液层薄

种植槽成一定的斜面，流动的营养液层薄，为 1 ~ 2cm 厚，作物的根能够很好地吸收氧气，定植槽底铺塑料薄膜，塑料薄膜上铺设一层无纺布，起到防止根系缺氧和断电后营养液断流造成的根部缺水枯死。

②功能多

能实现营养液自动检测、添加、调整 pH 等功能。

（2）设施结构

营养液膜技术的设施主要由种植槽、储液池、营养液循环流动装置、控制装置四大部分组成，还可根据生产实际和资金的可能性，选择配置一些其他辅助设施，如浓缩营养液储备罐及自动投放装置、营养液加温、冷却装置等。

种植槽、储液池、营养液循环系统应防渗漏、耐酸碱，设施维护难度高于深液流水培装置，耐用性较差。改进型的营养液膜设施，通过设置种植槽横向坡度，使营养液流动更加均匀。

（3）注意事项

①营养液配方

营养液膜设施使用的营养液总量小，性质容易发生变化，应根据作物的需求，精心选择较稳定的营养液配方。

②营养液浓度

由于液层较薄，槽头的养分浓度高于槽尾的养分浓度，会造成作物生长不均匀，因而营养液浓度不能过稀。

3. 浮板毛管技术

浮板毛管技术是对营养液膜技术的改进，其设施的储液池、营养液循环流动装置、控制装置均与营养液膜的设施相同，只是改进了种植槽，克服了营养液膜技术营养液少、缺氧、营养液养分不均匀、容易干燥死苗等缺点。种植槽中液层 3 ~ 6cm 厚，液面两行定植杯之间漂浮聚乙烯泡沫板，板上覆盖一层亲水无纺布，无纺布两侧延伸入营养液中。作物的根系一部分伸入营养液中，另一部分爬在漂浮板的无纺布上。

三、其他水培方式

（一）管道式水培

管道式水培一般采用 PVC 管，管径 110mm 左右，连接营养液循环系统。栽培管上均匀钻孔，用海绵固定作物苗，也可以用定植篮填上海绵、基质或陶粒置于栽培孔内起固定作用。

（二）水床式水培

水床式水培是温室水培较常见的一种方法。床体用防水布和水泥制作，床面即栽培板，一般采用聚苯泡沫板，板上钻孔做定植孔，用海绵或定植篮装基质、陶粒固定菜苗，若孔小，也可直接将菜苗放入定植孔。水床式水培技术简单实用，建设成本低，广泛应用于南方地区。

（三）水箱式水培

用 UPE、PE、PC 板材均可做成箱体，用防水布防水渗漏，或用玻璃及防水胶做成水箱，用同样的材料做盖板，上钻定植孔，一端留营养液进水龙头，另一端底部开带塞、带网出水口，箱底部铺垫 0.5 ~ 1cm 厚的吸水布。

（四）容器水培

由盛水容器和定植篮两部分组成。盛水容器盛装营养液，定植篮用于固定植物。营养液中若饲养观赏鱼类，营养液浓度宜用平常浓度的二分之一，也能用专用鱼菜共生营养液，鱼的排泄物可以被植株根系吸收转化，形成鱼菜共生的良性循环。

（五）鱼菜共生培养系统

1. 鱼菜共生培养系统结构

鱼菜共生培养系统是巧妙利用鱼、蔬菜、微生物形成的生态平衡的一种栽培培养方式。鱼代谢产生的氨类物质随水泵压力循环至种植槽中被微生物分解成亚硝铵和硝铵，被植物吸收利用，给植物提供养分，然后经脱氨的水回流至鱼池循环利用。

一般选择耐缺氧和耐差水质的鱼类，如鲫鱼、鲤鱼等，选择种植叶菜类或果菜类蔬菜。

2. 鱼菜共生培养系统的优势

①能够同时进行蔬菜生产和鱼的养殖，经济效益好。

②系统有净化功能，无净养分积累。

③节水。

④无养分流失，无废水排出。

四、常用营养液的配制与配方

（一）适合水培的花卉与蔬菜

1. 适合水培的花卉植物

可直接进行水培的花卉植物：香石竹、文竹、非洲菊、郁金香、风信子、水仙花、菊花、马蹄莲、大岩桐、仙客来、唐菖蒲、兰花、万年青、蔓绿绒、巴西木、仙人掌类、绿巨人等。

经过驯养可将土生根转变成水生根的花卉植物：龟背竹、米兰、君子兰、茶花、茉莉、杜鹃、金梧、紫罗兰、蝴蝶兰、倒挂金钟、橡胶榕、巴西铁、秋海棠属植物、蕨类植物、棕榈科植物，以及蟹爪兰、富贵竹、常春藤、彩叶草等。

2. 适合水培的蔬菜

生菜、空心菜、木耳菜、水芹、京水菜、叶用红薯、西红柿、辣椒、紫背天葵、富贵菜、救心菜、芥蓝、上海青、小白菜、大白菜、小油菜、菊苣、莴笋、菜心、豆瓣菜、苋菜、羽衣甘蓝、小香葱、大叶芥菜、黄瓜、向日葵、金花葵、鱼腥草、黄秋葵等。

不适合水培的蔬菜可以通过基质作为介体，基本上也都可以水培成功。

（二）营养液的配制

1. 营养液配制注意事项

配制营养液在专业研究水平下，是应该分类的，不同的植物有不同的配方，不同生长时期、不同的温湿度也有不同的配方。其配制原则依据标准园试配方、山崎配方和斯泰纳配方。

配制营养液时一定不能使用金属容器，一是金属容器容易被腐蚀，二是会产生重金属污染；采用自来水配制时，自来水需静置8～24h，取静置后的中上层自来水用于配制。

生产上普通栽培时使用通用配方即可。

由于自配营养液比较麻烦，平常我们若只需要做简单的水培，则可以采取以下方便简洁的方式之一。

①到市场上可以买到配制好的营养液原液，自己回来按说明兑水。

②买高浓度含微量元素的颗粒状复合肥，用放置2d的自来水充分溶解后兑水使用。

③用速溶性冲施肥（如四川国光的大量元素 – 微量元素冲施肥）按比例兑水配制营养液。

根据植株的长势，还可在农业专业技术人员的指导下添加其他营养元素。

2. 常用营养液的配方

（1）莫拉德营养液配方

A 液：硝酸钙 125g、EDTA12g，自来水 1000mL 存放 8h，水温为 40 ~ 50℃，先溶解 EDTA，再溶解硝酸钙配成母液备用。

B 液：硫酸镁 37g、磷酸二氢铵 28g、硝酸钾 41g、硼酸 0.6g、硫酸锰 0.4g、五水硫酸铜 0.004g、七水硫酸锌 0.004g，自来水 1000mL 存放 8h 以上，先溶硫酸镁，然后依次加入磷酸二氢铵和硝酸钾，加水搅拌至完全溶解，硼酸以温水溶解后加入，最后分别加入其余的微量元素肥料。

A、B 两种液体罐分别搅匀后备用。

使用时分别取 A、B 母液各 10mL，加水 1000mL，混合后调整 pH 为 6.0 ~ 7.6 即可用于植物水培。

（2）改良霍格兰营养液配方

四水硝酸钙 945mg/L；

硝酸钾 506mg/L（另方改良用 607mg/L）；

硝酸铵 80mg/L（另方改良用磷酸铵 115mg/L）；

磷酸二氢钾 136mg/L（另方改良不用）；

硫酸镁 493mg/L；

铁盐溶液：七水硫酸亚铁 2.78g（含硫酸亚铁 1.52g）、乙二胺四乙酸二钠（EDTA·Na$_2$）3.73g、蒸馏水 500mL，调整 pH 至 5.5，取 2.5mL（相当于铁钠盐 20mg）。

微量元素液：碘化钾 0.83mg/L、硼酸 6.2mg/L、硫酸锰 22.3mg/L、硫酸锌 8.6mg/L、钼酸钠 0.25mg/L、硫酸铜 0.025mg/L、氯化钴 0.025mg/L，调整 pH 至 6.0，取 5mL。

（3）格里克基本营养液配方

硝酸钾 0.542g/L，硝酸钙 0.096g/L，过磷酸钙 0.135g/L，硫酸镁 0.135g/L，硫酸 0.073g/L，硫酸铁 0.014g/L，硫酸锰 0.002g/L，硼砂 0.0017g/L，硫酸锌 0.0008g/L，硫酸铜 0.0006g/L。

（4）Knop 营养液配方

硝酸钙 0.8g/L，硫酸镁 0.2g/L，硝酸钾 0.2g/L，磷酸二氢钾 0.2g/L，硫酸亚铁微量。

（5）汉普营养液配方

硝酸钾 0.7g/L，硝酸钙 0.7g/L，过磷酸钙 0.8g/L，硫酸镁 0.28g/L，硫酸铁 0.12g/L，硼酸 0.6mg/L，硫酸锰 0.6mg/L，七水硫酸锌 0.6mg/L，五水硫酸铜 0.6mg/L，钼酸铵 0.6mg/L，调整 pH 为 5.5 ~ 6.5。

配制时最好先用 50℃左右的少量温水将上述配方中所列的无机盐分别溶化，然后再按配方中所开列的顺序逐个倒入装有相当于所定容量 75% 的水中，边倒边搅动，最后将水加到全量（1L），即配好的营养液。

（6）目前我国花市普遍使用的配方一

硝酸钾 0.7g/L，硼酸 0.0006g/L，硝酸钙 0.7g/L，硫酸锰 0.0006g/L，过磷酸钙 0.8g/L，硫酸锌 0.0006g/L，硫酸镁 0.28g/L，硫酸铜 0.0006g/L，硫酸铁 0.12g/L，钼酸铵 0.0006g/L。

用法：使用时，将各种化合物混合在一起，加水 1L，即配好的营养液，直接浇花。用量大时，按比例随兑随用。

（7）目前我国花市普遍使用的配方二

尿素 5g，硫酸钙 1g，磷酸二氢钾 3g，硫酸镁 0.5g，硫酸锌 0.001g，硫酸亚铁 0.003g，硫酸铜 0.001g，硫酸锰 0.003g，硼酸 0.002g，加水 10L，充分溶解后即成营养液。

用法：在盆花生长期每周浇 1 次，每次用量根据植株大小而定，如系阳性花卉，每次约浇 100mL，而阴性花卉酌减。冬季或休眠期，每月 1 次。平时浇水仍用存放过的自来水。

第八章　环境友好农业技术创新及其对农业经济增长的影响

第一节　农业经济增长的路径及影响因素

一、农业技术创新理论的演进

（一）农业技术创新相关概念界定

1. 农业技术创新

人类最早的创新，大多与农业有关，如为了生存需要食物创造发明了作物种植、动物驯养技术，为了提高农业生产效率发明了从事农业耕种的原始石制工具，因此，从这个意义上讲，正是有了农业技术创新，人类才能不断从大自然中索取所需的能源、材料和食品，才能发展第二产业、第三产业，使人类不断进步。发明（新的农业生产技术的发明）、创新（率先将这些技术应用于农业生产实践之中）、扩散（将新技术推广给广大的农业生产者使用）等构成了农业技术创新活动的三个基本环节，成为农业技术创新的基本内涵。

农业技术创新，即为将农业技术发明应用到农业经济活动中所引起的农业生产要素的重新组合，包括了一系列承前继后、紧密联系的农业新产品或农业生产新技术的R&D、试验、推广及应用等技术发展过程。实际上，广义的农业技术创新是以现有工业技术为基础，以促进农业生产为目标，不断地发明农业新技术与创造新农业经营管理知识，并将其推广到农业生产经营中的过程。可以看出，农业技术创新是解决农业需求不断增加（粮食需求、生态需求等）与农业资源有限（耕地、水资源、自然资源等）之间的矛盾问题，不断致力于提高农业生产效率、农业产出水平、降低农业生产成本和提高农业收益来对实现现代农业生产的需要，因此，农业技术创新活动引起的农业技术进步，是在缺乏供给弹性的生产要素制约下促进农业经济增长。

2. 农业技术进步

技术进步的概念在早期是混合在其他经济学概念中，并经常和技术创新的概念混淆。从其经济涵义讲，技术进步体现在经济总增长中扣除资金、劳动和土地等纯经济要素投入增长所带来的经济增长之后的剩余部分。经济学家们在测定农业技术贡献率的时候也经常依据这一原理来测定。农业技术进步是应用于农业生产中的各种技术的改进或提高，把新知识、新技术转为提高农业生产力水平的动力，反映了整个农业产业中的科学技术知识的突破及其推广应用。

农业技术进步能够在资源约束条件下把农业生产的潜力发挥出来，改变生产要素组合方式，减少农业生产要素投入，提高要素的投入产出比，从而降低单位农产品的成本，反应了科学技术在农业生产过程中的应用程度。从宏观领域考察的经济效益，故在此探讨的农业技术进步是广义的农业技术进步，强调农业技术不仅包括农业生产技术，而且还应包括农业经营管理技术和服务技术。

在理论与实践中，农业技术进步与农业技术创新虽然密切联系但两者是不同的概念，在内涵上既有交叉部分又有专属部分。农业技术进步代表着一种渐进、累积的过程，经济学家们常常将其看作一个连续变量，因此，一般用生产函数测度的技术因素通常反映的是技术进步而非技术创新，可以说农业技术进步就是以前复杂的创新过程逐渐地从少到多、从无到有积淀的经济表现和反映。农业技术创新是农业技术进步的内容之一，实现农业技术进步有很多手段，如农业技术的引进、劳动者素质的提高、教育水平的提升等，而农业技术创新是现实农业技术进步的根本途径。从这个意义上说，农业技术创新是农业技术进步的手段，表现为农业技术进步的原因；农业技术进步是农业技术创新的产出，表现为农业技术创新的结果或目的。

（二）环境友好农业技术创新的基本思想

1. 从农业技术创新到环境友好农业技术创新

本质上，传统意义上的农业技术创新对于农业生态环境保护的影响存在两种可能性：一种是在促进农业经济增长的过程中，对农业生态环境保护起了有利的作用；另一种是在促进农业经济增长的过程中，加速资源的消耗，造成新的环境破坏。

可以说，当农业生态环境保护与农业经济增长之间出现矛盾的时候，传统农业技术创新更倾向于促进农业经济增长。解决农业经济价值、农业生态价值和农业社会价值之间的内在矛盾，必须要求将"环境友好理念"融入传统农业技术创新中，实现从传统农业技术创新到环境友好农业技术创新的转型，其内涵表现为：通过对传统农业技术创新的改进，在农业技术创新的各个环节中，将表达资源节约与环境保护权益的要素整合到创新过程的每个阶段，包括认知、分析、定义、研究开发、选择、精炼、中试、生产、扩散、市场化，即实现了农业技术创新链条的绿色化，最终使得农业生产模式由传统路径更优地转向可持续农业生产模式。

2. 传统农业技术创新与环境友好农业技术创新的区别

环境友好农业技术创新是农业生态环境绩效能够得到显著改善的创新，在促进农业经济增长内涵上，与传统农业技术创新相比，环境友好农业技术创新更突出强调应对气候变化、资源稀缺的挑战，二者区别主要表现在以下几个方面：

第一，两者创新的驱动因素不同。农业生产经营主体在追求生产效率和经济效益的前提下，采用农业生产技术（化肥、农药、机械等），并通过生产资料的规模投入来实现农业规模化、机械化和集约化。因此，一般创新理论认为，市场需求的拉动力量是农业技术创新的主要驱动因素。然而，在这种因素的驱动下，农业生产经营是以对生态环境和环境资源的掠夺式开发和利用为主要方式，强调经济利益而忽略农业资源与生态环境的自然持续力。新技术的市场需求显然也是环境友好农业技术创新的出发点之一，但由于环境问题存在负外部性特征，与其他创新活动相比，环境友好农业技术创新的市场驱动性相对较弱，这使得环境规制也成为了环境创新最主要的驱动因素之一。基于环境保护的农业产业政策、法律环境、金融支持和税收政策等方面的环境规制，通过外界刺激迫使农业经营主体意识到环境友好农业技术创新是经济利好的，进而促进了环境友好农业技术创新的形成和应用。与传统农业技术创新相比，由于正的溢出效应和负的环境效应的内部化，环境规制会引致农业经营主体的创新活动，并导致"双赢"的结果，在减少环境污染的同时给各参与主体（农业企业、农业合作组织、农户等）带来经济利益。因此，环境规制是环境友好农业技术创新的另一个主要驱动因素。

第二，两者知识的供给源不同。化学、电气、机械等领域的现代工业科技的发展为传统农业技术创新提供了源源不断的理论和技术储备，推动农业以最新科技成果为基础展开研发设计。这些农业新技术具有易于引进和模仿创新的技术特性，从而迅速地实现农业技术进步和农业经济增长，但却带来了农业资源耗竭、生态环境的污染破坏和农业生产的弱质性。与传统农业技术创新的差异在于，环境友好农业技术创新将最新的系统工程原理、可持续发展理论、环境保护学等理论纳入到农业技术创新过程中，对传统农业技术创新进一步的"突破""融合"。一方面，在传统农业技术的基础上，环境友好农业技术创新将新理念、新知识引入到传统农业技术创新中，推动农业资源的优化配置，实现农业资源的效益最大化，致力于尽可能减少废弃物排放和对环境的污染，使得农业生产方式向"农业环境友好资源投入→环境友好农产品→农业生态环境改善"的循环式生产过程转换，这是对传统农业技术创新的"突破"；而另一方面，推进和实施环境友好农业技术创新需要经济效益、社会效益、生态效益在一个合理的维度内，既能保证粮食安全、提高农民收入，又能保障农业经济稳步增长的同时实现农业可持续发展，因此，环境友好农业技术创新必须"融合"现有的农业技术成果，克服和改善环境友好农业技术创新负外部性的同时利用现有的农业科技成果，从而使得环境友好农业技术创新推广难度增加。

第三，两者创新的侧重点不同。相对于良种技术、农药化肥等以增加农民收入和提高产量为目的的传统农业技术创新，环境友好农业技术创新兼顾了传统农业技术创新与可持续农业技术创新，融入环境价值和资源节约因素的环境友好农业技术创新对传统农业技术创新"范式"的转变，例如，提高现有资源利用率的农业废弃物综合利用技术的创新，控制农业环境污染的农业生态环境保护与治理技术的创新，保证农产品质量安全的养分资源综合管理技术的创新等等。当然，这些环境友好农业技术创新的内容不仅仅指技术方面，还延伸到资源创新、环境创新、要素创新、组织创新、制度创新、文化创新等方面的创新成果，最终形成一个现代可持续发展农业技术体系。

3. 环境友好农业技术创新的特征

第一，环境友好与资源节约的特性。这一特征能够保障将原有的资源消耗型农业生产经营方式逐步转型成为"低消耗、低污染、高效率"的"两型农业"模式。第二，过程的高风险性。环境友好农业技术创新是一种全新的技术创新模式，具有试验性的显著特点，创新的具体环节及所属时期的动态变化，使技术创新的安全系数较低，存在着技术方面、市场方面、创新收益和制度方面的不确定性。第三，创新的时滞性。任何技术创新从最初的技术发明到成果转化都要经历一个或长或短的时间间隔，由于环境友好农业技术创新同时兼顾环境价值和资源节约因素，其成果转化时对自然环境的依赖性强，并且受到各区域的自然资源条件限制，从而使各区域很难保证环境友好农业技术创新具有同样的时效性。第四，过程的复杂性。环境友好农业技术创新是一整套相互关联的技术体系，决定了其研发、扩散和应用是一项复杂的系统工程，不可能短时期内快速完成。第五，效益的外部性。环境友好农业技术创新所形成的知识产品具有典型公共物品性，使得农业企业、农业合作组织、协会或农户可以在没有市场交易的条件下无偿获得其他环境友好农业的技术创新成果，增加个人或组织的 R&D 资本存量，获取经济利润，形成了农业产业内与产业间的技术创新外溢效应。

4. 环境友好农业技术创新的参与主体

环境友好农业技术创新是一个从农业科技成果的供给到创新成果扩散的完整过程，参与整个过程的创新主体包括了作为技术供给方的农业科研机构或大学、作为技术采用的农业企业或农户、在两者之间起到桥梁纽带作用的中介机构配置——农业技术推广机构、资助农业研究开发活动并提供必要基础设施的政府部门等。对资源与环境约束下的农业创新活动来说，创新主体往往不是单一的个人、企业或农业科研院所，即便存在单一的创新主体，也只是对应着比较简单的创新行为。更多的情况是创新由多个主体协作完成，由多种要素及相互关系组成的一个动态的复杂的系统过程，即创新系统。

环境友好农业技术创新体系也是一个由各类创新主体紧密联系形成的网络，各类创新主体构成了网络中的各个节点，每个主体在网络中的地位和作用是不一样的，相互关联形成的整体功能实现了创新资源在创新体系内的有效流通。在传统的农业创新体系中，由于技术创新依赖于外部和工业部门知识的供给，创新主体主要集中在技术创新的上游，如农业技术研发机构、大学和农业企业等。然而，环境友好农业技术创新是以提高资源的利用效率，促使农业发展由粗放型向集约型、低消耗、低投入的可持续农业转换为目的，因此，涉及的创新主体要比传统农业创新主体要多，在创新过程的每一环节中，创新主体都可能在创新网络中通过实践、经验认识的总结、转化，使隐性知识或植根性知识转化为显性知识，发挥着自己独特创新作用，最终使得不同的创新主体成为新知识的创造者和应用者并服务于整个创新过程。目前，基于创新系统的角度，政府部门、农业科研机构及大学、农业技术企业、农业非政府组织、绿色非政府组织、农业合作社、农民、中介服务机构等社会组织或个人是环境友好农业创新系统的主要创新主体。

二、农业经济增长的路径及影响因素分析

（一）农业经济增长

1. 经济增长的内涵

经济学领域最为核心的问题，即是经济思想史上不断探索的"经济增长的原因、途径及稳定性"问题。所谓经济增长的内涵即一个国家的经济增长，将其界定为向它的人民提供日益增加的经济商品的能力的长期上升，这个增长的能力，基于改进技术，以及它要求的制度和意识形态的调整。

2. 农业经济增长的内涵

从不同角度定义农业经济增长的内涵，其内涵的解析各不相同：①从总产量分析，它表示指一个国家或单位一定时期内，农业生产的全部产品总量的增长；②从总产值分析，它表示指一个国家或单位一定时期内农业总产值的增加；③从投入产出关系分析，它表示一个国家或单位一定时期内产出与投入比的增长。

（二）农业经济增长的路径

农业生产要素投入结构的变化是反映技术变化和发展方向的一个主要指标。一般来讲，土地和劳动作为农业生产中的两大基本要素，农业增长路径的实际模式常常由土地和劳动的相对禀赋与积累状态来决定。与其他产业相比，农业生产与土地息息相关，不断消除无弹性的土地和劳动供给对农业生产的约束是农业增长的主要特点。

在农业增长过程中，经常用部分要素生产率与要素投入比率来反映和解释农业增长的路径。无论是土地投入还是劳动投入，其部分要素生产率（Partial Factor Productivity，PFP）之间存在着非常密切的关系。假设 Y、A、L 分别表示农业产出、土地投入量和劳动投入量，Y/A、Y/L、A/L、L/A 则对应代表土地生产率、劳动生产率、土地–劳动比率和土地的劳动集约率。那么，劳动生产率如公式 $\frac{Y}{L}=\left(\frac{Y}{A}\right)\times\left(\frac{A}{L}\right)$ 所示、

土地生产率如公式 $\dfrac{Y}{A} = \left(\dfrac{Y}{L}\right) \times \left(\dfrac{L}{A}\right)$ 所示：

$$\frac{Y}{L} = \left(\frac{Y}{A}\right) \times \left(\frac{A}{L}\right)$$

$$\frac{Y}{A} = \left(\frac{Y}{L}\right) \times \left(\frac{L}{A}\right)$$

以上两个公式中可以看出，劳动生产率同时受到地劳比率和土地生产率的影响，而土地生产率同时受到土地的劳动集约率与劳动生产率的影响，公式中各个变量的关系见图8-1。图8-1中，正方向的横轴代表劳动生产率（Y/L）、纵轴代表土地生产率（Y/A），负方向的横轴代表单位农业产出所耗用的劳动（L/Y）、纵轴代表单位农业产出需要的土地（A/Y）；45°虚线代表单位土地－劳动比率线，从中可以发现，土地－劳动比率线从左上到右下逐步上升。

将考察期内土地生产率和劳动生产率的运动变化绘制到一张坐标轴上，形成一条直线，直线斜率说明不同的农业增长路径。每条表示农业增长路径的直线斜率为：

$$k = \frac{(Y/A)_2 - (Y/A)_1}{(Y/L)_2 - (Y/L)_1} = \frac{\Delta(Y/A)}{\Delta(Y/L)}$$

根据土地生产率和劳动生产率在时间上的配合轨迹及其和斜率，可以把农业的增长分成三种路径：①当 $k > 1$ 时（图8-1中的箭头①和①*所示），表示出了土地生产率导向路径，它的含义是指根据土地的适宜性，通过合理利用土地方向和发挥不同类型土地优势，提高单位土地的产出水平，也可以叫做生物化学技术（Bio-chemical Technology，简称 BC 技术）增长路径；②当 $k=1$ 时（图8-1中的箭头②和②*所示），它主要显示出了"中性"技术导向路径，它的含义主要是指可以把土地生产率以及劳动生产率增加以实现农业增长的目的；③在 $0 \leqslant k < 1$ 时（如图8-1中的箭头③和③*所示），它的含义主要是指劳动生产率导向路径，代表了主要依靠机械化现代生产工具来提高劳动生产率以实现农业增长，也称为机械技术（Mechanical Technology，简称 M 技术）增长路径。

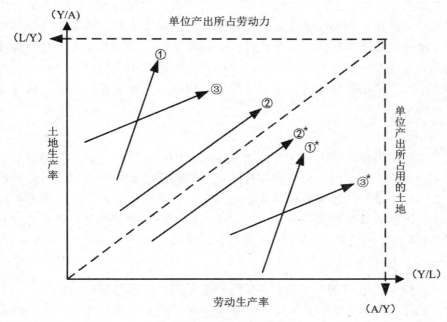

图 8-1　农业经济增长路径

图 8-1 中的三种农业增长路径，表明不同国家或地区对农业资源或生产要素的投入方式。早期关于农业增长路径的研究成果主要应用在国际比较研究，它涵盖了发达国家与发展中国家、在国家的不同地域之间的农业增长路径的差异。当一个国家或地区土地资源短缺时，与劳动力相对比，土地资源稀缺意味着土地价格高昂，从而引起农业生产技术的变革，引导农业生产经营者利用生物化学技术的手段实现节约土地资源、提高土地生产率的目标发展，因此，就形成了以"土地生产率为导向"的农业增长路径；当一个国家的土地供给较为丰富但劳动力不足时，相对高昂的劳动力成本，会直接使机械技术向着更加进步的方向发展，利用成本相对低廉便捷的机械技术来代替高昂的劳动力成本，实现劳动生产率的提高，形成以"劳动生产率为导向"的农业增长路径；当一个国家土地与劳动力供给的稀缺程度介于两种模式之间的时候，这个国家会选择提高土地生产率和劳动生产率的"中性"增长路径。我国是一个耕地资源稀缺型国家，人多地少而土地稀缺，因此，较多学者认为多年来我国农业的发展依靠生物化学技术，走的是土地生产率导向路径（土地节约型），而非劳动生产率导向路径（劳动节约型）。然而，要素禀赋结构及相对价格在我国的农业发展过程中都发生了革命性的变革，如慢慢减少的人口红利、创新成为农业增长的重要因素等，因此，根据要素禀赋积累和需求状态的变化选择一条对应的农业增长路径成为必然趋势。

（三）农业经济增长的影响因素

1. 土地

土地是决定农业经济增长的重要生产要素。当单位面积产量不变时，土地要素数量的变化将直接影响整个农业的总产出；当土地要素数量的保持不变时，诸如土地肥力等土地质量的改善间接影响整个农业的总产出。从理论角度来看，主流经济学的观点基本上认为：土地在农业生产中的不可替代性、土地的空间特性以及土地的时间特性所引起的制度限制和市场结构的差异、土地地域之间的区别等几个方面的经济特征，对土地资源的配置效率和经济的稳定增长产生重要影响，因此，土地常常被经济学认为是影响农业经济增长的主导要素。

2. 人力资本

人力资本论的奠基人充分肯定了人力资本对促进经济增长、提高劳动者收入方面所起到的重大的影响，他们的研究成果在经济增长理论研究者之间引起了极大的重视。人力资本对农业经济增长的影响主要体现在：第一，人力资本是农业生产中不可或缺的要素之一；第二，农业技术进步在生产活动中得以顺利应用的前提之一即是劳动素质的提高；第三，资源配置效率可以通过人力资本得以提高。

3. 物质成本

在农业领域中，物质资本是指为投资各种各样的生产资料累加的总和，其中，用种量、农药、化肥、农膜、机械动力等是最常见的物质资本。在最原始的农业耕作时期，人们使用简单的农业工具，在土地上进行最原始的农业耕作，而劳动工具在农业生产过程中还比较简单。此后，各类农业物质资本投入后为促进农业的增长发挥了巨大作用，例如使用农药，可以对治理病、虫、草、鼠害形成有效的预防；使用化肥，可以让土地保持养分以及肥力，增加农作物产量；使用农膜，可以改善农作物生长环境，增强抵抗农作物灾害、节约灌溉用水与缓解淡水资源紧缺等能力；投入农业机械动力，可以达到提升农业生产技术水平，增加经济效益的目的。

除了以上因素之外，还有很多因素会不同程度地影响农业经济增长，例如财政拨款、农业结构、农村金融、农业贸易、乡镇企业的发展程度等因素。目前，受资源与环境的双重约束，中国农业经济增长不能仅仅依靠土地、劳动和资本等传统要素的投入，必须寻找新的增长路径如技术创新、制度创新等以实现农业经济的可持续发展。

第二节　环境友好农业技术创新与农业经济增长的耦合原理

耦合理论早期应用于物理学中，表示两个（或两个以上）系统之间的相互影响、相互协调的作用关系。由于耦合理论及其相关模型能够较好地解释与度量两个（或两个以上）系统之间的协同作用进而被广泛应用到宏观经济领域的要素或系统之间关系的研究中。从世界农业发展历史来看，农业技术创新为每次农业技术革命奠定了基础，现阶段，以"环境友好与资源节约"两型农业为主的现代农业模式更成为高科技含量的农业，高新技术对传统农业资源的替代和高效利用，使通过技术创新来协调和解决经济发展与保护资源、环境的矛盾成为可能。农业技术的每一次大的革新突破，都使农业生产可能性曲线大扩展，从而使得农业资源的利用率大幅度提高，促进了农业经济的增长。

一、环境友好农业技术创新促进农业经济增长

（一）环境友好农业技术创新是实现农业经济增长中农业技术进步的基本途径

无论是新古典经济增长理论，还是内生经济增长理论，都把对经济增长的影响因素归结为资本、劳动力与生产资料之外的技术进步。从本质上来说，农业技术发明、农业技术创新和农业技术扩散三个阶段依次构成了广义农业技术进步的过程。其中，农业技术创新是农业技术进步最重要的部分，农业技术进步是各种农业技术创新活动累积性经济体现。我国农业经济发展在自然资源与生态环境约束背景下进行的环境友好农业技术创新活动，根植于整个农业经济运行系统中。因此，环境友好农业技术创新首先驱动了农业技术进步，对农业技术进步起到主导推动作用，然后农业技术进步再次促进或推动了农业经济增长。

推动农业经济增长的三个重要因素分别是：广义的农业技术进步、劳动与资本，而广义农业技术进步又是由面向环境友好的农业技术创新、制度创新与管理创新三个方面的创新活动相互重叠组成的。因此，可以看出，农业经济增长中除去资本、劳动的贡献后，即是广义农业技术进步对农业经济增长的贡献。在资源与环境的约束下，通过传统农业技术与环境友好农业技术的发明、创新与扩散来实现农业科学技术的进步；农业制度创新通过制定并实施新农业政策、调整农业产业结构与改善农业经营管理方法等来改变农业技术进步的方向；而管理创新活动则以农业环保意识的提升、搭建良好农业技术设施、开辟新市场等方法影响着农业生产率。从宏观经济学的视角出发，农业技术进步是环境友好农业技术创新活动的积累，通过持续不断地将先进的生产要素和劳动工具融入农业生产，改造劳动对象，最终推动农业生产力水平、改善农业生态环境，促进农业经济的可持续增长。

（二）环境友好农业技术创新为农业经济增长中产业结构的升级提供技术支撑

在资源与环境约束下，原有的农业生产结构（需求结构、中间投入结构等）在市场需求的导向下按照环境友好农业技术创新的要求发生变化，即经过创新生产的农业技术成果不仅能够有效促进农业资源的高效利用，而且能够有效地避免对资源和环境的技术负效应，最终促进产业结构的升级和新的产业的形成。例如，推广沼气综合利用技术，把沼气以及沼气发酵产物（沼液、沼渣）运用到农业生产过程，在农业沼气建设中降低生产成本、提高经济效益，最终不仅促进农业废弃物的综合利用，而且为农业生产和农

民生活提供了新的能源、实现了沼液的综合利用、减轻环境污染。在此基础上，环境友好农业技术创新通过更新、完善原有的农业生产流程和产业技术，促进农业产业结构优化，进一步带动可持续的新兴农业。以此凝聚形成环境友好农业技术创新能力，使得农业创新主体有了更多的技术选择与技术支撑，从而加快创新成果扩散，更有效地推动农业经济增长。

（三）环境友好农业技术创新提升农业经济增长中资源配置效率的关键

经济学家们通常认为高效的资源配置能力是经济增长过程中必不可少的要素。首先，环境友好农业技术创新能够突破现有农业资源的限制，通过秸秆能源化技术、沼气综合利用技术等不断地获得可替代资源，从而减少农业生产要素投入；其次，环境友好农业技术创新能够优化生产要素的组合方式，进一步实现同等要素投入条件下农业生产总值的增加；最后，环境友好农业技术创新会促使更精细化的农业产业分工，促进农业企业或农户结合自身资源专注于某一技术领域，让这些创新主体有更多的时间提高自身的专业知识水平，促进农业企业或者农户素质和技能的提升，从而提高劳动者生产率，加速农业产出促进农业经济增长。

二、农业经济增长支撑环境友好农业技术创新

（一）农业经济增长促进了创新资源的投入

与国民经济的其他领域相比，环境友好农业技术创新具有实施的高风险性与时滞性、空间上的地域性与分散性特征，因此，环境友好农业技术创新前期需要大量的要素投入，尤其是 R&D 经费与农业技术人才。而这些要素投入直接来自于农业经济运行系统中的科技投入，其在促进农业经济增长方面具有重要作用。纵观各国农业经济发展，农业科研投入与经济总量直接相关。经济总量决定农业创新资源投入的多少，尤其 R&D 经费的投入量。

（二）农业经济增长产生了拉动技术创新的需求

农业经济增长会增加和累积更多的社会财富，这就意味着会引起新的市场需求，如居民新的农产品消费形式、消费结构变化等，拉动创新主体尤其是农业企业和农户为了获得更的利润而生产更多产品去满足市场需求。与此同时，农业发展所面临的资源枯竭、环境污染与生态恶化的威胁，也使得整个社会对环境友好农业技术有着强烈的期盼。市场需求与社会对环境友好农业技术需求的共同拉动，必然要求创新主体进行全新的知识更新和技术发明才能满足新的需求。因此，在新的需求拉动下，环境友好农业技术创新主体开展各种研发活动（R＆D），促进新的环境友好农业技术（畜禽粪便综合利用技术、节水工程技术、农业生态环境保护与治理技术等）的产生，以致能生产出全新的产品，从而推动农业技术进步。

（三）农业经济增长强化了技术创新的动力

技术推动理论认为，农业技术创新是由技术进步推动和广义需求拉动共同作用的结果。新经济增长理论认为，内生的技术进步是经济保持增长的决定因素，提出经济增长的要素来自于知识资本、技术进步和人力资本，认为这些综合要素不仅能产生递增效益，而且能突破增长的极限，从而推动经济增长。农业经济增长之后，能够为环境友好农业技术创新活动的开展提供更多的资源要素，促进农业创新人才的培养，增加创新主体的知识积累，促进农业技术进步，使得创新动力得到强化。

三、环境友好农业技术创新与农业经济增长的耦合关系

环境友好农业技术创新与农业经济增长是两个开放的、有机的互动联系的系统，环境友好农业技术创新推动农业经济增长，农业经济增长为环境友好农业技术创新提供了必要的支持，两个系统之间相互促进、彼此影响，因此，两个系统之间的耦合就是指这两大系统之间实现互动与共同促进的正向关联关系。

传统农业技术创新的出发点和根本动力即是市场需求拉动和技术推动，而环境友好农业技术创新加入环境规制的驱动因素，在对传统农业技术创新"突破"与"融合"的基础上，通过环境友好农业技术创新活动推动农业技术进步，农业技术进步加速提高农业企业、农业合作组织、农户等的劳动生产率，提升农业生产要素的边际效率，改善与优化农产品的质量、产量，从而带动农业产业优化升级和诸如旅游农业、休闲农业、生物科技等新兴产业的形成，最终直接或间接地促进农业经济增长。而农业经济的增长会引起新的市场需求，促进更多创新资源的投入，在新需求引导下可能会进一步促进农业技术水平的提高，并由此展开新一轮的循环过程。如此往复，环境友好农业技术创新与农业经济增长之间就形成了良性循环。

第三节　环境友好农业技术创新促进农业经济增长的路径设计

一、环境友好农业技术创新促进农业经济增长的目标与基本原则

（一）环境友好农业技术创新促进农业经济增长的目标

明确环境友好农业技术创新促进农业经济增长的目标是对策研究的逻辑起点。目

前，我国经济增长已经进入新常态阶段，农业发展要实现转型与升级，摆脱资源与环境约束，实现农业经济可持续性和有质量的增长，最终的落脚点就是要依靠农业全要素生产率的持续快速提高，而在土地、劳动等资源不变的前提下提高农业全要素生产率则需要依靠创新活动，即以环境友好农业技术创新来优化生产要素组合与提升生产要素效率，替代自然资源与生态环境要素，挖掘各类要素潜能，实现创新驱动农业经济增长。

我国环境友好农业技术创新促进农业经济增长的目标是：在科学发展观指导下，注重环境与农业资源的合理利用与培育，以环境友好农业技术的开发为起点，构建以政府主导型环境友好农业技术创新模式下，推进环境友好农业技术成果转化和应用，逐步缩短环境友好农业技术创新对农业经济增长的滞后期，提高环境友好农业全要素生产率，在继续强化农业经济效益的同时，充分重视和挖掘农业生态效益与社会效益，从而实现农业经济长期稳定的增长。

（二）环境友好农业技术创新促进农业经济增长的基本原则

1. 环境友好与资源节约相统一原则

环境友好与资源节约是环境友好农业技术创新的一个重要特征，在环境友好农业创新系统中，环境友好与资源节约始终是贯穿整个系统的核心理念。这是因为在确保农业可持续发展的战略下，农业作为第一产业，对资源与环境的高度依赖性要求其发展过程必须充分坚持资源节约和环境友好相统一的原则，通过环境友好农业技术创新，使得农业生产方式由"农业各资源投入 – 农产品产出 – 农业废弃物排放"的单向式生产过程向"农业环境友好资源投入 – 环境友好农产品 – 农业生态环境改善"的循环式生产过程转换，降低农业生产经营活动中如机械动力、化肥、石油等能源的消耗，提升农业可再生资源如秸秆、太阳能、沼气等的利用，最大限度地减少农业废弃物排放与环境污染，从而促进整个社会环境福利的增加。

2. 传统农业技术与环境友好农业技术相结合原则

中国农业发展过程中始终不能将二者（传统农业技术与环境友好农业技术）割裂，环境友好农业技术创新是传统农业技术的革新和优化，必须要将二者结合起来。环境友好农业技术创新是人类基于农业技术负面效应所产生的对环境的反思，即一项农业技术需要兼顾经济可行性与生态合理性，应该把农业技术对生态环境系统的胁迫和损害降低到最低程度。因此，环境友好农业技术创新不是把传统农业技术完全排除在外，而是对传统农业技术创新的一个优化过程，也正是对传统农业技术创新的"突破"与"融合"。

3. 整体推进与因地制宜相结合的原则

无论是我国区域间环境友好农业技术创新能力还是区域间环境友好农业生产率增长，都存在着区域发展不平衡，呈现出由东向西梯度递减的现状。由于我国地区的自然禀赋、科技基础、经济实力各不相同，各有各的优势，这对环境友好农业技术创新整体推进农业经济增长形成了挑战。环境友好农业技术创新本身就是一个复杂的系统工程，面对区域发展不平衡，需要坚持整体推进与因地制宜相结合的原则，即根据各地区自身的农业生产特点确定农业技术创新的方向和重点，积极发展适应区域农业优势的技术，强调农业技术创新与区域地理空间相结合，实现因地制宜与合理布局，最终形成东中西部良性互动、各区域共同发展的局面。

4. 政府调控与市场调节相结合的原则

环境友好农业技术的公共性与高风险特征使其较难保证创新主体（尤其是农业企业）的利益，一定程度上限制了资本进入可持续农业产业。这就决定了环境友好农业技术创新促进农业经济增长不能仅靠市场调节，尤为需要充分发挥政府的宏观调控作用。政府作为"制度企业家"能够通过各种政策措施，促进创新资源投入，积极推动市场配置资源的基础作用，同时，能够刺激农业企业、农户等创新主体展开环境友好农业技术创新，将创新主体的投资风险与市场推广风险降到最低。尤其是农业生产经营中出现市场失灵时，政府通过组织资源、完善服务与运行机制等宏观调控手段为环境友好农业技术创新营造氛围。

（三）环境友好农业技术创新促进农业经济增长的初步路径构建

在创新驱动的国家战略背景下，我国农业经济由资源集约式增长向可持续性增长的转型一样需要环境友好农业技术创新。环境友好农业技术创新促进农业经济增长的初步路径构建如下：

第一层，以提升环境友好农业技术创新能力为目标，应坚持以政府主导的环境友好农业技术创新模式；

第二层，为缩短环境友好农业技术创新对农业经济增长滞后期，应促进环境友好农业技术的转化与应用；

第三层，以提升环境友好农业技术创新对农业经济增长的贡献份额，应持续快速提高农业全要素生产率。

三个层次中，政府主导创新模式是前提，技术扩散体系是桥梁，提高农业生产率是最终目的。

二、构建政府主导创新模式，提供创新促进增长的制度环境

作为农业可持续发展的必然选择，我国环境友好农业技术创新能力虽逐年呈现上升态势，然而，与国民经济中其他产业相比，我国环境友好农业技术创新能力整体水平较低，且投入、支撑、运行与产出能力等四个系统的能力状况差异较大。显然，这样的现实状况与环境友好农业技术创新主体的特征密不可分，由于我国农业发展正处于传统农业向可持续农业的转型时期，农业企业、小规模经营农户和发展不成熟的中介组织并存，市场竞争压力小，因此环境友好农业技术创新主体的自行组织能力极其微弱，导致环境友好农业技术创新的市场刺激不强，难以成为环境友好农业技术创新的主导角色，支配整个创新活动。在可持续发展理念的指导下，充分发挥政府在环境友好农业技术创新方面不可替代的特殊优势也是必然选择。

（一）确定政府在环境友好农业技术创新中的主导作用

所谓政府的主导作用是指政府通过制度创新、政策激励及环境创设等手段对不同层面创新活动的推动、支持和引导作用。从理论的角度来看，在农业技术创新体系中，政府部门是所有创新主体中唯一能够执行系统中知识共同创造、垂直政治功能和水平中介功能的创新主体，在农业创新系统中发挥的功能最大，这种系统创新风险低，创新主体之间有利于实现关键知识共享、资源的交流与扩散；从现实的角度来看，由于环境友好农业技术创新具有收益非独占性、创新收益周期长、多风险性、公共物品等特征，使得我国农业市场对技术资源的配置还不完善，目前我国缺乏稳定的农业科研投入机制，决定环境友好农业技术创新是一种市场功能低效的创新活动，这也使得农业技术企业、农户、中介组织等其他创新主体长期缺乏创新的源动力。因此，只有政府部门才具有一般环境友好农业技术创新主体无法胜任的使命，既可以为其创新主体提供合理的制度安排和有效的政策支持，又可以提供良好的创新环境和避免市场失灵。现阶段，发挥政府在环境友好农业技术创新的主导作用是我国农业环境问题日益突出的现实背景下以创新促进增长的必然选择。

（二）完善政府主导模式下的各项配套制度

不同于工业技术创新，政府部门在环境友好农业技术创新中制度创新的内容、方式、途径都有其特殊性，政府部门集计划者、决策者、监督者、评估者和管理者于一身，因此政府部门必须基于宏观视角，构建环境友好农业技术创新促进经济增长的制度框架。

1. 改革环境友好农业技术创新投入机制

当前，我国环境友好农业技术研发投入强度不高，农业基础研究投入上升缓慢，尚未形成多元化的融资渠道，各地区环境友好农业技术创新的研发投入也存在较大差异。因此，我国迫切需要构建稳定的环境友好农业技术创新投入机制，拓宽原有投入渠道、扩大投入幅度与探寻有效的投入方式，逐步建立起多元投资结构，以更好地推动以创新促进农业经济增长。具体主要包括：①研发投入资金倾斜。政府科技主管部门通过设立重点项目基金，向应用面广且影响重大的环境友好农业技术倾斜，如解决农产品质量安全要求越来越高与农业生态环境及气候变化压力之间矛盾的节能高效农业技术、粮食需求总量提升与资源刚性制约之间矛盾的养分资源综合管理技术等，并将该类技术纳入到整个国家的科技发展战略中；同时，为农业科技企业设立专门的基金支持，鼓励农业龙头企业自主技术研发，搭建平台有利于校企协作、企业与科研部门协作进行技术攻关。②充分利用财税政策。政府可以通过税收杠杆对环境友好农业技术成果转化过程中的某些环节进行干预，将激励与惩罚相结合。针对"高污染、高排放、高消耗"的农业生产方式和农业经营模式，通过惩罚性财税政策以"惩罚"，将"惩罚"的所得款项以补贴或转移支付的形式，专项用于扶持环境友好农业技术的研发与成果转化；针对推行环境友好农业技术的农业企业或农户，通过激励性财税政策对农户实行补贴和奖励或对企业实行免税、减税，在制度上倾向性地鼓励企业和农户采取环境友好农业技术进行农业生产。③加快农业金融体系改革进程。一方面，促进农业金融充分发挥风险分散的功能，利用环境风险控制形成筛选机制，从而鼓励农业企业主动克服环境友好农业技术的市场风险与收益风险，实现农业企业加快绿色产业关键技术攻关，应对农业持续发展面临的技术挑战。另一方面，有效的农业金融支持体系中必须将环境成本与效益纳入投融资的决策体系，重新资源配置，引导金融资源逐步从"生态破坏与资源耗竭"的农业生产经营中退出，进入到"环境友好与资源节约"的绿色农业产业，推进环境友好农业技术产业的培育和传统农业产业的转型升级。

2. 优化环境友好农业技术创新的环境

环境友好农业技术创新的支撑能力和运行能力都与良好的创新环境分不开，可以说，创新环境是实现环境友好农业技术创新促进农业经济可持续增长的重要保障。我国环境友好农业技术创新的支撑能力和运行能力都有待提升，政府主导的创新模式下，要求从硬环境和软环境来提供创新保障机制，引导更多的科技资源创新。①形成有利于创新的法治环境。我国当前的环境友好农业技术创新因为缺乏必要的法律支持而使发展受到限制，许多法规还只是停留在"倡议性"的非强制性要求层面，法律的约束力有限，因此，搭建以环境友好农业技术创新的核心法或基本法为核心层、环境友好农业技术创新的某个具体领域的专门性法规为第二层、确保环境友好农业技术创新的研发与推广的部门性规章为第三层、配合中央基本法和专门法的地方性法规为第四层的法律框架结构，是政府主导模式下保证环境友好农业技术创新顺利实施的重要力量。②形成有利于创新的基础环境。根据农业可持续发展需要和环境友好农业技术创新现状，应在全国高起点地建设一批研究开发基地，如农业信息中心与网站，科技重点实验室，农产品科技开发、中试与成果转化基地，绿色企业孵化器、虚拟绿色科技园等；同时，要促进农业技术创新组织建设，即支持各类农业技术服务型组织如信息服务组织、农民协会组织、农民教育和培训组织、技术转化中介组织。③形成有利于创新的文化环境。一方面在舆论导向上，通过主流媒体加强宣传教育，增强农业企业和广大农户参与环境友好农业技术创新的自觉性；另一方面需要进行创新资源建设，打破区域限制，在较大范围内对创新资源实行宏观调控，既能重视环境友好农业技术知识产权和专利的保护、深化传统意义上的成果管理，又能强化市场配置制度、充分发挥现有科学技术的效益。

3. 激励驱动环境友好农业技术创新的平台

我国环境友好农业技术创新的产出能力与创新激励驱动提供的动力息息相关，政府主导的环境友好农业技术创新模式下激励制度包括：①分阶段推进环境友好农业技术创新。环境友好农业技术创新从技术研发到扩散，再到应用需要一个长期的过程，因此需要分阶段推行：第一阶段通过宏观调整为环境友好农业技术创新创造基本条件；第二阶段通过对其他创新主体（主要是农业企业或农户）在体制与机制上鼓励从源头上促进环境友好农业技术创新行为；第三阶段通过推广先进成熟区域的农业可持续发展经验来巩固创新驱动模式。②重点开展环境友好农业技术创新型企业试点工作。对以环境友好农业技术研发与应用的龙头农业企业应重点扶持，给予其更多政策、资金支持，在企业内部完善利益分配、经营管理等各项企业运行机制，建立现代企业制度，以试点龙头企业发挥典型示范作用来引导、带动更多的农业企业。③建立环境友好农业技术创新项目的全程审核机制。对环境友好农业技术创新项目实施全程审核机制（事前、事中和事后）进行优胜劣汰，从而保证有限的资金用在更有价值的项目上；与此同时，建立环境友好农业技术创新的风险分担与利益共享机制，利用国家的总体财力分担个别农业企业或科研机构的农业技术创新风险。

三、促进技术创新成果转化，缩短创新对增长的滞后期

环境友好农业技术成果转化是环境友好农业技术创新成为农业现实生产力的桥梁，因此环境友好农业技术扩散是农业可持续发展的重中之重。

（一）解决农业技术扩散中供需不对称

环境友好农业技术创新对农业经济增长之所以存在着滞后期，除了环境友好农业技术创新自身的特殊性之外，创新中技术供给者与技术需求者的信息不对称和能力不对称问题使得环境友好农业技术扩散受到阻碍也是一个主要的原因。

从农业生产需求角度来看，环境友好农业技术有效需求的强弱对环境友好农业技术扩散成功率的高低起着决定作用，然而，相对于良种技术、农药化肥等以增加农民收入和提高产量为目的的传统农业技术，环境友好农业技术一般能更有效地利用自然资源或提高农业投入品的使用效率、有利于恢复区域生态良性循环，但不同于许多农业适用技术，这类技术投入大成本高、直接经济收益不明显，而且对农业企业或农户的综合能力要求较高，再加上大部分农户对原有农业生产技术锁定、环境意识淡薄、对新技术有效需求不足，在一定程度上造成了环境友好农业技术扩散不理想。从环境友好农业技术供给者的角度来看，目前我国农业科研院所提供的环境友好农业技术成果大多数处于实验室水平，仅有少数成熟的农业技术成果能达到农业产业化水平，因此，对于农业企业或农户来说，可选择成熟的农业技术成果空间极为有限。环境友好农业技术这种需求不足与供给不足同时存在的问题，使得农业技术扩散系统缺乏长足动力。

实践证明，通过有效的环境友好农业技术扩散政策，能够拉动技术供给与技术需求的同步增长，二者的耦合成为农业技术扩散的动力。因此，政府主导的环境友好农业技术创新模式下，一方面，政府作为推动力需要加大对环境友好农业技术的研发投入，为研发机构提供相关配套设备及设施，鼓励科研院所提高技术的供给数量和质量；另一方面，保障环境友好农业技术供给充足的前提下，建立环境友好农业技术扩散的反馈机制，提高农业企业或农户对环境友好农业技术扩的采纳意愿和能力，从而将农业企业或农户对新技术的内在需求转化为有效需求。

（二）加强多元化的技术推广体系建设

1. 确立政府部门、科研院所在农业技术扩散体系中的主体地位

由于农业环境的公共物品属性，政府依然需要在环境友好农业技术扩散的各个阶段发挥主导作用。目前，政府部门应结合环境友好农业技术的特征，对我国现有的推广方

法进行优化组合，整合地域相邻的农业技术研发机构使其形成合力，同时，发挥基层尤其是县级的农业技术推广部门的组织作用。

2．充分发挥涉农组织在多元化农业技术扩散体系中的作用

发挥公益性农技推广主渠道作用同时还需要探索多元化的农业推广服务形式。一方面，加强农业企业的带动示范作用，这是因为农业企业随时掌握市场需求动态，选择创新成果时候首先是以市场为导向，最终为市场服务，极大地促进了环境友好农业技术的转化与应用，可以说，农业企业未来成为环境友好农业技术创新的主体是必然趋势。另一方面，充分利用多元化的中介组织，现阶段农业合作社、农业专业协会和其它中介服务机构在农业新品种引进、新技术导入、新方法应用等起到了重要的载体和桥梁作用，在进一步提高农业技术成功转化与应用效率的目标下，应鼓励中介组织进行多种模式的探索和实践，按照专业化、市场化的发展方向逐步建立起政府、科研、企业、教育、协会等主体并存的强大中介阵容，提供技术咨询、技术评估、技术培训、技术交易等多样化中介服务，形成多层次的农业技术中介服务体系。

3．积极发挥创新农户的示范效应

以实际效益（包括经济效益、社会效益和生态效益）为驱动，政府部门优先通过政策措施在农业经济系统内部建立推行环境友好农业技术的示范户、示范片、示范村，通过农业技术特派员等制度加强技术在农村的宣传与培训，鼓励农户采纳新的环境友好技术，如配方施肥技术、废旧农膜利用技术、节水农艺技术等，使得农业技术进步具有原动力。此外，运用经济杠杆，政府部门可以协调环境友好农业技术的高风险性与农户技术锁定之间的冲突，调动农户采纳环境友好农业技术的主动性和积极性，最终使得农民在一种可依赖的环境中模仿采用环境友好农业技术，达到环境友好农业技术的运用和普及。

四、提高农业全要素生产率，促进创新对经济的贡献份额

（一）重点加强农业技术效率的驱动能力

农业技术效率的提升与软技术即制度创新、服务创新、管理创新等政府政策密切相关，故必须从加快人才开发、土地资源配置、财政补贴等政府政策方面促进软技术创新，以提升农业技术效率。

1．推进以新型农民培育为方向的农村人才开发制度创新

农民是环境友好农业技术创新体系中第一主体，制约我国农业可持续发展的正是缺乏有文化、懂技术、会经营的新型农民，只有培育新型农民以不断地增强农民的自我发展能力才能从本质上改变农业的"弱质性"，通过软技术创新来实现农业技术效率才有可能。因此，政府部门首先应该通过建立普及性的农业教育体系、农业技术培训体系等加强对农民的培训，帮助农民掌握最新的农业技术；其次，通过营造有利于农业专业人才施展专长的环境，改革我国基层农业专业技术人才的选拔任用、收入分配等制度，激

发新型农民推动环境友好农业技术创新的潜力与活力；最后，建立城乡人才双向流向良性流动的促进机制与城乡一体化的就业制度，着力改善农村人才的待遇来解决农业农村发展面临的人才问题。通过这样层层递进的农村人才开发制度创新，有效地保证环境友好农业技术的推广与应用。

2. 采用耕地资源有效利用的土地流转制度创新

土地资源既是从事农业生产必不可少的物质基础，也是环境友好农业技术的基本载体。从提高技术效率的角度来看，一方面，需要促进农村土地使用权流转实现土地规模化耕种有利于环境友好农业技术的应用与推广，使得采用了环境友好农业技术如土地复垦技术、化肥污染防治等技术的土地避免受到周围保持原有传统生产模式土地影响，实现规模效益；另一方面，土地流转后形成的种粮大户、龙头企业相对于分散农民具有更高农业素养，容易接受环境友好农业理念，使用新技术、新产品进行生产；相对集中的农业生产主体，更容易或更愿意与农业技术创新主体合作，不断根据市场需求进行技术创新。

第九章 农业技术推广与农业经济 —— 以茶叶为例

第一节 茶树良种与繁殖技术

一、茶树的有性繁殖技术

茶树兼有有性和无性两种繁殖能力。有性繁殖是通过两性细胞的结合，利用茶籽进行播种育苗，也称种子繁殖。无性繁殖是不经两性细胞的结合，直接利用茶树营养体的一部分进行育苗，也称营养繁殖。两种繁殖方式各具特点，生产上应灵活运用。

茶树是异花授粉植物，其种子具有不同的两个亲本的遗传性，因此有性繁殖具有以下特点：茶籽便于贮藏和长途运输；方法简便，管理方便，育苗量大，既可育苗移栽，又可直播成园，大面积发展新茶园，较经济易行；有性茶苗生活力强，茶苗主根发达，入土深，较能抗旱、抗寒，育苗时间短，生长快；具有复杂的遗传性，有利于引种驯化，可塑性大，易于"南种北移"，同时为选种提供了丰富的材料；便于选优去劣，移植壮苗，利于快速成园。

无性繁殖是通过母体一部分营养体育成新个体，只具有母体的遗传性，其具有以下特点：一是能保持良种的特征特性，有利于建立既整齐统一，又能丰产的茶园；二是能繁殖不结实的良种；三是插穗短，节省材料，繁殖系数大，有利于迅速扩大良种茶园，繁殖数量多，土地使用经济；四是生长快、根系发达。

（一）采种园的建立

目前我国专用的采种茶园不多，一般茶园都以采叶为主，兼顾采种，因而种子混杂、后代性状不一，不符合良种要求，故应有计划地建立良种园，以适应生产发展的需要。在良种园建立好以前，可在现有茶园中选性状优良、一致，生长健壮，高产优质，抗性强的植株，选取立地条件好、缓坡向的茶园，通过提纯、去杂、去劣、复壮等改造措施，建立采叶采种兼用园。

（二）采种园的管理

1. 改进采叶方法

每年6～10月，既是茶树花芽分化孕蕾开花的时期，又是上年茶果迅速生长与成熟的生殖生长旺盛时期；尤其6月，既是夏茶采摘，又是茶籽积累有机物最快的时期。大量的营养物质消耗于种子内部，造成养分的制造、分配和采摘之间的矛盾，这也是生殖生长和营养生长的矛盾。为保证生殖生长的需要，可在采好春茶后，适当留养夏、秋茶，这既能提高茶树的结实率，又能较少地影响总产量。

2. 适当增施磷钾肥

对于兼用的采种园，必须解决好营养生长与生殖生长的矛盾。因此，在一般茶园管理的基础上，应增施磷钾肥，以促进开花结果，防止落花落果，其氮、磷、钾肥的比例以2：2：1为宜。

3. 适当疏枝

适当疏枝可使茶园通风透光，便于昆虫授粉，减少落花落果，提高结实率。

4. 抗旱防冻和防治病虫害

南方茶园易受旱，北方茶园易受寒，茶园病虫也多，都应作好相应的防治工作。

5. 防止落果

在4～8月可喷两次的萘乙酸钠液，以防止落果，也可在茶园附近养蜂，提高结实率。

（三）茶籽采收

1. 茶籽采收的时间和方法

茶籽是一种生产资料，其品质优劣不仅影响到幼苗生长的好坏，而且关系到今后产量的高低。茶树6月花芽分化，10月开花，到次年10月茶果成熟，需一年多的时间。茶果成熟早迟不一，可因气候、地势、品种不同而异。一般南坡向阳成熟比北坡早；平地比高山早；坡地比平地早；树冠外围比树冠内早；光照条件好的比光照条件差的地方早；茶园土壤干燥比潮湿地早。因此，茶果采收必须根据成熟度及时、分批采收，以保证茶籽质量。

茶籽品质优劣，不仅取决于茶园的培肥管理和茶树健壮与否，也与茶籽是否适时采收有密切关系。采收过早，茶籽未熟，含水量高，营养物质积累少，则易干缩或霉烂，丧失发芽能力，即使发芽也不健壮；若采收过迟，蒴果开裂，茶籽落地，拣收费工，并受日晒雨淋，易霉烂，故应适时采收。我国大部分茶区茶果成熟多在霜降前后，这时茶果营养物质积累最丰富，其中淀粉、蛋白质、脂肪含量达到最高。不同采收期与出苗率及幼苗生长的好坏有密切关系，如 9 月 22 日采收成活率为 65.1%，10 月 23 日采收成活率达 91.6%，且苗木健壮。

2. 茶籽采收后的处理方法

暴晒法：将收回的茶果放在阳光下暴晒 2 ~ 3h，随晒随翻，让其失水开裂，易于剥壳。未裂开的茶果可用小刀剥壳。剥壳后的茶籽可进行水选，将浮在水面不饱或坏的茶籽剔去，以保证种子质量，水洗后的茶籽应晾干后贮藏。

阴干法：将采回的茶籽堆于通风的地方，厚度 10cm 左右，每日翻拌 2 ~ 3 次。堆内温度不超过 25℃，以免发热霉变，待失水开裂去壳，剥壳的茶籽筛选（筛孔直径大小 12mm × 12mm）分级，一般分优质茶种、合格茶种、一般茶种、不合格茶种四个规格。然后分别存放。

（四）茶籽的包装运输及贮藏

1. 茶籽的包装运输

茶籽调运，必须做好包装工作。茶籽包装的方法可因运输距离不同而异，短途运输可用竹筐、麻袋或草袋装运，每袋 25kg 为宜，远距离运输必须用木箱，箱长 60cm、宽 40cm、高 30cm，板厚约 5cm，内放填充物，如干净的木屑、谷壳等，与种子分层堆放，每层种子约 2.5kg，每箱种子净重 20kg，木箱打孔，以利通气散热。茶籽含水量保持在 25% ~ 30% 之间，装后立即起运，途中不宜转运积压，切勿日晒雨淋或重压，力争缩短运输距离，早运早达。

2. 茶籽贮藏

（1）贮藏条件

收茶籽后，如不立即冬播，就需在一定条件下贮藏，以保持发芽率。

①茶籽含水量

贮藏茶籽，一般含水量以保持 30% 左右为宜。如含水量低于 20%，则发芽率下降到 80%；低于 15%，发芽率下降至 70%；低于 10%，发芽率不到 30%；低于 7%，则全部失去发芽能力。

②温湿度

茶籽贮存期要求最适宜的温度为 6 ~ 7℃、相对湿度为 60% ~ 75%，如温度过高，湿度也大，则呼吸作用强，营养消耗大，二氧化碳增多，茶籽易发生霉变。

③通气性

通气良好，利于贮藏过程中的氧气供应，以维持最低生理活动需要，通气不良，影响呼吸，易引起霉变。

（2）贮藏方法

①室内沙藏法

种子不多时可用室内沙藏法贮藏。选取阴凉干燥的房间，先铺一层 3 ~ 5cm 厚的黄土，土上方铺一层 10cm 厚的茶籽，茶籽上撒一层沙，厚度以不露茶籽为宜。如此继续向上铺 5 ~ 6 层茶籽，最后一层铺 5cm 厚的沙，沙上盖干草。如种子数量多，应在堆中安设通气管（筒）。贮藏过程中应经常检查堆内温度与茶籽含水量，如发现表层沙发白干燥，可适当喷水湿润。如茶籽过少，可用木箱与沙分层贮藏。

②室外沟藏法

茶籽数量多时可用室外沟藏法贮藏。选地势高、干燥、排水良好、朝北的地方挖贮藏沟，沟深 30 ~ 50cm，宽 100cm 左右，长度随需要而定，但以不超过 3m 为宜。将沟底、沟壁敲紧，并用微火稍烤干，以防沟中积水。在贮沟内铺一层 5 ~ 10cm 厚的干草或细沙，倒入 20cm 厚的茶籽，其上再盖草或铺沙，如此可铺茶籽 2 ~ 3 层，最后铺一层 10cm 厚的干草，上面再加泥封盖，打紧成屋脊形。为调节堆内温度和通气，可每 2m 设置一个通气孔或插通气筒（可用竹筒打通竹节或捆草把插于堆中通气），以保证空气流通，并在筒上加盖，以防雨水直入。在贮沟外四周 20cm 处挖深 50cm、宽 30cm 左右的排水沟，以防雨水渗入贮沟中。贮藏期间，每一两个月检查一次，看茶籽是否有霉坏变质的，如有，应及时清除。

③畦藏法

选地势高、干燥和播种茶园附近地方作区，区宽约 100cm，长度随茶籽数量及地形而定。表面铺一层沙，厚约 3cm，沙上铺一层 3 ~ 4cm 厚的茶籽，如此可铺 3 ~ 4 层茶籽，最后一层沙上稍盖草，草上盖土，播前取出茶籽，过筛清理即可播种。

（五）茶籽播种技术

1. 茶籽生活力

茶籽除含 30% ~ 35% 的水分外，主要含有脂肪 30%、淀粉 30%、蛋白质 10%，还有其他物质。这些物质藏在占茶籽 3/4 以上的两片子叶中，是供种胚发芽时的营养物质。茶籽收后播在土壤里，短期内不能发芽，主要是蒴果外表皮坚硬，吸水困难，同时子叶里的营养物质尤其是脂肪要经过一系列的复杂的生理变化，才能供种胚萌发的需要。茶籽因含脂肪量高，寿命短（一般 6 ~ 9 个月），故应收后立即播种，以免脂肪劣变影响发芽。茶籽播后如土壤水湿条件好，1 个月后可发芽，如水湿条件差，两三个月也难以发芽。

2. 茶籽萌发的环境条件

种子萌发是由内在物质矛盾转化所决定的，萌发过程中的主要条件是水分、温度和氧气。

水分：水分是各种生理生化过程的介质，一切生命活动都离不开水。如茶籽播后土壤干旱，则茶籽不能吸水膨胀，种壳不易裂开，内含物质不能转化，胚根无法伸展。在水分充足的条件下，酶的活动、有机物的转化、呼吸作用才能正常进行，茶籽才能正常萌发生长。据测定茶籽萌发的含水量为 54% ~ 57%，故要求土壤含水量在 60% 以上。

温度：茶籽萌发的温度在 10℃ 以上，最适宜的温度为 20 ~ 25℃。

3. 苗圃的选择与规划

苗圃选地势平缓，背风向阳，东南或东西向，水源方便，灌排条件较好，土层深厚，土壤疏松肥沃，地下水位 1m 以下，不积水、不内涝的酸性、微酸性（pH4.5 ~ 6.5）土壤的生荒地作苗圃较为理想。此外，苗圃所在地还应交通方便，靠近茶园，便于运输，以提高成活率。麻地、菜地、薯类、糖类、稻田等熟地，以及易生白绢病、根结线虫病等根病的土壤，不宜作苗圃。

苗圃规划包括道路、水系和苗床的规划。苗圃应有大、中、小运输道和人行道，尤其 10 亩以上的大型苗圃，更应配置好大车道，其宽不少于 4m，小车道 2 ~ 3m，主行步道 2m。水系包括大、中、小灌、排、蓄水沟和小水池，小水池每 4 ~ 8 床 1 个，长 80 ~ 100cm，宽 60 ~ 80cm，深 100cm，以少占地面为宜。

4. 精细整地，施足基肥，做好苗床

苗圃整地要求深、松、细、平，土粒大小均匀，整地时全面深翻 30 ~ 35cm，拾净杂草、树根等杂物。然后起苗床，苗床长 10m 或随地形而异，底宽 1.5m，面宽 1.2m，高 10 ~ 20cm（沙土低、黏土高），两床间沟宽 50cm。每床施充分腐熟的堆肥或厩肥 100kg，普钙或钙镁磷 2kg，或复合肥 2.4kg，将土与肥充分拌匀后平整苗床，以待播种。

5. 种子处理

为了提高出苗率，培育壮苗，播前精选粒径 2cm 左右饱满、沉重的种子进行浸种。浸种可用竹箩将种子装好放在流水或清水中浸泡，每天摇动搅拌 1 ~ 2 次，不是流水的应每天换水 1 ~ 2 次，三天后将上层不饱满及虫蛀坏种去除，逐渐取出下层饱满开裂的茶籽播种，7 天播完。

6. 适期播种，培育壮苗

要使茶苗出得早、齐、全、匀、壮，播种要掌握三个关键：播种期、播种方法和播种量。播种期以 11 ~ 12 月最好，以不超过 1 月为适。冬播（11 ~ 12 月）比春播（1 ~ 3 月）出苗早 10 ~ 20 天以上，出苗率高，且省工苗壮，春播最迟不超过 3 月，如云南省茶科所实验。

播种方法有点播、条播和撒播，以点播、条播尤其是宽幅条播为宜。点播行距为 20cm，穴距为 15cm，每穴播种 5 ~ 6 粒，条播可单条播或宽幅条播；单条播行距为 15 ~ 20cm，宽幅条播行距为 20 ~ 25cm，播幅为 5 ~ 10cm（宽幅条播出苗整齐粗壮，比单条播出苗早 5 ~ 10 天，并省工、省地、育苗量多），粒距约为 1cm；撒播一般是处理不好的茶籽，将茶籽均匀撒于苗床上。各种播法播后覆土 3 ~ 6cm 为宜。冬播沙土宜深，春播黏土宜浅，以利出苗。播种量一般是大叶种每亩播 300kg 左右，宽幅条播用种量不超过 500kg。培育二年生壮苗以点播或单条播为宜，播量相应减少。播种后在苗床上均匀盖上一层 5 ~ 10cm 厚的干草、木屑或谷壳等覆盖物，以保水保暖，防止杂

草生长，利于出苗，有条件的也可用地膜覆盖。

（六）苗圃管理

1. 浇水或灌水

浇水是苗圃管理的中心，水分以保持土壤湿润为宜，一般隔日或数日浇清水一次。如浇水过多，土壤湿度过大，易生根腐病，湿度过小则不利于种子发芽和幼苗出土生长。如土壤过干，在有条件灌水的地方应进行沟灌，以灌满沟而不淹过苗床面为宜，待苗床吸透水后，立即撤水。最好浇水与灌水交替进行，以彻底解除旱象，确保土壤湿润。但必须注意，无论浇水或灌水都要做好水土保持工作，避免冲走茶籽，冲坏苗床，引起水土流失。

2. 揭除盖草，适当遮阴

幼苗出土后在苗高3cm左右时，及时揭去盖草，或将盖草扒开堆放在行间覆盖作肥。才出土的嫩苗易受到烈日灼伤，也易遭遇晚霜冻等灾害，可搭设80~100cm高的荫棚或插不落叶的树枝遮阴护苗，待苗有3~5片真叶时撤除遮阴物。

3. 拔草松土

苗圃浇水多，土壤易板结，应及时松土，确保土壤疏松，同时由于水湿条件好，易生杂草，应及时拔除，在苗高5~6cm时，可进行全面拔草松土，要求"拔早、拔小、拔净"。对茶果茶根裸露于地面的苗，应及时复土保果护根，松土时应尽量避免伤苗伤根。并在苗床四周培2cm高的土，以保土保水，防止冲坏茶苗和茶床。

4. 勤施薄施追肥

为使茶苗健壮生长，可在茶苗有2~3片真叶时薄施液肥一次，可用充分腐熟的清粪水（肥：水=1：9）或尿素、普钙及复合肥，浓度为0.3%~0.5%，掌握少量多次、先少后多的原则，做到既不伤苗也不浪费肥料，又有利于幼苗生长。整个苗期可追肥2~4次，苗期追肥N：P：K以1：1：1为宜，出圃前半月停止施肥以炼苗。

5. 及时防治病虫害

为害茶苗的主要虫害有白土蚕（蛴螬）、黑土蚕（地老虎）、大蟋蟀、蝼蛄、蚜虫、小绿叶蝉等。对前四种害虫可用人工捕杀、堆草或毒饵诱杀，如可用粗糠、油饼炒香后拌敌百虫等农药，挖穴埋入土中或填入洞口处毒杀。地老虎可灌水除杀，或用50%马拉松、50%辛硫磷等兑水800倍，开沟灌注适量药液后盖土毒杀。对小绿叶蝉、蚜虫可用20%速灭杀丁6000~8000倍液或用敌百虫、敌敌畏1500~2000倍液及1%肥皂水1：80倍的洗衣粉兑水药杀。

苗期病害主要有茶云纹叶枯病、茶炭疽病、茶褐色叶斑病、茶饼病、白绢病、根结线虫病等。对于叶部病害可用0.5%~0.6%的石灰半量波尔多液等防治。对白绢病可用2%西力生1份与70%五氯硝基苯粉剂三份混均制成"五西合剂"，每亩1~2kg拌适量细土撒施，或作土壤消毒。对根结线虫病可用二溴氯丙烷每500克兑水10~15倍，挖塘灌入适量药液后盖土，也可用呋喃丹加适量干细土拌匀施于茶苗间 6cm 深的穴内，盖土并浇水淋透，或用棉隆 150 克加水 50kg 稀释后，浇于茶苗间的穴内，浇后盖土压实。

二、茶树的无性繁殖技术

根据茶树具有再生能力的特点，利用其根、茎、叶、芽等营养器官的一部分，在一定的外界条件下，采用扦插、压条、嫁接、分株等方法繁殖，使之成为一个能独立生活的新植株，叫营养繁殖。由于营养繁殖不通过两性细胞的结合而产生新个体，所以营养繁殖又叫无性繁殖。无性繁殖应用最多的是扦插繁殖。

（一）短穗扦插发根的原理及影响因素

一个短穗，在适宜的环境条件下，能恢复缺少的部分而成一个完全的新个体，其主要是由于植物激素的作用和内部营养物质定向移动所引起的。植物激素是由芽和叶片产生的，在枝条中能正常地沿着皮层由上而下地定向移动，枝条剪下后，激素物质便被阻碍在剪口处，使剪口处的浓度较上端大，从而使下部剪口表面逐渐愈合而形成环状或瘤状物组织，这是愈合阶段。愈合后瘤状物突出，长出根点，根点伸长而成为新根，这是发根阶段。同时，插穗的生根还与内部营养物质的运送有密切关系，主要是碳水化合物的供应。一般认为当温、湿度适当时，呼吸作用强，促使含氮物质向上移动，这样插穗下部含碳物质相对增加，有利于促进发根。

1. 插穗本身的因素

（1）品种对插穗发根的影响

不同品种的遗传性有所不同，对扦插成活率和发根也有不同影响。一般大叶种比中小叶种发根慢。大叶种中因品种不同，发根成活情况也有差异。在选育种工作中，对发根困难的品种或单株可用激素处理插穗，以促进发根，提高成活率。

（2）插穗的阶段性对发根的影响

茶树的个体发育和其他植物一样有阶段性，这个阶段性的规律，决定了茶树枝茎在阶段发育上的异质性，即越是接近枝茎下部阶段发育越年幼，从该部发出的新梢生活力越强；反之，越是枝条上部，阶段发育越老，由此发出的新梢生命力越弱。因此，用根颈处所抽出的阶段性年幼的枝条做插穗，比茶树上部抽出的阶段性年老的枝条做插穗更易发根成活。

（3）插穗老嫩程度对发根的影响

据扦插的实践经验和云南省茶科所的实验，选当年生已成熟的新梢，用红棕色半木质化的枝条作扦插发根快、成活率高。因这种枝条叶片已定型，同化作用旺盛，营养物质丰富。往年生老枝虽可能成活，但发根慢，成活率低；而过嫩的枝条含水量高，管理难度大且苗瘦弱所以也不宜作插穗。如云南省茶科所的实验，完全木质化的褐色枝条成活率达 52.5%，半木质化红棕色枝条成活率达 90.0%，而木质化初期上绿下红枝条成活率为 77.5%。

（4）插穗粗细对发根的影响

在插穗老嫩适当的同样条件下，插穗的粗细是所含营养物质多少的标志，凡粗壮的插穗营养物质含量多，故发根成活良好，细的则相反，后期生长亦有显著差异。不论是根长、根数、成活率都显出了粗壮插穗的优越性。

（5）插穗长短对发根的影响

实践证明，茶树扦插短穗比长穗好。首先，短穗入土浅，土温高，氧气多，有利于发根；其次，营养物质与激素的运输距离也较短，易愈合发根；最后，叶片少，蒸发小，利于发根。插穗长短以一芽一叶、一个节、长 3 ~ 4cm 为宜。

（6）插穗留叶和腋芽状况对发根的影响

叶片是制造有机物的"工厂"，又是水分蒸发的场所，所以扦插留叶不宜过少过多，一般以留一叶为准。但云南大叶种成叶多在 10cm 以上，叶片过大，蒸发面积大，占地面积也大，因而在实践中对叶片过长的可剪去 1/2 或 1/3。插穗营养芽的生育情况也与发根有密切关系，以营养芽膨大的成活率最高、茶苗生长好。

2. 外界环境条件对插穗发根的影响

环境条件是影响扦插发根的外因，主要有温度、湿度、光照、土壤等条件。实践证明：插穗切口愈合快，发根迅速，适宜的气温为 25 ~ 30℃，以 25℃左右最为理想，5cm 深的地温为 20 ~ 22℃。光照春秋以 1/3，夏季以 1/5 为好，因而应适当遮阴，以获得较好的漫射光；空气湿度达 80% 以上，土壤相对含水量为 60% ~ 70%，土壤 pH 值为 4.5 ~ 5.5，土壤结构良好，发根有足够的营养条件，并有适当的保水和灌排水条件。

（二）母本园的建立和管理

进行大规模无性繁殖时，必须建立一定面积的良种母本园，才能保证提供足够数量的阶段性年幼的健壮枝条。母本园必须选择国家级或省级良种，并要求性状一致、生势强、高产优质、无病虫的母树。同时，要求选择土壤肥沃、结构良好、水源充足、交通方便的地方。母本园的主要管理措施有以下几点。

1. 加重修剪

修剪是管理母本园的一项主要措施，无论是新株或利用原有茶树作母株均应进行修剪，以利于从茎部萌发培养健壮的、阶段性年幼的枝条做插穗。应根据树龄树势分别采用不同的修剪方法。对衰老茶树应进行台刈（离地 10 ~ 15cm 处剪平）；半衰老茶树应进行重修剪（离地 30 ~ 50cm 剪平树冠，保留部分骨干枝）；生势较强的茶树进行深修剪（剪去鸡爪枝）；以后每年轻剪一次。2 ~ 3 年后进行浅深轮回剪，其修剪时间可根据扦插时间的需要进行。

2. 施肥

由于每年要从母树上剪取大量枝条，因而应特别加强培肥管理，以保证养分充足，防止早衰，培养壮枝。采穗园的施肥水平应略高于采种园，并注意增施氮肥，以促进营养生长，控制生殖生长，培养壮枝。

3. 防治病虫害

培养插穗的母树，常易遭病虫危害，故必须做好病虫害的预测预报工作，贯彻预防为主，综合防治的方针。在剪穗前一周，要用低毒长效农药喷一次，以严格控制病虫的蔓延。

4. 打顶

为了促进留养枝的成熟以及腋芽饱满并迅速萌发，一般在剪穗前 10 ~ 15 天采去顶芽（一芽一、二叶）。

5. 利用生长素，促进发根

在剪穗前 3 ~ 5 天，用 2, 4-D 的增产灵等激素喷母树，以促进插穗发根，这对发根慢的云南大叶种十分有利，并比用药剂处理插穗更为安全有效。

（三）苗圃选择规划与整地施肥

苗床平整后要求床面再铺 5cm 厚过筛的红、黄壤新土（去掉表土的生荒地心土），并筑紧苗床四周，这些土壤微生物少利于插穗伤口愈合发根，病虫杂草也少，是有效避免根结线虫病的有效措施。若不铺心土，则应用农药和除草剂进行土壤消毒。搭设荫棚，荫棚可遮阴防晒，防风保暖，是扦插成败的又一重要环节，荫棚最好用竹帘或遮阴网搭设。平顶矮棚高 40 ~ 50cm；单面斜棚高面高 70 ~ 80cm，低面高 30 ~ 40cm；高棚高约 1.7m 左右。也可用双层薄膜搭设拱栅，据实验薄膜加竹帘或遮阴网可大量减少浇水量。实践中有的秋冬扦插为了节省搭架材料，还可采用芒箕插荫护苗。但不管采用什么方法遮阴，其透光率以控制在 30% ~ 40% 为宜，萌芽后 60 ~ 70 天可疏去 50%，100 ~ 120 天后或移栽前一月全部撤除护荫物。

（四）穗条的选择与插穗的剪取

穗条最好选用腋芽饱满、叶片完整、生长健壮、无虫害的当年生半木质化成熟新梢。新梢成熟的特征是表皮刚由绿变为红棕色或上绿下红棕色。取穗条前 10 ~ 15 天打顶，过嫩或过老的枝条都不宜作插穗。剪取时间最好在清晨，这时枝条含水高，利于剪穗和扦插。如需远运或暂时不插者，要薄摊于阴凉潮湿的地方，并浇水保鲜。

穗条剪回后剪取插穗，其标准是每个插穗上有一个完整的节、叶和腋芽，插穗长 3 ~ 4cm，如节间太短，也可两节剪一穗，但应剪去下端一节的叶和芽。插穗切口必须倾斜呈马蹄形，要求切口平滑，不裂无伤。插穗上端剪口应离叶柄 3 ~ 4mm，和叶片相同的方向剪成斜面。剪穗时一手倒拿枝条，一手拿剪刀，在叶背下 3 ~ 4cm 处斜剪一刀，再在叶片上方枝条 3 ~ 4mm 处斜剪一刀，这样即成一个 3 ~ 4cm 的短穗。云南大叶种叶片过大的可剪去 1/3 或 1/2。要求随剪随插，以利成活。

（五）扦插技术

1. 短穗的处理

插穗剪好后，一般不经任何处理就可扦插，如管理得好成活率可达 80% ~ 90%。

但为了提早愈合发根，提高成活率，可用 40 的 2，4-D、30 ~ 80 的萘乙酸、50 的萘乙酸与同浓度的吲哚丁酸各 50% 的混合液浸渍插穗基部 12 ~ 24h 后扦插，这样对发根成活差的品种效果尤其好。但需严格控制药剂浓度和浸渍时间，如浓度偏大，浸渍时间偏长，反会影响发根成活，甚至会造成木质部与整个皮层的分离。

2. 扦插时间

扦插时间一般为 3 ~ 10 月，春、夏、秋均可进行。春插在春旱严重的地区成活率不高；夏插高温高湿，生长快，成活高，但育苗周期长，费用多，不经济；秋插气温逐渐下降，愈合发根缓慢，在温度较低的地方，只要作好防冻工作，秋插成活后第二年生长均匀、育苗期短。在亚热带地区 9 ~ 10 月插，次年 6 ~ 7 月移栽，效果良好。

3. 扦插方法

扦插可将插穗直接插入营养袋（袋苗），也可将插穗直接插在铺好红、黄壤心土的苗床上（地苗）直接育苗，也可待发根愈合后再移入袋内。扦插前先将整理好的苗床或营养袋浇透水，让土壤充分湿润后再扦插。扦插株行距应根据品种叶片大小而定，一般行距 8 ~ 10cm，株距 3cm 左右，以叶片相接而不重叠为宜。扦插时用拇指和食指夹住插穗上端，削口向下，插穗与地面成 60 度的斜角，顺风排列，将插穗轻轻插入土中，入土深度约为穗长的 2/3，使叶片与叶柄露出地面，并略带倾斜，不可紧贴地面，以免叶片沾泥而脱落。插完一行后用手将插穗行边的泥土稍加压紧，使土与插穗密切结合。插完一床后立即浇水，盖上荫棚。

（六）苗圃管理

扦插育苗期间主要是解决插穗能否发根成活、能否培育成健壮苗木的问题。所以，精细管理是扦插成败的主要关键。其主要管理措施，前期是遮阴、浇水，保证成活；后期是除草、施肥、防冻、防病虫等，保证壮苗。

1. 遮阴、浇水

短穗组织柔软、不耐干燥，应搭设荫棚。同时，茶苗生长又需要一定的光照，因而控制和调节光照，是茶苗生长良好、早出圃的一个关键。所以，遮阴程度要适当，初期透光率以控制在 20% ~ 30% 之间为宜，"见日不见天"就是很好的比喻。发芽后逐渐疏去 50% 的遮阴物，成苗后可全部撤除，如遇大风暴雨后要及时修补。

浇水灌溉是扦插苗圃管理中的又一重要措施，插穗入土浅，须随时保持土壤湿润，才能满足其本身代谢与叶片蒸发水分的需要，以促使提早愈合、生根和抽芽。因此，插穗发根前，应随时保持土壤湿润。插穗发根抽芽后可沟灌，沟水面为苗床高的 3/4，即沟水面不超过苗床面，以湿透土壤为宜，待土壤湿透后立即撤水，切忌淹水时间过久，以免引起根腐病。

有条件的地方，可采用喷灌育苗，效果良好。据云南省茶科所的实验，不搭荫棚，采用"全光喷雾"扦插育苗，光照充足，发根快，育苗周期短，插床利用率高，与荫棚育苗比，可提高育苗量 2 倍左右，节省管理人工 3/4，省工、省时、管理方便，值得推广。

2. 除草、施肥、培土、及时摘除花蕾

及时除草施肥，对加速幼苗生长起着决定性作用。一般扦插 1 个月左右插穗开始愈合，根点逐渐突出，继而生根、抽芽。待苗高 65cm 时开始除草施肥，每隔 15 天薄施液肥一次（硫酸铵、普钙 0.5% ~ 1%、尿素 0.3% ~ 0.5%、复合肥 1%），浓度可逐渐加大，少量多次，先少后多，切忌过量。施肥后可用少量清水稍加洗苗，以免肥害。总之，及时除草，勤施、薄施追肥，是培育壮苗的有效措施。此外，还应注意苗床四周培土、护根，做好水土保持工作，并及时摘除花蕾。

3. 防治病虫害

苗圃前期以防病为主，可在冬、春各喷一次 0.6% ~ 0.7% 的石灰半量波尔多液。其病虫防治方法基本与直播茶苗相同。

4. 防寒

在较冷凉的地区育苗，或亚热带地区遭寒流袭击时，应做好防寒工作。可采用行间铺草、棚上盖帘、四周挂帘的方法防寒，也可用塑料薄膜覆盖，以安全越冬，提高越冬成活率。

（七）营养钵育苗

营养钵育苗适用于种子育苗和扦插育苗，此法可节约用种量，培育壮苗，提高育苗和定植成活率。通常用塑料薄膜做营养钵，近年来已广泛用于扦插育苗。

1. 营养袋扦插育苗的优点

据研究实验和实践证明，营养袋扦插育苗有以下优点：

（1）提高成活率

地苗挖取时伤根可达 40% 以上，并且不便运输，影响成活率，袋苗方便运输，且不伤根，移栽成活比地苗高 20% 以上。

（2）袋苗移栽后缓苗期短、生长快、产量高

地苗移栽后两个月才能恢复生长，袋苗移栽后 1 个月便可长新叶；3 个月后地苗成活 70.38%，袋苗成活 96.3%；5 个月后地苗每亩修剪枝叶 3.9kg，袋苗每亩修剪枝叶 14.9kg；5 ~ 7 龄后袋苗比同龄地苗产量高 26.6% ~ 29.9%。

（3）袋苗便于分级移栽管理

地苗取苗时好坏一起挖出，细弱苗太多，浪费大；袋苗可选壮苗移栽，差的细弱苗可继续培育成壮苗后再移栽，损失浪费少。

（4）可延长移栽定植时间

地苗需在雨季 6 ~ 7 月定植完，8 月定植的地苗恢复生长慢、成活率低，冬春干旱季节死亡率大。袋苗可稍大点，待根系木质化后再移栽。袋苗只要有适当遮阴覆盖，可随时移栽定植。普洱茶树良种场曾用袋苗全年插荫移栽，均可保证较高的成活率。

（5）能减轻根结线虫病对茶苗的危害

地苗线虫病危害较广，而袋苗是用红、黄壤心土或消毒土壤，可从基本避免或减轻

病虫危害。

2. 营养袋扦插育苗的方法

（1）塑料袋的规格与制袋

营养袋扦插育苗一般用 8cm×20cm 的中型袋较好，袋底打孔 2～3 排，以便排水生根，也可用无底袋，更利于根系伸展。

（2）营养土的配制与装袋

营养土是经选择过筛后的红、黄壤新土（去掉表层肥土），加拌适当肥料（一般用2%的普钙或2%～3%的复合肥），拌匀后装袋，或下层装5cm消毒后的肥土，上层装5～6cm的红、黄壤细碎新土，边装边击袋，袋内土要稍紧而不实，装好后排成畦，待扦插。

（3）扦插与管理

扦插前 2～3 天应先将袋内土壤浇水湿透，再将剪好的插穗斜插入袋内，入土深度为穗长的 2/3，约 2cm 左右，每袋两穗，顺风排列。插后的浇水管理与地苗同。

第二节　茶叶营销策略

一、茶叶销售渠道概述

（一）茶叶销售渠道的概念及特点

销售渠道，也称营销渠道、分销渠道。茶叶销售渠道是指茶叶产品从生产者手中转移至消费者所经过的各中间商连接起来形成的通道，以及此通道中所设置的相应的销售机构和流通环节。

茶叶销售渠道的特点：一是销售渠道是由参与商品流通过程中各种类型的中介机构组成的，如批发商、零售商、代理商和辅助商（如银行）等；二是销售渠道反映茶叶产品价值实现的通道；三是在商品从生产者流向最后消费者的流通过程中，至少要转移一次商品所有权。

（二）茶叶销售渠道的类型

1. 按有无中间商分类

①直接销售渠道，是指茶叶产品从生产者直接流向最终消费者的过程。即生产者自己承担生产和流通的职能。一般来说，这种策略适合于产品数量不大、市场相对比较集中的企业。

②间接销售渠道，是指在茶叶产品从生产者流向最终消费者的过程中，需要经过中间商。

2．按中间环节多少分类

（1）长渠道

代理中间商环节数在两个或两个以上的销售渠道，称为长渠道。

（2）短渠道

代理中间商环节数只有一个的销售渠道，称为短渠道。

3．按同类型中间商多少分类

（1）宽渠道

茶叶生产者在某一类型中间商中同时选择两个或两个以上的中间商经售其产品的方式，称为宽销售渠道。

（2）窄渠道

茶叶生产者只选用某一类型中间商中的一个中间商经售其产品的方式，称为窄销售渠道。

（三）各类中间商的特点和作用

茶叶中间商是指介于茶叶生产者和消费者之间，参与茶叶商品流通业务的经济组织，包括零售商、批发商和代理中间商。它们都是构成商品分销渠道的基础。选择分销渠道，实施渠道方案，首先必须了解这些经济组织的特点和作用。

1．批发商

批发包括将茶叶商品或服务售于那些为了转售或生产加工而购买的组织或个人时所发生的一切活动。按经营商品的范围划分，茶叶批发商可以分为两种类型。

（1）专业批发商

专业批发商即专门经营茶叶产品及其相关的附属产品的批发商业机构。专业批发商经营的商品品种规格很多、品牌齐全，品种间的消费替代性和连带性较强。专业批发商的专业化程度很高，不仅能精通产品的专业知识，还能在产品范围内为顾客提供精深的专业技术咨询和服务。

（2）综合批发商

综合批发商即企业以经营茶叶产品为主，还兼营其他产品。综合批发商与多个生产行业有联系，经销对象主要是综合零售商和小商小贩。综合批发商经营商品范围广，品种规格也较多，但不及专业批发商有深度。

2．零售商

零售商是指批量购进商品，然后经过组配和服务，把商品销售给最终消费者的商业组织。零销商是产品销售渠道的终端服务者。茶叶零售商数量庞大，分布广泛，形式多样。按经营产品性质和范围，大致可以分为茶叶专卖店、名茶总汇、茶叶大市场、茶叶连锁店和无门市销售等类型。

（1）茶叶专卖店

茶叶专卖店是专营某一厂商或某一品牌或少数几个品牌的茶叶产品的商店。茶叶专卖店一般提供专门的服务，商品组合的深度大、广度小；专业化性强，能为顾客提供完善的服务，满足不同顾客的需求。一般设在城市商业聚集中心，如超市、超级商店、百货商店内的茶叶专卖柜台。

（2）名茶总汇

名茶总汇是专营各种名贵茶叶产品的商店。店内装修考究、古朴，产品种类齐全，品质风味独特，能为顾客提供完善的服务，满足顾客在同一地点选购多种茶叶产品的需要。

（3）茶叶大市场

茶叶大市场是由一些茶叶零售商店组成的综合体，它是茶叶的集散地。专营茶叶、茶具、茶花、代用茶和草药茶等商品。其经营方式包括批发和零售。这类茶叶市场在全国各地有各种不同的名称，如茶城、茶都、茶叶世界等。

（4）茶叶连锁店

茶叶连锁店有直接连锁、自愿连锁和零售商合作社等形式。直接连锁店是同一所有者、统一店名、统一管理；自愿连锁店则是独立茶叶商店通过契约形成的连锁关系，通常由一家批发商牵头，统一采购和管理；零售商合作社是由一群独立的零售商组成一个集中的采购组织。显然，后两种连锁店的企业成员，它们的所有权是独立的。

（5）无门市销售

无门市销售采取自动售货机、邮购商店、网上商店等零售业态，满足不同类型的消费需求。随着零售产业的不断发展，各类新型的零售业态不断出现。

3. 代理商与经纪行

代理商与经纪行是专门为委托人服务的机构，都不从事产品的实际买卖，不拥有产品所有权，主要功能在于促进买卖，从而可获得销售价的某一比率作为佣金。许多生产厂家利用代理商精通行情，熟悉专业知识，业务能力强，而且收费相对较低的特点，将产品顺利地推销，特别是打入新市场。国内外茶叶代理商主要有厂商代理商、销售代理商、佣金商、进出口代理商、拍卖代理商和经纪人等。

（1）厂商代理商

受茶叶生产厂家委托，在一定区域范围内出售茶叶生产厂家产品的代理商。同一茶叶生产厂家可以同时利用几个代理商销售产品，同一代理商也可以同时代销几个不同茶叶厂家的产品，但经销的产品可以是同类型的，而不能是相互竞争很激烈的产品。厂商代理商对茶叶生产者产品销售只起补充作用。

（2）销售代理商

销售代理商具有厂商全部产品的权利，是厂商的独家全权销售代理，对价格、条件、广告、产品包装、设计等有决定性的发言权，而且不受地区限制。销售代理商一般可以接受两个以上生产厂家的委托，但一个生产厂家只能委托一个代理商。实际上这种代理商履行了生产者的全部销售职能。

（3）佣金商

佣金商是一种临时为委托方销售商品，根据委托条件推销商品并收取佣金的代理机构。接受厂商委托，代办茶叶出口业务，从中收取佣金者，称为出口佣金商。代办茶叶进口业务或代理国外出口商销售茶叶产品者（性质类似于国外出口代理商），称为进口佣金商。

（4）进出口代理商

专门替委托人从国外或国内寻找茶叶产品供应来源，并向国内外推销其产品的代理商。一般在主要口岸设立办事机构。

（5）拍卖代理商

受卖主的委托，在拍卖市场按特定的章程和规则，将茶叶卖给出价最高的买主者，称为拍卖代理商。茶叶产品成交之后，拍卖市场向卖主收取一定的佣金。例如，位于世界茶叶消费大国的英国的伦敦茶叶拍卖市场，在 20 世纪 50 年代以前，茶叶成交量占全球交易总量的 2/3。但由于世界茶叶贸易格局的变化，这家经营了 160 多年的老字号——伦敦茶叶拍卖市场于 1998 年 6 月宣布关闭。从此，世界茶叶拍卖中心转移到了世界主要产茶大国，如斯里兰卡就拥有世界上最大的科伦坡茶叶拍卖市场。中国目前还很少采用这种交易方式。据悉，斯里兰卡将提供他们所取得的经验和相关的技术支持，协助中国建立茶叶拍卖市场。

（6）经纪人

经纪人主要的作用是为茶叶买卖双方牵线搭桥，协助谈判，促成买卖，俗称捐客。他们没有产品所有权，也不能控制实物价格和销售条件等，只是在产品成交后，由委托人付给佣金。在我国，经纪行尚处萌芽阶段，随着经济的发展，经纪行也必将成为我国企业营销活动的一条有效的渠道。

二、销售渠道选择原则

一个可供选择的销售渠道方案是由中间商的类型、中间商的数目以及渠道成员的权利和义务组成。销售渠道管理人员在选择具体的分销渠道方案时，一般要遵循以下三个原则。

（一）经济性原则

经济性原则是最重要的，因为企业的目的是在追求利润或达到预定的销售目标时尽可能降低销售费用。因此，选择销售渠道必须首先从经济性出发，比较每一个方案可能达到目的销售量及其费用水平。一般情况下，使用销售代理商的固定费用低于设立销售机构，但随着销售量的增加，其费用上升也较快。

（二）可控性原则

按可控性标准来衡量，选择渠道还必须考虑渠道的控制问题。使用销售代理商，会产生较多的控制方面的问题，因为销售代理商是一个独立的公司，关心的是它们本公司的利润最优化，主要推销精力可能集中在从它们经营的商品品种组合角度考虑的最主要的顾客身上，而不是在某个特定生产者的产品上。此外，代理商的推销员也往往不愿多研究某公司的产品技术，不愿掌握有关公司产品技术的细节，也不愿有效地利用公司提供的宣传促销材料。公司自用推销员在此方面就较容易控制。另外，不同的代理商，可控制的程度一般也不同，这就有待于进一步抉择。

（三）适应性原则

按适应性标准来衡量，采用中间商推销的渠道，都将承担一定时期的义务。从经济性和可控性考虑，较长期的渠道关系显得更为优越。精明的公司会努力与它们的经销商结成长期合作关系。但含长期义务的渠道，适用性一般都较差，不够灵活。

三、茶叶销售渠道的管理

（一）选择茶叶销售渠道成员

根据已确定的中间商类型和数量来选择中间商，确定他们作为销售渠道成员，主要依据和标准。

1. 具有市场代表性

选择适合的茶叶中间商，应考察中间商在企业产品目标顾客中的信誉度，与企业合作的忠诚度，与相差企业的合作关系以及资信程度等，选择适合于某区域市场发展的优秀中间商。

2. 经营绩效

选择适合的茶叶中间商，应考察过去经营茶叶企业产品的业绩，包括市场销量、产品市场占有率、成本、利润、仓储、运输能力、销售队伍专业素质和市场保护措施等。

3. 竞争情况

选择适合的茶叶中间商，还应考察中间商经销同类产品的情况。如中间商已经销对手的茶叶产品，若本企业茶叶产品竞争力量弱，则要避开强者的锋芒而不予考虑。

（二）激励茶叶销售渠道成员

生产企业为了保持产品销售渠道的高效运行，应采取有效措施来激励茶叶销售渠道成员，可以从以下几方面着手。

①协助技术力量培训。茶叶生产企业可以协助中间商进行人员培训，使渠道成员了解不同茶类产品的加工方法、储藏保鲜技术、茶叶品评和茶艺表演等专业知识与技能。

②提供适销对路的产品。茶叶生产企业为中间商提供了适销对路的茶叶商品，不仅能使中间商获得很好的经济效益和商业信誉，而且还能使生产企业的产品销路更畅，销量更多。

③给予优惠政策。为了充分调动中间商的积极性，对中间商采取适当的让利，如提高销售利润分配比例。

④共同促销。当茶叶新产品进入老市场或开发新市场时，生产企业主动承担风险，为中间商提供强有力的宣传广告和其他促销支持，共同促销。

（三）评价茶叶销售渠道成员

茶叶生产企业应定期对渠道成员的销售指标、供货状况、库存数量、供销活动、服务水平，以及与本企业和渠道成员之间的合作关系或满意程度等进行考评，以确定是继续保留还是取消中间商的成员资格，还是加紧改进。

（四）调整销售渠道

由于消费者需求及市场营销环境发生变化，都要求企业对原有的渠道作相应的调整。主要有三种方法。

①增减销售渠道。由于消费者需求发生较大的变化，如某一种茶叶产品数量猛增，明显感到分销渠道不足时，就应该增加分销渠道；反之，精简渠道。

②增减销售渠道成员。如某一中间商因经营管理不善，严重影响了产品销量和市场占有率时，可以考虑撤换中间商；如因竞争对手的同类产品销售渠道扩大，致使本企业产品销量明显减少时，就应及时增加中间商数量。

③修正销售渠道。由于整体战略和策略的调整而引起的销售渠道结构不适应或原有的销售渠道发生重大问题时，企业进行修正销售渠道。如直接式销售渠道结构改为间接式销售渠道结构。

四、茶叶商品的实体分销

（一）茶叶商品的实体分销概述

茶叶商品的实体分销，也称茶叶物流，是茶叶从供应地向接收地的实体流动过程。根据实际需要，将运输、储存、装卸、搬运、包装、流通加工、配送、信息处理等基本功能实施有机结合。也就是说，通过有效地安排茶叶产品的运输、储存、存货控制、包装和订单处理等工作，使其在需要的时间内到达需要的地点，实现茶叶产品从生产者手中顺利地到达消费者手中的时间和空间转移。从广义来说，茶叶物流是把从原料的产地选择到最终消费者市场的需求都包括在内的。从狭义来说，茶叶物流指完工商品从生产企业运送到购买者所在地的过程。

假定企业已存在于销售市场，其目的主要是把手中的商品如何用经济合理的方式传送出去。从狭义的含义来看，茶叶物流涉及商品移动的整个活动过程，包括运输、仓储、搬运或装卸、存货控制、订单处理和保护性包装六个职能环节。

1. 运输

运输生产企业用专用运输设备将茶叶商品从一地点向另一地点运送。其中包括集货、分配、搬运、中转、装入、卸下、分散等一系列操作。通常包括两个决策：第一，选择何种运输方式；第二，决定发运的批量、时间及最佳运输路线。

2. 仓储

仓储是利用仓库及相关设施设备进行茶叶商品的入库、存储、出库的活动。对于仓储问题，同样也要进行一系列决策。例如，是自建仓库还是租赁仓库？是单层仓库还是多层仓库？同时还要选择适当的仓库地址。

3. 搬运或装卸

搬运是在同一场所内，对茶叶商品进行水平移动为主的作业。装卸是茶叶商品在指定地点以人力或机械实施垂直位移的作业。企业生产的茶叶产品要经过搬运入库、整理、备货待运、发运出库、拼装整车等一系列搬运过程。在这过程中，要仔细考虑如何合理使用机械设备与人力配套，以提高工作效率。

4. 存货控制

存货控制是在保障供应的前提下，使库存物品的数量合理所进行的有效管理的技术经济措施。包括决定和记录商品的存放地点、产品结构、合理存量、顾客需要的发货日期和发货批量等。茶叶商品储存要发生各种费用，如搬运费、存货管理费、保险等。企业既要尽量节约开支，又要保持足够的库存水平，以便及时满足对顾客供货。

5. 订单处理

订单处理包括对顾客订单的接收、核查、传递等工作。一般企业都要求把已到达交货期的订单直接送至仓库，仓库收单后进行检查，看是否正确，同时按订单所要求的茶叶商品准确地把商品发运给顾客。

6. 保护性包装

此处的包装是指为了达到保护产品、方便储运而采用容器、材料和辅助物的过程中施加一定技术方法等的操作活动，属于运输包装。

（二）茶叶商品实体分销决策的主要内容

茶叶物流管理主要包括产品的运输、仓储、搬运或装卸、存货控制、订单处理和保护性包装六个方面的工作，把它们联系在一起，就形成"物流决策组合"。但是，在茶叶物流管理系统中决策的重点应是茶叶产品的运输、仓储和存货控制三个方面。

1. 运输决策

茶叶产品需要通过运输才能到达顾客手中，实现其使用价值，而运输又是物流中最具有节约潜力的领域。茶叶产品的运输可分为洲际或国内区域间长距离、大量转移的运输，以及区域内短距离、小批量的配送。但不论何种类型，其运输决策都必须根据这两种不同类型的要求，选择运输方式和路线。

（1）选择运输方式

根据茶叶商品的特性，可供企业选择的运输方式主要有四种：铁路运输、水路运输、公路运输和航空运输。如我国远洋绿茶出口采用海运；较远的内陆地区或大批量的货物出厂则采用铁路运输；近距离配送适于公路运输；因航空运输具有速度快、成本高，运输量小的特点，只适宜于特定条件下运输急需的、批量很小的或难以保质的特殊茶产品。

（2）选择运输路线

茶叶产品是一种面向国内外广大市场销售的商品，茶叶生产企业的产品销往的市场广阔，并且受顾客分散、区域内短途和多顾客的频繁配送等因素的影响，选择合理的运输路线是一项重要决策。选择运输路线一般有三条原则：一是要考虑将货物运抵顾客处所需时间最短；二是尽可能减少运输成本；三是保证顾客得到最好的服务。

2. 仓储决策

由于茶叶产品从生产到消费存在时间差异，又加上茶叶产品本身特性要求，在待售期间，必须妥善储存保管，才能保质、保鲜。因此，仓储决策非常重要。仓储决策包括选择仓库地址和仓库类型。

（1）仓库地址的选择

由于客户所在位置、不同客户订单的大小、供货的频率和交通便利与否等因素，选择仓库地址的标准包括：其一，是否有利于增加企业的利润；其二，向顾客发货的运输费用的大小；其三，为顾客所提供的服务水平的高低。至于仓储地点设多少，则需考虑能否满足客户的供货需求、仓储费用、运输费用、企业为顾客所提供的服务水平等因素。

（2）仓库类型的选择

确定仓储的类型，可以从三个方面进行选择：其一，仓库功能。此处仓库功能有两种含义，一是仓库本身的功能，即对茶叶产品的保存能否避光、防潮、防异。如果是名贵茶叶产品，还要求低温储藏。二是所选择的仓库类型是用于储存还是用作配送商品，储藏仓库可为中长期储存，配送仓库只能短期储存。其二，仓库所有权。自建仓库更适合企业自身的业务特点及发展；而租赁仓库可以节省投资、管理以及其他费用。其三，仓库性能。即仓库的构件和设施。如老式的平房仓库，不论是自建还是租赁，所需费用低。假如选择多层仓库或是现代的自动化仓库，成本虽然很高，但效率也很高，相对来说可能节约成本。

3. 存货控制决策

控制存货水平就是在既能保证物资的供应，又能最大限度地减少存货的持有成本，使各种存货成本和存货效益之间达到最佳组合的前提下，寻求最合理的存货规模。若存货水平高，就能充分满足顾客的订单要求，及时发运茶叶产品，给企业树立良好的形象，提高对顾客的吸引力，扩大市场销量。但库存量过大，商品的占用资金、库存费、陈化率等也会随之增加，反而影响市场的占有率，这些都有可能带来市场风险；反之，库存量过小，虽然能降低各种费用，但也同时降低了为顾客提供购货服务的水平。所以，库存量必须根据供货需求量、销售额、利润水平、目标服务率等因素进行决策，做到存货适量。

顾客订货的时间和数量是确定存货控制的关键。从理论上分析推断，一般有定期订货、定量订货和经济订货批量三种方法可供选用。但在具体应用时，还需要结合实际经验，综合分析判断，才能做出行之有效的管理决策。

五、茶叶促销策略

茶叶企业为了取得营销活动的成功，不仅要制定适当的价格，通过适当的销售渠道向市场提供适当的茶叶产品，而且还要采取适当的方式与茶叶消费者实现有效沟通。因此，企业须通过促销活动，使潜在需求变为现实需求。

（一）茶叶促销概述

1. 茶叶促销的实质

茶叶促销是茶叶企业通过人员或非人员的方法，将产品的信息传递给广大的消费者，促进消费者购买行为的发生和消费方式的变化，达到加速和扩大茶叶销售的目的。促销方式主要有人员推销、广告、公共关系和营业推广等多种形式。

促销策略组合是根据促销的需要，对人员推销、广告、公共关系和营业推广四种基本促销方式配合起来，综合运用，形成一个整体促销策略。促销策略组合又可分为人员推销和非人员推销两大类。在非人员推销中，有广告、公众关系和营业推广三种方式。

人员推销和非人员推销的方式和作用是不同的。人员推销是采取直接、主动的方式同茶叶消费者、茶叶消费单位或经营单位接触进行推销活动。非人员促销是采取间接、积极的方式，以沟通信息为主，向促销对象介绍茶叶有关信息，帮助促销对象认识茶叶，使其产生购买茶叶欲望和行为。

2. 茶叶促销策略组合的影响因素

由于不同的促销方式有其不同的优缺点，茶叶企业要从企业的市场营销总体战略出发，有目的、有计划地制定促销策略组合和促销策略。为了制定一个恰当的促销策略组合和促销策略，现将有关影响促销策略组合和促销策略的因素加以分析说明。

（1）产品性质

产品性质不同，消费者的购买要求也不同，因此采取不同的促销组合策略。例如，直接饮用消费的茶叶，由于购买者分散、广泛，消费和购买具有季节性，对茶叶知识了解不够，因此，宜采用广告宣传和营业推广为主，经常向消费者介绍茶叶信息并提醒消费者在何时、何处购买何种茶叶。

（2）目标市场

根据目标市场的范围大小、市场类型和顾客情况不同，可采取不同的促销策略。例如，对小规模市场、茶叶批发市场、某几个地区、某茶叶消费单位，应以人员推销为主；对在广泛市场，如在全国茶叶市场甚至国际茶叶市场进行促销、分散的消费者市场，则以广告宣传、营业推广的方式为主，促销效果更好。

（3）茶叶企业规模

茶叶企业如生产或经营规模小，茶叶产量低，又难以支付广告费用，应采用以人员推销及营业推广。

（4）茶叶的生命周期

茶叶产品处于生命周期的不同阶段，促销侧重的目标不同，应选择不同的促销策略组合。在组合促销方式时，除应考虑茶叶产品生命周期的不同阶段，还需针对不同的促销目标，配制设计相应的促销组合。

（5）促销费用

最佳促销组合并不一定费用最高，企业应全面衡量、综合比较，使促销费用发挥出最大效用。预算促销费用应综合考虑茶叶产品处于生命周期的哪个阶段、顾客对于茶叶的需求程度、企业对费用的负担程度、竞争者的促销策略等因素。

（二）茶叶促销策略分析

茶叶企业促销策略，就是为了达到促销目标的要求，而对广告、人员推销、公共关系和营业推广等促销方式的选择、组合和应用。

1. 茶叶广告策略

（1）茶叶广告的作用

广告是以促进销售为目的，茶叶企业以支付费用的方式，通过特定的媒体向消费者传播茶叶产品相关信息的促销手段。广告具有传播信息、引导消费与创造市场、激发购买欲望、提高企业市场竞争力、树立企业形象的作用。

（2）茶叶广告的目标

茶叶企业使用广告的最终目标是扩大茶叶销售量，为企业实现更多的利润。其直接目标则是增进潜在消费者对本企业及茶叶产品的了解，从而诱导和激发消费者对茶叶的关注和兴趣。然而，茶叶广告的目标是根据企业的销售因素组合来确定。广告的具体目标大致上有以下几种。

①显现企业的商品

这种属于开拓性广告，其目的是扩大茶叶的知名度，促发市场对本企业茶叶产生初步需求。包括向市场介绍一种新茶叶，说明茶叶的新用途、新功能，介绍茶叶的饮用方法、品质、价格等。

②转变消费者的态度

通过注重宣传本茶叶企业及其茶叶独特的功能，说明特色，突出其优异于别的茶叶之处，诱导和加强顾客对本企业茶叶的注意，说服顾客购买。这类广告属于竞争性广告，目的在于建立对本企业茶叶的需求。

③提醒消费者注意

提醒消费者可能在最近的将来（如春季买绿茶、夏季买白茶等）需要某种茶叶，提醒他们何处能买到，在购买淡季提醒消费者不要忘记本企业茶叶。

④树立企业形象

通过着重介绍企业管理水平、生产能力、销售市场、历史及茶叶优良鉴定等，提高茶叶企业市场形象和信誉。

（3）选择茶叶广告媒体应考虑的因素

广告媒体选择总的要求是，根据企业或商品的特点和促销目标，以最少的费用，获得最佳的促销效益。随着科学技术的发展，可供茶叶广告选择的媒体很多，如新闻媒体

（报纸、期刊、广播等）、户外媒体、店销媒体、交通媒体、包装媒体，运用时要考虑以下四个因素。

①广告媒体的目标

选择何种广告媒体首先要考虑广告媒体目标，是以介绍为目标，还是以提醒为目标。如果是以介绍为目标可采用新闻媒体，如果是以提醒为目标则可采用户外媒体、交通媒体。

②消费者的媒体

习惯不同的媒体最终可影响的广告的接受者不同，凡能准确地传达到广告目标的媒体，是最有效的媒体。例如针对中青年顾客，书刊杂志效果好些，对于少儿，宜用广告电视直观地宣传茶叶相关知识。

③广告媒体的特点

每种广告媒体在传播覆盖面、传递时效、宣传感染力、传递频率和效果、显露次数等方面均不同。销售全国的茶叶，宜在全国性的报刊、电台、电视台做广告。

④广告媒体的收费标准

一般茶叶企业都力求花钱少、广告效果好，这就要求预算广告媒体成本。电视广告费用最高，报纸广告费用最低。考虑成本的原则：根据显露次数和效果，估计选择哪种媒体，而不是只看总支出的多少，采用多个广告媒体的少次重复传递同一信息，而不是选用一个广告媒体多次重复传递同一信息。

2. 茶叶人员推销策略

（1）茶叶人员推销的特点

人员推销，指茶叶企业派出推销人员、销售服务人员或售货员向顾客面对面介绍、宣传、推介茶叶产品，以期促进茶叶产品销售的一种促销方式。在这个过程中，推销人员、推销客体、推销对象是三个基本要素。其中，前两者是推销活动的主体，后者是推销活动的客体。与其他促销方式相比较，人员推销的特点主要体现在以下几个方面。

①信息传递双向性

人员推销是与顾客进行双向沟通。一方面，推销人员可当场对茶叶产品进行介绍和咨询；另一方面，由于推销人员亲临市场，了解顾客的反应和竞争者的情况，可以通过迅速的信息反馈，提出有价值的意见，为企业研究市场、开发新产品创造良好的条件。

②推销过程灵活性

由于推销人员直接与顾客联系，当面洽谈，可以通过交谈观察、了解顾客，进而根据不同顾客的特点和反应，有针对性地调整自己的工作方法，以适应各种顾客，诱导顾客购买。同时，推销人员还可以及时发现、答复和解决顾客提出的问题，消除顾客的疑虑与不满。

③客户关系的长期性

推销人员通过与顾客的直接接触，有利于促进买卖双方的良好关系，易于引导顾客对企业和茶叶产品产生偏爱和信任。有助于双方从纯粹的买卖关系发展到建立良好的友谊。

当然，人员推销也存在一些缺陷和不足。首先，人员推销的成本相对较高，会导致茶叶产品价格上升，削弱企业的市场竞争力，影响企业扩大市场占有率。其次，茶叶产品性能和种类日趋复杂，客观上对推销人员的内在素质要求更高，而高素质的推销人员很难得到，不易培养，即使能够得到价格也会很高。最后，推销人员直接面向顾客，推销范围有限。

（2）人员推销的任务

作为一名推销人员要求对于每一次推销活动的任务明确，既要重视满足顾客要求，也要关心企业利润，要精于分析营业数字，衡量市场潜力，收集市场情报，发展销售策略。具体来说，人员推销的任务包括以下几方面。

①开拓市场

一个成功的推销人员应具有善于开拓市场的能力，即发现市场机会、寻找潜在顾客和培养新客户的能力。

②沟通信息

推销人员要善于把有关茶叶企业的产品和服务的信息传递给潜在顾客，精于推销技巧，其中包括接近顾客、推荐茶叶、答复反对意见、洽谈交易等技巧，树立企业、产品形象，提高信誉。

③提供服务

推销人员要乐于向顾客提供他们认为有意义的服务，使其获得完整意义的产品，提高产品的竞争力。主要包括向顾客提供茶叶知识咨询，给予茶叶生产、加工、保管技术协助，帮助解决财务问题，并迅速办理交货等。

④搜集情报

推销人员还肩负着为企业收集有关茶叶市场消费者需求、竞争者茶叶产销研究和情报等信息工作，使企业随时了解市场动态，更有效地参与竞争以及满足消费者的需要。

（3）茶叶推销人员的组织结构

人员推销组织结构是否合理，直接决定人员推销效率的高低。设计人员推销的组织结构是推销人员管理的第一步，根据茶叶企业经营范围以及推销工作量等综合考虑。可供茶叶企业选择的人员推销结构主要有以下四种。

①地区结构型

按地区配置推销人员的组织结构形式，即每一个推销人员负责一定区域内本企业各种茶叶产品的推销工作。首先，这种结构有利于明确推销人员的责任，调动其工作潜力；其次，有助于他们与当地各部门建立密切稳固的联系，有利于提高推销效率；最后，可以减少旅费开支。

②茶类结构型

按茶叶类别配置推销人员的组织结构形式，即每一个推销人员负责某一茶类的推销工作。这种结构的好处是可使推销人员按茶类熟悉钻研商品知识，有利于加强推销时的辅助服务。但是，当一个顾客或单位如果同时需要购买多种茶类，容易出现重复推销的现象。

③顾客结构型

按顾客类型配置推销人员的组织结构形式，即把企业的顾客划分若干类，如可分成主要客户和一般客户、现有客户和潜在客户、批发客户和零售客户、经营单位和劳保用茶厂家等，一个推销人员负责某几家或某一类客户。这种结构的最大好处是推销人员与顾客十分熟悉，便于建立与顾客的友谊，得到顾客的信任。但这一形式可能会因为负责区域的重叠而增加推销成本。

④复式推销结构型

复式推销结构型即综合地采取上述三种组织结构来对推销人员进行合理配置的组织结构形式。当一个茶叶企业在较广泛地区向很多不同类型顾客出售多种茶类，就需要采用复式推销结构。例如，可以先按地区进行分工，然后在每个地区中再按茶类进行分工。

人员推销既是一门科学，又是一门艺术，它已成为现代茶叶企业日常经营中不可或缺的一部分。人员推销是一种双向沟通与交流，要求推销人员把握潜在顾客的类型，并对潜在顾客的需求和问题预先有一个基本了解，才能在接触顾客时与顾客沟通并确定、解决其需求和问题。

3. 茶叶公共关系策略

（1）茶叶企业公共关系的职能

公共关系是指企业通过一定的方式使自己与公众之间形成双向交流，使双方达到相互了解和相互适应的管理活动。公共关系的对象是公众，是指与企业有利益关系的群体或其他。由于公众并非只是茶叶现实、潜在的顾客，还包括员工及家属、投资人、供应商、中间商、竞争者、金融界、保险公司、政府部门、新闻界、科研单位、高等院校等。因此，茶叶企业建立良好的公共关系，有利于收集企业内外信息，有利于协调各方关系，谋求各方面的合作与支持，有利于传播推广，树立茶叶企业的良好形象和声誉。

（2）茶叶企业公共关系活动的方式

茶叶企业公共关系活动的方式同企业的规模、茶叶市场性质等有密切联系。

①新闻发布会

新闻发布会是企业把有关新闻单位的记者邀请到一起，宣布有关消息或情况，让记者就此提问，由专人回答问题的一种营销专题活动。它是企业传播各类信息、吸引新闻界客观报道、处理好媒介关系的重要手段。

②展览会

展览会是企业通过实物、文字、图表等示范表演来展示企业的成果、风貌、特征的专题活动。有利于企业员工和外部公众进行信息交流和协调。

③庆典活动

庆典活动是企业围绕重要节日或自身重大事件举行庆祝活动的一种营销公共关系专题活动。如茶博会的开、闭幕庆典。企业借助这些活动对内营造和谐气氛，增强员工凝聚力；对外协调关系，扩大企业知名度，创造企业美誉度，塑造企业良好的形象。

④赞助活动

赞助活动是企业通过资助一定的实物或承担全部或部分费用，以获得一定形象传播效益，提高企业知名度的营销公共关系活动形式。赞助对象往往是体育和文化事业、社会福利事业和市政建设等。

⑤开放参观活动

开放参观活动是企业为了让公众更好地了解自己，面向社会各界开放，及时组织和安排广大公众到企业内部来参观、考察，以提高组织的透明度、争取公众了解和支持的一个重要手段。

⑥危机公共关系活动

当企业由于突发事件或重大事故的出现，导致其面临强大的公众舆论压力和危机四伏的社会关系环境，使企业形象严重受损，企业的营销公共关系便处于危机状态。

4. 茶叶营业推广策略

（1）茶叶营业推广的特点

营业推广又称销售促进，即除广告、人员推销和公共关系以外，在一个比较大的市场中，为了刺激早期需求而采取的能够迅速地产生现实的鼓励购买作用的活动。营业推广很少单独使用，常常是作为广告、人员推销的一种辅助手段。营业推广具有刺激需求效果明显、针对性强、短期性的特点。在推出新的品牌或新的商品以及当需要强化广告宣传的效果时，为争取中间商合作，鼓励它们大量订货时销售促进的效果较为显著。

营业推广也有一定局限性。比如，当它单独使用时，常常会有害于企业的形象和降低商品档次。因为人们可能会认为这是在推销过剩物资或滞销商品。营业推广也不宜持续太长的时间，否则也会使人产生误解，怀疑企业的意图。

（2）茶叶营业推广的方式

茶叶营业推广方式要根据茶叶市场类型、销售目标、销售对象、竞争环境以及具体的营业推广费用和效率综合考虑来选择。针对不同的对象，主要有以下几种方式。

①针对茶叶消费者的营业推广方式

通过对消费者的强烈刺激，促使他们采取购买行为。例如，茶叶展销、免费品尝、赠送购茶优惠券、设计廉价包装、有奖销售、减价出售茶叶新产品或试销品，赊销、分期付款、现场茶艺表演。

②针对茶叶中间商的营业推广方式

鼓励茶叶中间商的经营积极性，迅速采取购买行动，提高产品的市场占有率。例如，举行展览会、展销会，开办联营商店或专柜，销售竞赛，购货折扣、广告折扣、陈列津贴。

③针对推销人员的营业推广方式

鼓励茶叶推销人员大力推销产品，开拓市场，发掘潜在顾客。例如，销售竞赛、销售提成、培训业务技术人员。

（3）茶叶营业推广方案的制订

在具体使用营业推广时，需要作出多项问题的考虑与决定，如选择一个或几个营业推广方式、哪种营业推广方式、参加人的条件、推广期限以及推广的总预算等，一定要运用得当，不可求售过急，以免使消费者怀疑茶叶的品质，或有损茶叶或茶叶企业的形象。因此，一个完整的营业推广方案，除了需要切合实际的目标和易于实施的手段，还应考虑以下因素。

①茶叶营业推广目标

茶叶营业推广的目标主要是指企业开展营业推广所要达到的目的和期望，其目标必须依据企业的市场营销战略和促销策略制定。营业推广的目标不同，推广方式、推广期限等都会有所不同。

②茶叶营业推广规模

保持适当的规模是茶叶企业营业推广成功的前提条件之一。最优的营业推广规模可以通过研究企业愿意承担的推广费用和希望取得的销售额，并根据两者之间的关系进行确定。通常情况下，选择单位推广费用效率最高时的规模，低于这个规模，营业推广不能充分发挥作用；高于这个规模，或许会促使营业额上升，但其效率会递减。

③茶叶营业推广对象

首先，茶叶营业推广的对象是企业潜在的顾客，同时又是与企业的利益无关系人员。其次，有时企业还应严格限制本企业的职工或其家属成为推广的对象。比如，有奖茶叶销售时，本企业职工亲属参加就可能失去公正性，给人一种弄虚作假、营私舞弊的感觉，反而起不到推广的作用。这要根据茶叶营业推广的目的和有效性来考虑，并有意识地限制那些不可能成为长期顾客的人参加。如优惠券发放给哪些顾客？发放多少？等等。

④茶叶营业推广途径

茶叶企业必须研究通过什么途径实施促销方案并向目标顾客推广。适合茶叶企业促销的营业推广形式很多，每种形式的费用和效果各不相同，适用范围也各有差异。因此，在制订茶叶营业推广方案时，要根据本企业的情况、茶叶市场环境和竞争特点来权衡采取什么途径实施促销方案。

⑤茶叶营业推广时机和期限

一方面，茶叶是季节性产品，消费和购买在一年中呈现一定的规律；另一方面，如果推广时间过短，其推广的影响力可能还不足以涉及大多数可能的潜在购买者，不能得益；而推广时间过长，会失去吸引力，甚至会对茶叶品质产生疑问。因此，要慎重考虑好茶叶营业推广时机与期限问题。

⑥茶叶营业推广费用预算

茶叶企业制定营业推广费用预算主要有两种方法：一是根据制订的促销方案估算确定预算开发；另一种是从总的促销费用中按一定比例提取一部分用于营业推广。企业在完成营业推广方案的制订工作之后，如果条件允许，在小范围市场内进行测试，测试成功之后方可全面实施。在测试阶段，企业应全面收集反馈信息，以便及时了解和掌握方案贯彻实施过程中产品销售情况、竞争对手和消费者的反应以及产生的各种问题等，从而及时控制方案的实施和作出必要的调整。

第三节　茶叶经济发展

一、茶叶经济发展路径

（一）茶叶农产品发展保护的价值

1. 实现茶文化的有效传承和发展

我国人民对茶的喜爱不言而喻，在饮茶的过程中也产生了多元化的茶文化，茶文化与人们的生活有着紧密的联系，也与产茶地的地理以及人们的风俗之间密不可分，所以将茶产品作为乡村振兴的重要内容，能够不断深化人们的人文追求，促使茶产品具有使用价值和文化附加值。在生产茶叶的过程中，需要大量的人力物力，通过专门的工艺和制作技术使其成为一种文化遗产内容，能够让生产者在生产过程中有良好的责任意识，不断发挥文化自豪感，这样能够加大市场竞争力，也能够有效地促进茶叶产品整体质量的提升。所以，当前通过开发茶叶产品，进一步促进对消费者情感的激发，关注产品的文化价值，感受茶文化深厚的文化底蕴，促进茶文化的传承和发展。

2. 实现茶叶产区生态平衡发展

在茶叶特色产品发展过程中，不仅要保护正常的生产数量和生产质量，还需要协调周围的环境以及整体发展规模促进其生态平衡发展，实现茶业的可持续推进。在其生产区域保护自然生态环境需要制定科学合理的质量控制规范，按照一定的要求确保茶叶的质量和茶叶的特色，有效的实现地区生态平衡的发展，对茶叶地理标志保护以及其他内容包括对产地以及生产方式进行确定，对自然环境加大关注力度。同时，加强茶园建设，通过茶叶深加工，茶叶精细化管理以及茶叶特色化研发，能够不断形成品牌保护优势，促进当地经济发展，提高产品在市场当中的竞争力。所以，要想获得经济利益，一定不能仅从自身出发，而是要将经济利益和社会效益有效结合，将自身独特的生产技术融入到产品开发当中，这样才能激励生产者遵守行业规范，使当前的地区生态环境得到有效的发展和保护。

（二）乡村振兴背景下茶叶产业的发展策略

1. 把握时代机遇，推动茶叶产业发展

在乡村振兴背景下，一定要加大产业多元化发展，有效应对不同的市场需求加快建设品牌内容。茶叶是一种重要的经济作物，其生产效益较高，通过大力发展茶叶，不断发挥其文化属性，带动其他产业的发展，有效融合乡村文化，推动乡村振兴。各个区域

应该把握好机遇，因势利导，大力推动茶叶产业与传统产业以及新兴产业之间的深度融合。

2. 注重产品质量，推动茶叶产业生产增效

在茶叶产业发展过程中，一定要走集约化和精细化发展道路，摆脱传统粗放型的生产模式。所以，当前茶叶发展需要注重产品质量，只有提质增效，建立完善的质量体系，加强标准化控制，通过有效的病虫害防治和管理，避免污染，提高整体茶叶的产品质量。同时，要严格按照国家茶叶质量安全标准进行茶叶的生产和选择，对于农药以及其他残留物要尽量降到最低，实现茶叶的绿色发展。同时，茶叶管理需要市场监督管理部门加强信息平台的建设，通过研发应用技术改良茶叶种植，提高茶叶的品质和口感。此外，在茶叶生产过程中可能会存在低效等问题，所以要想推动茶园的良性发展，就需要加大机械化以及自动化管理，不断应用科技手段进行茶叶管理才能够更好地落实乡村振兴的各项要求，推动农民增收致富。

3. 加强品牌意识，提升茶叶产业品牌效应

不同地区的茶叶有不同的特点，茶叶发展不能仅是茶叶本身还要建设品牌，加强品牌意识，提高品牌效益，增加产品的附加值，这样才能够提高市场竞争能力。所以，茶农和茶企都应该强化品牌意识，改变传统的生产模式，应用绿色有机理念生产出更多优质的茶叶产品。此外，应该创建有影响力的绿色茶叶产业基地，可以定期邀请消费者参观，对整个产品的研发、生产和制作的流程进行了解和熟悉。同时，要针对不同国家、不同区域的消费者生产有针对性的新产品，通过创新性研发提高产品的市场满意度，不断扩张茶叶内涵，挖掘茶叶文化属性，打造茶叶品牌，吸引更多公众参与到茶叶生产当中，这样才能将品牌打造和产业推广有效结合。

4. 壮大产业发展主体，提升产业龙头效应

在茶叶产业发展过程中，相关部门要加大支持力度，按照乡村振兴的扶持政策给予更多的推动作用，很多区域在日常生产过程中忽视龙头企业的培养，这样就会导致当地区域缺乏竞争能力。所以，当前一定要加强对龙头企业的扶持，不断提升茶叶的品质，增加茶叶的价值，茶叶企业在发展过程中要加强产品的研发，建设专业的茶叶研发队伍，满足不同消费者的需求，提高产品的知名度。同时，茶叶生产经营时也应该发展具有特色的茶叶产品，摆脱同质化竞争，通过差异性和创新性带动茶叶企业的发展，增强龙头企业的竞争力，实现整个企业内部的良性竞争。

5. 加强茶叶产业带动能力，提升茶叶产业融合价值

茶叶作为一种经济作物，具有悠久的历史文化，还有较强的经济属性，所以茶叶的发展不应该仅仅局限于茶叶的种植、生产、销售，还需要融合第二产业和第三产业，加强多元产业带动能力，不断提高产业附加值。通过将当地的茶文化特色和精髓融入旅游等产业当中，通过加大观光旅游、文化体验、电子商务的推广密度，开展多种多样的茶文化活动；通过互联网、电视等多种平台加大宣传力度，不断开展多样的活动，提高游

客的趣味性和体验性。此外，要加强茶叶产区的公共基础设施和配套建设，提高整体服务水平，带动整个区域的经济发展。在乡村振兴战略下，我国进一步推动乡村产业的前进，现代化农业是推动乡村产业发展的重要核心，为了进一步响应乡村振兴战略的要求，通过加大茶叶规模，促进茶叶产业与旅游等产业的深度融合，出台茶叶产业扶持政策，更好地实现茶叶产业发展。

二、茶叶产业经济发展策略探析

作为茶叶产业最新的经济增长点，茶叶会展经济在产业发展过程中占据着重要地位，其对产业的进步也具有极强的推动作用及价值。我国是茶叶大国，在新时代背景下，我国茶会展活动的发展也走上现代化道路，这不仅加速了我国茶叶经济产业化的步伐，同时也为我国茶叶经济的国际化发展打下了坚实有力的基础。但需注意的是，茶叶会展经济这一新型经济模式在发展过程中仍面临一些不足和问题。我国社会及茶叶行业必须高度重视相关管理制度的完善，对茶叶会展活动内容进行丰富和创新。

茶叶会展经济是一种新型的会展经济形式，这种经济形式在新时代的茶产业发展过程中，不仅产生了极为重要的推动作用，同时也充分展现了其极强的聚集效应。现阶段，茶叶会展经济已逐渐成为我国茶产业关键的经济增长点。而我国自 20 世纪 80 年代开始，以茶产业发展为主题的展销会便开始得到高度重视，以福建安溪，河南信阳等地为代表的茶叶会展经济发展区域已在举办茶叶会展活动领域颇有成就，其会展数量及活动举办规模都更具优势。但在开展各类茶叶会展活动过程中，仍旧存在活动管理水平不高、专业性不强等现象，这也是导致茶叶会展经济及产业整体发展水平难以提升的主要原因。而在此基础上，全方位探讨研究茶叶会展经济发展优化策略，也具有极强的现实及理论意义。

（一）茶叶会展经济对茶叶产业发展的影响

作为一种创新形式的经济模式，茶叶会展经济的高速发展依赖于茶产业与会展经济的有机结合。为进一步展现茶叶会展经济的主要优势及价值，茶产业发展步调相对靠前的区域会在相关政府以及社会团体的大力支持和帮助下，组织和茶叶主题相关的一系列文化展览，宣传以及贸易经济活动，进而充分展现该区域的茶叶资源以及茶叶经济发展优势。而现阶段，茶叶会展经济活动常见形式包括茶叶主题展销会、茶叶主题展览会以及相关的茶文化会议等等。这些茶叶会展经济活动的召开，加速了地区茶产业的高速发展，同时也为茶产业带来了全新的经济增长点。而茶叶会展经济对茶叶产业发展的主要影响则体现在以下方面：

1. 提高茶叶产业创新力

对于茶产业来说，若想实现产业的长效可持续发展，就必须充分挖掘其根本内在动力，也就是产业发展的创新力。但就目前形势来看，部分茶叶企业在传统行业发展理念以及企业规模等因素的制约下，其创新能力长时间无法提升。而在茶叶产业传统经济模式的影响下，大部分茶叶企业之间难以实现产品技术的交流沟通，有些茶叶企业为谋求更为创新的发展道路，往往会在产品创新领域增加资金投入或选择引进知识产权更新茶叶产品生产技术，但无论是增加资金投入还是引进知识产权，都在一定程度上为茶叶企业的整体发展带来了较大的成本风险。不过，随着茶叶会展经济这一全新交易形式的出现，经营活动较为分散的传统茶叶企业，便可通过各类会展活动实现聚集，加大与其他企业之间的沟通交流及合作。在此基础上，茶叶需求方也可通过各类主题会展活动，对当下市场上的茶叶新产品新技术以及市场发展趋势进行全方位了解。简而言之，各类茶叶会展活动的开展不仅有效节省了茶叶企业的经营和创新成本，同时也有效提升了相关企业的创新能力，为后续新产品的研发以及新技术的更新换代奠定了良好基础。

2. 有利于实现茶叶产业国际化发展

世界经济一体化时代的到来增加了各行业企业面临的市场竞争压力，如今，我国茶叶产业在国际市场上的存在感越来越强，产业与国际市场的整体互动以及沟通也愈发频繁。而在茶叶会展经济的帮助下，各区域的茶叶产品将实现跨区域聚集，国内茶叶市场将实现与国际茶叶市场的接轨，两大市场的沟通和交流将更为便利。而在此基础上，各国以及各区域之间的茶叶生产技术、创新形式的茶叶产品以及茶叶市场基本信息、茶叶产业发展状况等也将更为明确，这不仅对茶叶产品的生产创新和研发产生了促进作用，同时也能推动不同茶叶产品面向更广阔的国际市场，实现不同产品的贸易交换，推动我国茶叶产业的大规模发展，让我国形成更多具有国际知名度的茶叶品牌。总的来说，大型国际茶叶展会活动的举办是构建茶叶国际品牌的重要途径，这些展会活动也能为我国茶叶产业的国际化发展提供助力。

3. 优化茶叶产业营销能力

在相关主题茶叶展会的帮助下，市场上不同种类的茶叶产品以及国内整个茶叶市场的供求信息将更为全面、准确地展现。参会企业也能通过茶叶展会及时获取这些信息，并根据这些信息对茶叶市场进行全方位分析，进而制定与市场发展趋势相对应的茶叶产品产销计划，进而提高茶叶企业的产品销售能力。现阶段，茶叶展会活动的形式多种多样，其内容也相对丰富，但茶叶产业研究以及茶叶产品的展览却是大部分茶叶展会活动亘古不变的内容和主题。某些茶叶展会活动也会将亮点聚焦于构建茶叶发展论坛，转让茶叶生产技术等领域。而通过这些活动，茶叶企业便可对自身企业所研发的高科技茶叶产品进行集中推介和推广。在此基础上，各茶叶企业的营销能力将显著提升。与此同时，茶叶企业还可在各类茶叶主题展会的帮助下，进一步丰富和拓宽产品营销渠道，完善自身的营销网络。而随着企业茶叶产品销售网络的构建和完善，产品销售渠道得到充分丰富，茶叶企业也迎来了更多的经济发展商机，产品销售所带来的经济效益也会因此增加，这也在一定程度上推动了产业结构的调整，为茶叶企业的转型发展提供了助力。

（二）茶叶产业和会展经济之间的联系

通常情况下，茶叶产业与会展经济之间不仅能够协同促进发展，同时也有着相辅相成的关系。茶叶产业的发展将推动并促进会展经济的高速发展。随着茶叶产业市场的繁荣，相关茶叶企业以及消费者将对会展经济活动产生更高的需求。而在茶叶会展经济发展的不同阶段，茶叶产业的发展速度和市场规模都将直接影响会展经济的发展活力。若茶叶产业呈现极为旺盛的发展势头和较广阔的发展前景，则整个市场规模便会随之扩大，由此而产生的茶叶产品和生产技术的推广需求也会随之增加，而各类主题会展活动的开展，则能充分满足相关茶叶企业的各项需求。与此同时，茶叶产业的进步和稳定发展也将为会展经济活动的开展提供更多的动力源泉。此外，在开展相关主题会展活动时，将相应的特色茶产品作为会展活动展示的主要内容，不仅能显著提升活动的专业程度，同时也能提高茶叶产品的辨识度，进而为茶叶企业的产品营销过程提供便利。企业也可在相关会展活动的帮助下，全面了解当前社会大众的具体需求，并综合分析自身优势，落实茶叶新产品的开发创新，进一步提高自身在整个市场的核心竞争力。最后，茶叶产业的繁荣还将为相关主题会展活动的内容提供更多的灵感源泉，在以茶产业为主题的会展活动中，活动举办者不仅可对不同种类的茶叶产品进行全面展示，同时也能借助相关茶设备、茶具，充分展现我国茶文化和茶艺术的发展历程。简而言之，茶叶产业的高效发展能为产业会展经济的发展提供更丰富的内容支撑。

（三）茶叶产业会展经济发展策略

1. 加大政府部门的引导扶持

为推动茶叶会展经济发展走上规模化和规范化道路，各地政府部门必须充分展现自身的引导和扶持作用。首先，政府部门必须在严格遵循法律法规要求基础上，为茶叶产业会展经济创造更规范、更优良的发展环境。对于会展活动举办主体，有关部门必须对其资质进行全面审查。针对会展活动中的认证及市场退出工作，也需制定相应的规章制度，有效提升会展活动举办主体的专业能力及水平。其次，有关部门是在转变自身职能的基础上，进一步增强自身的服务意识，优化自身服务水平。在此过程中，各政府部门首先要对自身职能进行准确定位和充分明确，为各茶叶企业以及会展经济活动主体的工作提供强有力的指导和扶持。既不可对茶叶主题会展经济活动进行过多干预，也不可忽视多头管理问题的有效处理，对自身的职能进行有机协调，合理控制茶叶产业会展经济发展过程中的资源浪费和恶性竞争问题。最后，有关部门还需为茶叶产业会展经济的发展营造更为优良的融资环境。在此过程中，可通过出台相应的财政扶持以及税收政策，为茶叶产业会展经济的发展提供更多活力，增加各类社会资本和金融机构在茶叶产业会展经济融资过程中的参与度，为茶叶产业会展经济的发展提供更充足的资金支持。

2. 加强茶叶行业协会发展

在茶叶会展经济发展过程中，茶叶产业行业协会的重要作用不可小觑。实现茶叶行业协会的进步发展，不仅能推动行业自律，同时也能对行业的各类发展资源进行全面整合，进而形成稳定的市场发展秩序，为茶叶产业的持续长效发展提供强有力的组织结构保障。在组织各类茶叶产业会展活动时，茶叶产业行业协会必须对相关茶叶企业进行积极引导，让其积极参与到各类主题会展活动中，帮助某些产品技术突出的茶叶企业创造更好的品牌口碑，进而实现不同区域茶叶产业的优势聚集，加强茶叶产业与会展行业的深度融合，进而实现二者的协调发展。其次，茶叶产业行业协会还必须对自身的地位及职能形成正确认知，在密切关注产业会展经济发展机遇的同时，为各大茶叶企业以及会展行业之间架起沟通的桥梁，并借助政府部门的支持，进一步增强自身影响力。最后，茶叶产业行业协会还必须对会展活动的信息化建设引起高度重视，并通过构建行业协会官方网站，建设主题会展活动信息统计以及茶叶企业信息统计平台等方式，完成茶叶产业发展信息的有效整合，进一步提高行业信息共享获取的效率。

3. 优化茶叶会展组织效果

现阶段，我国会展经济行业的竞争日趋激烈，而为进一步提高茶叶会展活动的组织水平，会展活动组织参与者必须为活动内容的丰富和活动专业水平的提升提供助力，并在全面分析受众需求的基础上，优化会展活动组织策略，调整会展活动组织架构，进而借助茶叶会展活动这一平台，完成茶叶市场信息，产品信息以及企业信息的传递沟通，为茶叶会展经济的健康发展打下坚实基础。首先，茶叶会展活动的组织参与者必须不断增强自身的品牌意识，活动组织主体必须对主题活动的水平和档次形成正确认知，并在提高茶叶会展活动专业度的基础上，充分展现活动的吸引力和优势特色。而各大茶叶企业也必须正确认知自身参与者的作用，在借助会展活动提高自身产品辨识度和认知度的同时，也需进一步增加产品品牌的附加值，提高产品品质。其次，茶叶会展活动的组织者和参与者都必须密切关注茶叶市场发展趋势，在以市场为导向的基础上，对自身企业的营销策略以及活动的组织策略进行针对性调整。在组织各项茶叶产业会展经济活动时，组织单位不仅要重视会展活动品质的提高，同时也要合理规避办展频率过高、重复办展等问题。总而言之，在举办茶叶会展活动期间，会展活动的组织主体和参与者都必须为提高会展活动的影响力作出努力，也必须高度重视受众体验的优化，进而展现会展组织的水平和效果。

三、基于茶叶经济视域下的农业旅游新发展

随着当前社会的快速发展，我国的旅游市场已经日趋完善，这也使我国的茶文化旅游项目的开发得到了长足的发展。但是实际中，茶文化旅游生态模式仍然是一种有局限性的模式，主要是由于茶文化的旅游项目没有和农业经济旅游开发项目产生紧密的融合。因此，需要对其进行相应分析，了解茶叶经济主导下农业旅游项目的实际开发以及发展情况，为其整体性的发展提供良好的条件，使原本单一的产品内容和结构得到进一步的拓展以及丰富，构建形成更加完善的农业旅游开发与发展生态体系。

（一）了解农业旅游开发与发展的基础

在我国长期的经济社会发展过程中，农业经济始终占据着重要的地位，随着近些年经济社会的迅猛发展，社会主义市场经济的模式已经日臻完善，展现出强大的生机与活

力，当前的农业经济发展体系也逐渐繁荣并展现出新的发展态势，产生了更为多样化的农业经济新形态，促进了农业旅游产业的发展，成为了旅游产业不断完善的重要基础。

首先，人们消费的观已经和以往不同，更加重视绿色的生态化消费模式。在全社会倡导社会主义核心价值观和可持续发展理念的影响下，人们在发展的过程中关注到了环境方面的重要绿色价值，消费理念也产生了相对应的变化，逐渐意识到生态保护的重要性，因此绿色生态旅游也受到了人们的普遍喜爱和支持。农业旅游本身就是一种绿色生态旅游的项目，因此体现出和人们需求的匹配性，"能够和当前可持续发展道路的要求产生紧密融合，也能够促进整体社会经济效益的稳步提高"。

其次，随着人们消费水平的提高，整体的市场消费结构也产生了相对应的变化。社会物质文明的建设实现了进一步的发展，也使人们的经济收入得到了相对应的提高，提升了人们的消费理念。物质基础决定消费理念，如今，人们会更加关注到高级层次的精神文化需求，使当前基于物质基础的消费结构逐渐转变，形成物质和精神同步发展的局面，更能够满足人们的个人需求，这是人类文明进步的体现，同时也是当前社会实现多元化持续稳定发展的必然趋势。

另外，农业旅游建设能够实现各种资源的统一应用。从一定意义上来说，农业旅游建设是针对当前农业基础建设的进一步开发，能够实现各种资源的充分整合，实现农业经济的统筹发展，满足可持续发展的客观要求；满足人民日益增长的对新农村发展的殷切期望。除此之外，农业旅游建设的应用还可以促进当地劳动力竞争市场的发展，为人们提供更加丰富的就业机会，实现城乡经济的统筹、协调发展，使人民群众的生活更加美好，满足人民对美好生活的需要。

最后，农业旅游地区的资源优势比较丰富。农业旅游地区本身具有丰富的资源体系，和人们的生活以及工作的城市距离比较近，能够使人们更加快速地融入大自然中，实现自身的永续性发展和身心放松，让人们的心灵得到净化，有良好的市场前景和开发潜力。

（二）对于茶叶经济的独到理解

在我国茶叶经济的发展过程中已经基本形成了一条完整的产业链。在这个产业链中，最重要的基础是茶叶产品的开发，这也是茶叶经济的发展源泉，只有通过不断地开发新的茶叶产品，了解茶叶发展的新模式，才能够促进我国产业经济的稳定发展，使其能够满足消费者客观需求。

作为我国的传统经济产业，茶叶经济本身已经比较完善，但是这些传统的产业经济模式仍然存在很多的问题，和当前的社会形势难以产生紧密的匹配以及融合，这些问题的解决显得至关重要。在此基础上，需要在茶叶经济中融入一些先进的生态模式，包括体验式的生态模式，使茶庄文化能够和茶叶加工品茶等多个环节产生紧密的融合，为消费者带来更加丰富的体验和感受，使消费者对茶叶经济产生更深刻的理解，促进茶叶经济的稳步发展。比如说可以吸纳优秀的茶叶方面的教授对茶叶旅游方面的知识进行讲授，使消费者有一个更加直观的认知。从而使更多的人投入到茶叶经济和农业旅游中。

茶叶经济的开发模式究竟是生态观光还是生态旅游，是科普教育还是深度合作，都需要在深度认知的基础之上才能展开，模式需要因地制宜，需要在具体变化中才能焕发强大的活力。因此茶叶经济的发展需要深度的协作，需要更加强大的基础知识科普。

除此之外，还应当明确茶叶经济的发展过程中并不是单纯地种茶叶，而是实现农业、服务业以及旅游业的整体性结合。这就需要从政府方面提供大量的资金以及政策支持，使茶叶经济模式得到相对应的宣传，促成人们对这一发展理念的认知。构建形成一体化的茶叶经济旅行体系，深入完善茶叶产业经济的独特内涵，了解茶叶经济的具体内容，形成完善的综合旅游体系。因此，在茶叶经济的发展过程中，茶叶文化本身得到了进一步的丰富，同时茶叶文化又为产业经济提供了基础的理论支持，需要使其能够相互融合，共同促进农业经济的健康发展

（三）茶叶经济主导下的农业旅游开发与发展方向

1. 需要结合消费者的实际需求，构建形成更完善的茶叶经济模式

在茶叶经济下，促进农业旅游开发项目的发展需要结合消费者的实际需求，了解消费者的精神文明情况，完善更加丰富的茶叶经济体系，使传统的茶叶生产环境更加良好，具有现代化的特点，让消费者在农业旅游过程中能够深入地融入到茶园生活环境中，了解茶叶文化发展过程当中存在的各种价值，对茶叶文化的内涵产生更深刻的理解，从而能够满足消费者的精神文明需求，刺激消费者的消费欲望，扩大市场，与此同时还能够使茶叶文化得到进一步的传承以及发展。

2. 在茶叶产品的研发方面投入更多的精力

作为中国传统经济发展的重要内容，茶叶产品是当前社会物质文明方面的重要需求，在此基础上需要促进产业产品的进一步创新以及发展，使产业经济能够在激烈的市场竞争中处于不败的地位。应当充分开拓茶叶产品的市场、研发能够满足市场发展的客观需求，从多个层次来完善茶叶产品的研发体系，使茶叶产品的开发效果更加丰富，能够满足当前消费者的各种爱好，并基于市场使茶叶产品的经济模式引导茶叶经济的健康、稳定、可持续发展。

3. 在茶叶经济压中渗透更丰富的茶文化内涵，提高农业旅游开发品质

随着当前农业旅游经济的稳步发展，已经体现出了更高的消费文化客观需求。在此基础上需要不断提高农业旅游的品质，在其中渗透先进的茶叶文化思想内涵，充分挖掘产业旅游文化的价值以及历史深度，使消费者的精神文明需求得到更进一步的满足。在此基础上，使消费者的精神境界得到升华，并且弘扬光大传统的茶文化，使茶文化中渗透一些深刻的思想价值内涵，更好地引导消费者，让消费者对传统的茶叶文化产生更加客观的认知和了解，对其产生更加独特的感受，促进中国传统文化的传承以及弘扬。因此，在传统茶文化中渗透一些思想内涵，不但能够使农业旅游整体的品质得到相对应的提高，也能够促进整个社会的精神文明建设。

4. 实现各种资源的综合应用

在茶叶经济模式下，要实现农业旅游开发与发展，实际上就是茶叶文化以及旅游服

务行业的各种资源的有效融合和应用。在此基础上，需要对这些资源进行相对应的优化以及整合，使基于农业经济的农业旅游开发以及服务体系能够更加完善，使其能够和整体的资源体系产生紧密的结合，形成更良好的品牌效应。重视产业经济的有效宣传，并且为消费者提供更加丰富的旅游条件和更优质的服务体系，让消费者能够在旅游的过程中获得更良好的身心感受。

5. 了解茶叶经济下农业旅游与开发的价值

在产业经济下发展农业旅游项目，能够使人们的物质以及精神文明需求得到进一步的丰富和满足，促进消费，促进社会的稳步发展，使旅游产业经济结构得到进一步的优化，并且能够使各种资源得到相应的融合，引导消费者形成更加正确健康的消费理念，实现城乡地区的统筹发展，加快现代化的农业建设速度，增加农民的收入，促进整个社会的稳定发展。

总之，随着整个社会的发展，以茶叶经济组成的旅游业已经成为我国经济发展新的亮点。需要在其中渗透一些更加先进的思想以及内容，促进农业经济的稳步发展，实现农业现代化的建设，构建形成更加完善的现代经济体系。在此基础上，使茶农的经济收入得到相对应的提升，同时也能够促进茶叶经济文化的有效传播。从而促进我国经济社会的良性快速发展。

参考文献

[1] 曾劲松，丁小刚，赵杰.现代农业种植技术 [M].长春：吉林科学技术出版社，2023.

[2] 张国锋，陈晓，冯斌.农业物联网 RFID 技术 [M].北京：机械工业出版社，2023.

[3] 姜正军，苏斌，邓子新.乡村振兴院士行丛书现代种植新技术 [M].武汉：湖北科学技术出版社，2023.

[4] 申进文.食用菌生产技术大全 [M].第 2 版.郑州：河南科学技术出版社，2023.

[5] 张礼招，兰莉，刘冬梅.现代绿色农业综合实用技术 [M].赤峰：内蒙古科学技术出版社，2022.

[6] 孙桂英，李之付，王丽.生态农业视角下绿色种养实用技术 [M].长春：吉林科学技术出版社，2022.

[7] 钟静，熊江.农业信息技术实战案例 [M].北京：北京邮电大学出版社，2022.

[8] 俞成乾.农业机械实用技术问答 [M].兰州：甘肃科学技术出版社，2022.

[9] 蒋荣复.莆田市特色农业气象服务技术 [M].福州：福建科学技术出版社，2022.

[10] 徐岩，马占飞，马建英.农机维修养护与农业栽培技术 [M].长春：吉林科学技术出版社，2022.

[11] 张奂，吴建军，范鹏飞.农业栽培技术与病虫害防治 [M].汕头：汕头大学出版社，2022.

[12] 楚万强.互联网背景下农业灌溉工程技术与实践研究 [M].郑州：黄河水利出版社，2022.

[13] 舒祖菊.农产品包装与储运技术 [M].合肥：安徽科学技术出版社；时代出版传媒股份有限公司，2022.

[14] 吴东.饲料安全控制关键技术 [M].合肥：安徽科学技术出版社；时代出版传媒股份有限公司，2022.

[15] 安冬，位耀光.水下图像与视觉智能处理技术及应用 [M].北京：中国农业大学出版社，2022.

[16] 丁勇.名优茶机械化加工技术 [M].合肥：安徽科学技术出版社，2022.

[17] 刘桂阳，王娜，李龙威.虚拟农业技术应用 [M].哈尔滨：哈尔滨工程大学出版社，2021.

[18] 朱春霞，李奇，张剑中.现代农业技术推广与农学研究 [M].长春：吉林科学技术出版社，2021.

[19] 刘丽辉.农业技术选择与供给效率评价基于广东新型农业经营主体视角 [M].北京：九州出版社，2021.

[20] 汪利章.有机农业种植技术研究 [M].天津：天津科学技术出版社，2021.

[21] 范纯增.技术、制度与低碳农业发展 [M].上海：上海财经大学出版社，2021.

[22] 翁伯琦.代生态农业发展理论与应用技术：发展理论研究第 1 卷 [M].福州：福建科学技术出版社，2021.

[23] 吴南生，朱述斌，游金明.农业生产技术 [M].南昌：江西科学技术出版社，2020.

[24] 卢振铭，高亚娟.科技助力乡村振兴农业实用技术选编 [M].赤峰：内蒙古科学技术出版社，2020.

[25] 陈文在，吕继运.现代设施农业生产技术 [M].西安：陕西科学技术出版社，2020.

[26] 罗俊杰，欧巧明，王红梅.现代农业生物技术育种 [M].兰州：兰州大学出版社，2020.

[27] 江显群.农业痕量灌溉关键技术研究 [M].北京：海洋出版社，2020.

[28] 龙陈锋，方遽，朱幸辉.智慧农业农村关键技术研究与应用 [M].天津：天津大学出版社，2020.

[29] 谢能付，曾庆田，马炳先.智能农业 [M].北京：中国铁道出版社，2020.

[30] 周承波，侯传本，左振朋.物联网智慧农业 [M].济南：济南出版社，2020.

[31] 宋文坚，鲁兴萌，张国平.高校农业技术推广模式与应用 [M].杭州：浙江大学出版社，2019.

[32] 董莹，穆月英.全要素生产率视角下的农业技术进步及其溢出效应研究 [M].北京：中国经济出版社，2019.

[33] 黄伟卿，刘家富.大黄鱼养殖技术 [M].青岛：中国海洋大学出版社，2019.

[34] 左喆瑜.水资源与中国农业可持续发展研究 [M].兰州：兰州大学出版社，2019.

[35] 高志强，官春云.卓越农业人才培养机制创新 [M].长沙：湖南科学技术出版社，2019.